娜仁高娃◎著

制度效应 与秩序旨归

我国社会教育实践发展的突破路径

ZHIDU XIAOYING YU
ZHIXU ZHIGUI

山西出版传媒集团
山西人民出版社

图书在版编目（CIP）数据

制度效应与秩序旨归：我国社会教育实践发展的突
破路径/娜仁高娃著. -- 太原：山西人民出版社，
2024.4

ISBN 978-7-203-13376-6

Ⅰ.①制… Ⅱ.①娜… Ⅲ.①社会教育－研究－中国
Ⅳ.①G779.2

中国国家版本馆CIP数据核字（2024）第089549号

制度效应与秩序旨归：我国社会教育实践发展的突破路径

著　　者：娜仁高娃
责任编辑：吕绘元
复　　审：李　颖
终　　审：武　静
装帧设计：中尚图

出 版 者：山西出版传媒集团·山西人民出版社
地　　址：太原市建设南路 21 号
邮　　编：030012
发行营销：0351-4922220　4955996　4956039　4922127（传真）
天猫官网：https://sxrmcbs.tmall.com　电话：0351-4922159
E-mail：sxskcb@163.com　发行部
　　　　　sxskcb@126.com　总编室
网　　址：www.sxskcb.com

经 销 者：山西出版传媒集团·山西人民出版社
承 印 厂：天津中印联印务有限公司

开　　本：710mm×1000mm　　1/16
印　　张：16
字　　数：240千字
版　　次：2024 年 4 月　第 1 版
印　　次：2024 年 4 月　第 1 次印刷
书　　号：ISBN 978-7-203-13376-6
定　　价：79.00 元

如有印装质量问题请与本社联系调换

本书系国家社会科学基金"十三五"规划 2017 年教育学青年课题"制度效应与秩序回归：我国当前语境下社会教育实践困境与突破"（课题标准号：CAA170242）研究成果

目 录

contents

导　言

　　1968 年，美国著名教育家罗伯特·哈钦斯在其《学习型社会》一书中，在对传统教育进行批判的基础上，呼吁建立一个朝向价值转换及成功的学习型社会。1990 年，英国成人教育社会学家彼得·贾维斯在其《国际成人及继续教育辞典》一书中，把学习型社会表述为一个任何时间都能够为所有成员提供充分学习机会的社会。在这样的社会里，教育机会能够公平地被提供，学习者的基本权利能够获得保障，学习障碍也能够合理地被消除，每个人均可以通过学习充分发展潜能、实现自我价值。在学习型社会理念及终身教育思潮的影响下，21 世纪初的我国也迈出了建设学习型社会的步伐。自明确提出要"形成全民学习、终身学习的学习型社会，促进人的全面发展"理念至今已 20 余年，创建学习型社会已经成为我国的重要奋斗目标。

　　我国学习型社会理念的提出是针对新的历史条件和时代要求的必然选择，是对传统教育化社会的反思。进入工业社会之后，国家之间的竞争尤其表现为人才之间的竞争，这样教育成了社会发展的主旋律。教育化社会渐趋畸形化的发展使得教育不仅不能成为解放人类的方式，反而开始变成一种对人的外在压迫力量，各种形式的教育不公让身处其中的人们变得越来越压抑和抗拒。因此，学习型社会的理念就像一剂强心针，告诉我们通过教育向学习的重心转换，努力营造一种全民终身学习的氛围，让每个人都成为自我教育者与自我责任人，最大程度地规避教育化社会的负面影响，但是学习环境与条件的创造并不会直接促成个体的全面发展。学习型社会的实现有一个重要前提，那就是社会成员具备挖掘自我潜能的意识和能力。这种意识和能力显然是需要教育来激发与提升的，因而无论如何强调学习的意义，它也不能取代教育所带来的价值。通过教育让学习意识深入志趣、自尊以至自我完善的层面，让学习能力提升到主动、自律进而自我教育的程度，就是教育价值的最大体现。那么，社会教育作为一种独特的教育形式在社会中又充当了怎样的角色呢？社会教育最大的优势在于其强有力地弥补了学校教育的局限性，使得社会成员拥有了随时随地提升学习意识和能力的机会与条件。

纵观人类历史的发展进程，如果将社会教育理解为社会整体对人产生的积极影响，那么这种实践形式早在人类诞生之日起就存在了；如果将其看作一个与学校教育和家庭教育相并列的、独立的思想及实践领域，那么社会教育这个概念直到19世纪上半叶才正式问世。学术界普遍认为，社会教育这个概念是由德国教育家狄斯特威格1835年在其《德国教师陶冶的引路者》一书中最先提出来的。社会教育概念的出现，一方面，标志着社会教育开始从社会的教育范畴中独立出来，成为一种有组织、有计划、有系统的教育实践形式，并发挥其独特的社会功能与价值；另一方面，也验证了社会教育与学校教育相辅相成、密不可分的关系。可以说，我们现在经常提到的社会教育指代的是近代国家建立之后诞生的、与学校教育并行的社会实践形式。近代意义上的社会教育概念从它诞生之日起就与尚未从日常生产生活中分离出来的原始意义上的社会教育活动有着明显的区别，二者最大的差异在于彼此的诞生与发展是否与学校教育相关联。在这个差异里蕴含着不能随意放大社会教育外延的要求。因而，社会教育主要表现为学校以外的社会文化设施与机构面向全体社会成员开展的有计划、有组织、有目的的社会实践活动的总和。当然，它既包括政府和社会文化机构举办的民众教育活动，也包括民众有意识地利用社会文化机构和设施自觉自发开展的自我教育活动。

事实上，近年来在知识的创造、传播和获取过程中出现了私有化和市场化的趋势，这种现象令人十分不安，然而造成教育发展困境的原因肯定不只是教育本身的问题，教育问题的解决也不能单单依靠教育。因而，跳出传统的"就教育论教育""就学校论教育"的思维范式，从社会教育的社会治理功能切入思考教育改革与发展问题，将是重新了解社会与教育关系的一个新的突破口。在构建终身教育体系与学习型社会的语境下，中国社会将比以往任何时期更需要社会教育。一方面，社会教育能为包括社会弱势群体在内的所有人最大程度地提供学习机会，有助于学习型社会的构建，协助社会顺利转型；另一方面，社会教育还有助于培育和谐的社会精神，维持社会秩序的稳定。稳定的社会秩序既能为生存于其中的人们提供一个理所应当的先验环境，又能引导并规定人们的思维方式与行为准则，进而促成社会的持续发展。

通过梳理各国社会教育的发展演变史，我们发现社会教育自产生之日起就发挥着独特的社会治理功能与价值，尤其表现在其社会秩序的指向性上。历史上，社会教育的蓬勃发展与工业化社会进程的加快密不可分。古典启蒙思想中的民主人权观念、工业化推进过程中频发的社会问题、近代学校教育制度的改革，以及教育机会均等运动都促成了社会教育从思想转化为实践，逐渐成为世界各国进行社会弱势群体救助、提升普通民众素质、营造稳固良性社会秩序的首选依据。

通过梳理日本的社会教育发展史，我们发现日本的社会教育除了同样具有鲜明的秩序倾向性之外，还表现出强烈的制度效应，即制度建设在促进社会教育实践发展中作用巨大。随着日本社会教育制度的形成与完善，对其社会教育事业的推进起到了直接的规范和引导作用。这种制度效应的逻辑是在国家或政府构建了一种新制度后，人们根据这种制度的规定从事各项工作，由此引发社会各个领域（包括政治、经济、文化、军事等）实践的变化。这种社会变化其实就是制度社会功能的实现，即通过制度的建立与修正创新实践，进而维持社会秩序的稳定，以及实现社会发展目标。制度的建立与发展对理论研究也发挥了巨大作用。以社会教育为例，社会教育制度的建立强化了整个社会教育场域内共同体的主体意识，通过社会教育制度的运行调控了社会教育研究活动的方向等，进而有力地加速了日本社会教育理论体系本土化的构建历程。

因而，基于"以史鉴今""西为中用"的实践哲学，结合我国当前的社会转型期语境，为应对我国当前社会教育实践发展所面临的价值性困境、制度性困境、理论性困境及公益性困境，笔者认为我国社会教育实践发展应该继续遵循秩序旨归，并将强化社会教育实践的公共性导向、健全中国特色公共教育制度建设、创设社会教育本土实践理论体系，作为推进我国社会教育实践实现秩序化发展的优化路径与未来走向。

第一章 社会教育相关理论及其实践考量

如果从泛教育的角度来看，社会教育在我国有着悠久的历史。可以说，最原始的教育就是以社会教育的形式存在的，但是我们并不称其为社会教育，社会教育这个概念正式被我国采用是 1912 年。其实，它和教育领域中的很多术语一样是西方舶来品。"社会教育"一词最初源于德国，由日本传入我国。对西方先进社会教育思想的引介和广泛传播，当时的留学生起到了功不可没的作用。当时的中国正处于清末民初的社会转折发展期，急需一剂良方来改良社会，重塑民族精神，实现救亡图存。社会教育思想的传入恰逢其时。1912 年 3 月底，由蔡元培与蒋维乔草拟制定的教育部官制中，将社会教育、普通教育、专门教育三司并立，以制度化形态出现的社会教育由此诞生。[①] 社会教育的社会治理，以及民众教化的功能被有识人士发现并极力宣传推广，自此社会教育实践在中国迅速壮大并发展至今。

第一节 社会教育相关概念阐释

关于社会教育这一概念，学术界莫衷一是。关于一个概念的定义，逻辑学上有着明确的方法论，即"属＋种差"。如果我们依据外延来理解社会教育的话，学术界大致分为两个派别：一种观点是以泛教育论为理论基础，主张社会教育的原形态教育内涵，认为社会教育是教育最初的形态，是一切社会生活影响个人身心发展的教育。社会教育就是社会的教育、社会化

---

① 于述胜. 民国时期社会教育问题论纲：以制度变迁为中心的多维分析[J]. 北京大学教育评论，2005（7）：18-25.

的教育。它是"国家、公共团体或私人，为图谋民众资质的向上，以社会全体为客体，使影响及于社会全体的教育"①。因而，它是所有教育形态的上位概念，从外延上来看包括家庭教育和学校教育。它是整个社会的职责，是社会有意而为之的一种独立的教育活动，旨在通过个体的学习与社会的教育共同发挥作用完成人的社会化。另外一种观点主张社会教育的学校外教育内涵，认为社会教育与学校教育并列，是属于一个层面上的同位概念。社会教育是"学校和家庭以外的文化教育设施对社会成员所进行的教育，是学校教育的补充"②。因而，它是学制系统以外的，利用和设置各种文化教育机构与设施，对全体国民所实施的一种有计划、有目的、有组织的教育。

当然，也有学者认为这两种定义都无法全面诠释教育史上不同阶段社会教育实践的内涵。更多的学者则从广狭两义的角度入手定义社会教育，以求涵盖社会教育的全部外延。比如，广义的社会教育是指一切社会生活影响个人身心发展的教育；狭义的社会教育是指学校教育与家庭教育之外的一切社会文化机构，以及有关社会团体或组织对社会成员所进行的教育。③再比如，广义的社会教育"指学校教育、家庭教育并行的影响个人身心发展的社会教育活动；狭义指社会文化教育机构对青少年和人民群众开展的各种文化和生活知识的教育活动"④。这样的定义虽然在逻辑上体现了严谨性，却错失了在实践层面的可操作性。理论上，概念内涵的暧昧与模糊很可能直接阻碍实践的开展，并最终影响未来的发展方向。因此，厘清社会教育概念，明晰社会教育内涵，是我们大力发展社会教育实践的第一步。

梳理社会教育的发展史我们发现，社会教育在不同时代发展的侧重点是不同的，它所指代的内容也就因此而不同。这也就解释了为何社会教育有着如此众多的相关概念，诸如成人教育、民众教育、通俗教育、社区教育、终身教育、继续教育、学校外教育等。其实，关于这些相近且容易混

①　马宗荣. 社会教育概说[M]. 上海：中华学艺社，1925：1.
②　教育学名词审定委员会.教育学名词[M]. 北京：高等教育出版社，2013：5.
③　王冬桦，王非主编.社会教育学概论[M]. 北京：教育科学出版社，1992：4-5.
④　顾明远主编. 教育大辞典（增订合编本）[Z]. 上海：上海教育出版社，1998：1353.

淆的诸多概念，很多学者曾尝试将其区分开来。如杨才林就认为，通俗教育与平民教育都属于社会教育的一部分，社会教育包括高等社会教育与通俗社会教育，因而通俗教育是社会教育的一部分；平民教育由于是以不识字的成年人为对象，所以它不是全民教育，故其也从属于社会教育，而民众教育与社会教育是同一个问题的两个方面。民众教育是从受教育对象来界定的，是依据社会教育的实施范围而言的，因而二者是一个命题的两个方面。也的确有学者认同这一理解，如张蓉的《中国近代民众教育思潮研究》（2005）、周慧梅的《民国时期社会教育师资的培养方式及其特征》等文中都将社会教育等同于民众教育来进行研究。侯怀银等学者则将社会教育的侧重点放在社区，认为社区教育和成人教育从总的方面来说都是从属于社会教育的分支；成人教育是社会教育中专门面向成人实施的教育，而社区教育是社会教育在特定地域和范围即社区所进行的社会教育。

上述这些相关概念其实都是社会教育在不同时代的变体，当社会及时代发展对社会教育产生某个方面的强烈诉求的时候，社会教育就会以某种形式回应并呈现在我们面前。根据时代发展，以及社会发展阶段的不同，我们选取几个极易混淆且关联性很强的相关概念进行比较，希望能对不同时期的社会教育内涵有一个比较清晰且深刻的理解。

一、社会教育与民众教育

最早的社会教育（学）概念肇始于19世纪上半叶，当时西欧逐渐迈入工业化社会，催生了大量的童工，儿童失学问题严峻。德国教育家狄斯特威格指出，社会教育应该以博爱为出发点，成为一种扩大到整个社会的实践。"社会教育应与社会政策配合，那些在工厂中工作的儿童，没有能接受正式的学校教育者，应该用社会的力量来教育他们。"[①] 随着19世纪中期以后社会教育实践活动如火如荼的开展，对教育学本质的认识也逐渐发生了

---

① 詹栋梁. 社会教育理论[M]. 台北：师大书苑有限公司，1988：71.

变化。为了适应移民运动和城市化进程的需要，教育机会均等，以及教育民主化的口号开始普遍获得了认同，教育对象扩大的诉求日益强烈，传统学校的理念开始被打破。纳托尔普在其所著《社会教育学》（1895）中提到，社会教育就是普遍意义上的教育，主要包括学校教育和社会教育。其中，社会教育不仅发挥着社会帮扶的功能，还是一种透过社会而实施的教育。他认为不必再另外实施社会教育，因为学校教育必然包含社会教育的性质。因此，我们可以将社会教育的诞生理解为"教育学理念的社会性展开"，含有将有组织、有计划的教育影响突破学校范围扩大至全社会的意味。我国民国时期的社会教育也体现了这一特征。

中国的民众教育产生于北伐时期，在教育行政、教育对象、教育内容、教育设施等方面都没有特殊的规定，与最初的社会教育没有太大区别。因此，很多学者认为民众教育与社会教育只是提法不同，各有侧重。如我国著名教育家陈礼江就曾专门介绍过二者的关系，指出"民众教育就是社会教育，社会教育就是民众教育，二者只是同物而异名，再也分不出此疆彼界"①。民国时期也是我国社会教育理论与实践发展的鼎盛期，涌现出了一批致力于全民教育的理论家，如马宗荣、余寄、孙逸园、张志澄、吴学信、陈礼江等。他们强调社会教育的对象为社会全民，时期为整个人生，内容是充实人生，实施机关种类多样，是"国家、公共团体或私人，为图谋民众资质的向上，以社会全体为客体，使影响及于社会全体的教育"。可以说，指向全民的民众教育是社会教育的初心所在。

二、社会教育与学校外教育

很长一段时间里，我们并未有意识地就教育所发生的场所空间进行种类划分，因而将社会上的所有教育活动统称为教育。当社会开始普及学校教育时，让全体民众接受教育成为一件必需且重要的事情，使不能进入学

---

① 陈礼江. 社会教育的意义及其事业[M]. 南京：正中书局，1937：6.

校接受教育的贫苦成人，以及失学儿童也能平等地享有受教育的机会，社会教育形式诞生。此时的社会教育开始发展为与学校教育相异的、拥有独特研究领域的学术概念。可以说，近代社会教育的诞生是与近代学校制度的建立一同登上历史舞台的。社会教育开始被认为是近代学校教育的补充，近代学校教育与近代社会教育的制度化意味着近代公共教育体制的真正形成。甚至有学者认为，近代社会教育的成立，也只有以近代学校教育的成立为前提才有可能。前者伴随后者出现，被后者所规定。在这个意义上，近代公共教育体制是以学校教育为中心的，社会教育是第二位的存在。随着时代的发展，进入 20 世纪的社会教育其学校外教育的价值开始凸显。随着各国在发展学校教育的过程中发现其固有的弊端开始显现且很难克服的时候，社会教育作为学校教育的有力补充，经常被要求在弥补学校教育制度的局限性方面发挥功能。就像日本社会教育学者宫原诚一曾指出的那样，社会教育是"在义务教育被确立，学校教育经验普遍化之后出现的"，作为"近代学校教育相对立的发展形态"，主要经历了"作为学校教育的补充"的社会教育、"作为学校教育的扩大"的社会教育和"作为学校教育外的教育要求"的社会教育这三种形态。受此观点影响之后相当长的一段时间内，社会教育被认为是学校外教育。

但是，即便是被当成学校外教育，社会教育在外延上仍存在分歧，关键在于是否囊括家庭教育。一种理解认为，社会教育是社会上的文化教育机构所实施的教育，这里的"文化机构"是囊括了学校和学校外的具有教育责任的机构。社会教育是指"由政府、公共团体或私人所设立的社会文化教育机构"对社会全体成员所进行的有目的、有系统、有组织、独立的教育活动。[1] 但是很显然，这里所指涉的社会文化教育机构不包括家庭这种组织。另外一种理解认为，学校外教育是指学校以外的社会教育机构开展的教育，不包括学校教育，也不包括家庭教育。如厉以贤所言，"社会教育是学校与家庭以外的社会文化机构及有关的社会团体或组织对社会成员，

---

[1] 侯怀银，张宏波. "社会教育"解读[J]. 教育学报，2007（4）：3-8.

特别是青少年所进行的教育"①。还有一种理解认为,学校外教育是指学校以外的所有形式的教育影响,不包括学校教育,但包括家庭教育。如在日本《学校教育法》(1947)基础上颁布的《社会教育法》(1949)中明确规定,社会教育是以《学校教育法》为基础,以学校课程形式开展的教育活动之外的,以青少年与成人为对象的有组织的教育活动,其中包括体育与文娱活动。这样的表述其实就包括了以家庭为单位组织起来的教育实践形式,并且随着大教育理念的发展,社会教育的发展可能会越来越依托家庭教育功能的发挥。

三、社会教育与社区教育

随着社会发展和社会需求的变化,社会教育的内涵和功能也在更新。随着世界范围内工业化持续发展带来的负面影响,以及社会转型带来的不适应,更激发了民众对眼下实际生活问题的关心,人们逐渐意识到教育应该立足于民众的生活实际。社会教育也渐渐地更关心社会交往与人际关系的构建,范围上更依托于小型社会,即社区。

20世纪中期,社会教育开始被认为是社区教育的别称,因为二者都曾被认为是学校教育系统之外的教育组织形式,更因其实践形式更多地体现在具体的社区活动上。虽然"社会教育"一词最早是由德国教育家狄斯特威格在其著作《德国教师陶冶的引路者》一书中提出的,但是这个概念是在中日甲午战争以后由日本传入我国的。可以说,我国的社会教育概念其实受到了本土化发展之后日本社会教育概念的影响,而日本的社会教育与伴随着近代民族国家的形成而建立的国家教育体系(特别是学校教育体系)密切相关,是学校教育相异发展形态的国家公共教育形式。首先,它依旧具备"教育原形态"的性格特质;其次,它虽然是与学校教育相异的教育形态,但与学校教育志向性无关的教育运动也不在其内涵之中;再次,近

① 厉以贤. 现代教育原理[M]. 北京：北京师范大学出版社，1988：334.

代国家形成以前的民众教育运动或者以成人为对象的教育活动严格来说也不包括其中。日本社会教育概念鲜明的历史性格也体现在了我国对社会教育概念的理解上，包括将社会教育从广义与狭义的双重维度去理解，也包括对社会教育内涵变化层面的理解。随着日本学界普遍将社会教育定义为援助、组织地区居民进行自我教育活动的实践形式，我们对社会教育概念的理解也开始倾向于社区教育。社区教育作为实现社区全体成员素质和生活质量的提高，以及社区发展的一种教育活动和过程，它从属于社会教育范畴，是社区的社会教育，是社会教育在社区这个具体空间的实施。

　　但追根溯源，这两个概念产生的契机是不一样的。当然，概念的外延存在交叉也是事实。费孝通在 20 世纪 30 年代翻译滕尼斯的《共同体与社会》一书中首次使用了"社区"一词，将其引入中国，而社区教育的发展实际上是在第二次世界大战之后。社区教育更像是地域性的社会教育。继续使用社会教育这个概念是为了与从 20 世纪 30 年代引入社区概念之后发展起来的社区教育概念相区别。因为中国社区教育的概念和理论发展历程是基于社区发展基础之上的社区人的发展，而社会教育强调的是如何调动学校外的教育资源去满足不受地域限制的人的发展需要，虽然基于社会却更关注人的发展，在对象、内容和形式上都比社区教育范围更广。

四、社会教育与终身教育

　　发展到今日，社会教育有被终身教育概念所取代的趋势。终身教育思想诞生于 20 世纪 60 年代中期，此时发达的工业国已经到了一个新的社会发展阶段。知识在经济社会发展中的作用日益凸显，知识社会已初露端倪。终身教育思想就是现代人适应时代巨变，谋求更好发展的回应。当然，这也让学校教育的先天性缺陷日益显露。无论在哪一所学校里，即便是最好的学校中，教育也无法终身适应时代的需要。保罗·朗格朗恰逢其时地提出昨日的理论已经无法应对现实的需要，教育的性质需要改变，社会应该实行终身教育。他主张教育应该打破原来各种教育活动或形式之间相互隔绝的屏障，把社会上所有的教育资源统合起来，形成一个随时随地向人们提供不同教育的一体化组织。这一思想一经提出，就得到了联合国教科文组织的极力推广，要求成员国致力于终身教育理念的实现。随后，终身教育理念在国际社会广泛传播开来。

特别是随着社会变化速度的加快、人口的持续增长与老龄化、科学知识与技术的飞速进步、大众传媒的不断发展、多元文化的碰撞与知识信息的唾手可得并存、传统审美理念与价值观遭受冲击、生活模式与人际关系面临危机等，都对教育提出了前所未有的高要求与新挑战。教育必须在具体的目标、内容和方法上不断地进行更新与改革。终身教育的提出以及终身教育、终身学习思想的广泛传播恰逢其时，让人们仿佛获得了应对上述各种社会挑战的勇气。在终身教育理念下，将教育看作是贯穿所有人一生发展的持续过程，这其实和社会教育的目的和初衷不谋而合。学习化社会概念的提出，将终身教育思想的实施与创建学习化社会结合起来的构想，使得终身教育思想又向前推进了一步，而学习型共同体的构建理念正好顺应了时代发展趋势。通过在社会整体层面，通过组成社会的家庭、各种组织及各个社区的学习化，促进学习化家庭、学习化组织及学习化社区的形成与发展，学习化社会的创建自然也就开始有了自下而上可操作的具体路径。

相对于社区教育等其他教育形式，终身教育并不是某个具体的教育实体，而是一种思想或原则。教育体制受其影响，学校教育发生了积极的变化，开始为人一生的长远发展做准备，对于社会教育的影响却是消极的，社会教育开始从原来某种特定的教育实体转而回到原来的大教育概念，更似一种飘在空中、缺失边界的教育理念。在日本，有些学者认为"终身教育是社会教育的同义词"，有些学者认为终身教育应该包括社会教育、学校教育与家庭教育，作为其上位概念来把握。对此，1971年社会教育审议会的报告《关于应对社会构造急剧变化的社会教育应有状态》，就曾对社会教育概念有过讨论并做了规定，即终身教育是上位概念，社会教育是终身教育一个分支的下位概念。在实际的操作过程中，终身教育与社会教育却是平行使用的，所指涉的内容往往相同或大部分重合。受终身教育思潮影响，社会教育概念逐渐被淡化，甚至被取代，这是目前掣肘各国社会教育实践发展的原因之一。

综上所述，社会教育是一个不断发展的概念，深受时代发展和不同社会政治结构的影响。不同的社会秩序框架、社会政治文化结构、社会发展阶段及不同的国情，都会对应不同的社会教育内涵。社会教育只有在具体的现实社会生活、文化及社会福利的现实中，只有将其具体附着在教育实践上，其概念的内涵才会明晰。

第二节　社会教育实践的相关理论

社会教育实践作为一个新概念被自觉使用开始于20世纪60年代末，致力于社会教育实践研究的日本学者藤冈贞彦在其《社会教育实践与民众意识》（1977）一书中专门分析了这一概念的生成与发展。一个概念的效用并不只是它的明晰性，而是用以澄清其哲学的重要性。由于20世纪60年代，特别是60年代后期，生活中出现的问题变得高度复杂化，民众为了对未来的生活拥有一种掌控感，因而对关乎实际生存及生活的诸多问题的深度认识与科学阐明就成为一种必然诉求。社会教育实践的内涵是广泛的，既包括民众有意识地自发开展的自我教育活动，也包括政府和社会教育机构主导的民众教育活动，囊括了近代社会教育概念所限定的地域社会范围内开展的有计划、有组织、有目的的所有教育实践形式。

一、社会教育实践的源起与发展

在野蛮或者未开化的社会中，对社会环境的直接或间接参与，是大部分儿童成为合格社会成员的唯一途径。即便是作为被设计出来且被谨慎地加以控制的特殊环境的学校已经普及的今天，社会参与依旧为大众提供了基本的智力上和道德上的教育。从这个意义上来说，相较于家庭教育与学校教育，社会教育实践更能唤醒或强化人的某种理智与情感倾向，进而整合或塑造社会环境，以便达成某种预设的秩序效力与目的。秩序可以看成是世界或事物及复杂事物内部或事物之间，在形态、结构、关系或运行中某种稳定的时空顺序，因而它是动态的、有序的、平衡的。此外，秩序还是一个修正性的概念，通过秩序可以平息及克服一定范围内的挑衅、陌生和外在要求。虽然制度惰性总是拒绝教育变革，教育实践的能动性却促使其总是指向创新。当社会的快速发展使现有的教育制度不能满足全体民众生活及学习需求的时候，新的教育实践形式就会诞生。

首先，古典启蒙思想孕育的民主人权观念为社会教育实践的产生奠定了思想基础。追溯社会教育发生史，我们发现社会教育是近代资本主义社会的一个历史遗产，而并非跨越时间与空间的概念。分析社会教育实践的源起，一定要将其作为一个历史性概念去理解。在德国社会教育学家狄斯特威格于 1835 年提出社会教育这个概念之前，社会教育相关思想就已经存在。近代社会教育思想的源流可以追溯到 18 世纪启蒙思想中的古典萌芽。当时，古典市民社会中孕育出了天赋人权思想，人们对"教育也是人权的一部分"开始有了自觉意识，进而将教育只看作是儿童或青少年专利的观念开始动摇。教育应该是不问年龄、职业、地位，广纳所有与人的成长问题相关的事业。法国大革命时期，这种社会教育启蒙思想已很明确。当时近代公共教育思想的提倡者们，如法国启蒙运动的思想家孔多塞、外交家塔列朗、政治活动家雷佩尔提等都提出了各自相关的教育计划与改革方案，他们主张人人都应该拥有受教育的机会和权利，为此国家应该创建功能完整、体系健全的国民教育机构来确保国民教育的实施。这样的全民教育包括三方面的意义："一是给一切公民为其'独立'所必需的最低限度的知识教育；二是给一切公民为其职业做准备的技术教育；三是给一切公民充分发展其天赋所必需的普通教育。"[①] 特别是 1792 年 4 月 20 日孔多塞在呈给立

---

① 单中惠. 西方教育思想史[M]. 太原：山西人民出版社，1996：287.

法议会的《国民教育组织计划纲要》中，明确提到了以一切公民为教育对象实施学校外教育的必要性。国民教育不应该在受教育者离开学校便告终结，应该向所有年龄段的人开放。这种古典启蒙思想中其实已经蕴含了社会教育的理念与价值。1959年日本修正《社会教育法》之际，孔多塞的思想被重新提起就是一个明证。可以说，早期启蒙思想与人权观念为社会教育实践的开展与推行提供了思想基础和理论支撑。

其次，工业化推进过程中频发的各种社会问题激发了社会教育从思想到实践的转化。16—18世纪，手工工场在西欧迅速发展。随后，资本主义生产关系发展起来，世界历史开始进入工业化阶段。社会发展自此发生巨大变化，人口急剧增加，工业城市相继出现。工厂制度普遍建立，大机器生产开始被广泛采用。工业化、城市化的迅速推进需要大量高素质的劳动力，同时也滋生了很多社会问题。一方面，童工、失学儿童及失业人员剧增，成为潜在的社会不安定因素。纺织厂的童工和少年工人逐年增加，小型矿井由于通道狭窄也需要儿童当运煤工。童工数量的激增一方面是工厂造成的，另一方面是专业化本身和经济分化及18世纪人道主义的破产加速导致的。"童工现象不是新问题。在1780年以前，儿童本来就是农业经济和工业经济的组成部分，直到学校的建立将他们解救出来为止。"[1]工厂制的罪恶在于它使童工劳动系统化，工业化大生产中机器的规则才是虐待儿童行为的根源。许多社会教育学家呼吁"社会良知的觉醒"（哈耶克），如狄斯特威格就提倡设立实科学校以供失学儿童就学。另一方面，随着社会主义思想及工人阶级的出现，为了应对工人运动及劳动群众子女争取受教育权的斗争这样的社会新事态，政府也亟须一个稳定社会秩序的新方案。1870年以后西方资本主义国家在对教育政策进行调整的过程中，社会教育作为一种教育实践活动开始确立并开展。比较典型的有英国社会主义之父之称的欧文开展的工人教育性格养成实验，苏格兰学者伯克贝克创办的第一家劳动技术学校——伦敦技工所，英国宪章运动的发起人威廉·洛维特

---

① [英]汤普森. 英国工人阶级的形成（上）[M]. 钱乘旦，等译. 南京：译林出版社，2013：382.

开展的工人教育活动及伦敦工人学院的设立，剑桥大学、伦敦大学、牛津大学的大学扩充事业等不胜枚举。这些都可以说明，在经历了工业革命之后的 19 世纪后半期，社会教育开始从古典启蒙思想中脱域成为一种现实的教育实践活动。

最后，近代学校制度的改革及教育机会均等运动促进了社会教育实践的组织化发展。现在我们所言的社会教育其实是近代社会教育，这和我们通常提到学校指代的就是近代学校一样。这是因为，19 世纪 70 年代以降至 20 世纪初期，近代社会教育成立的过程是与近代学校教育制度的改革紧密联系的。20 世纪 20 年代，由于受平民教育思潮及教育机会均等思想运动的影响，社会教育作为国民公共教育开始走上了组织化、制度化的道路。社会需要完整的、崭新的教育活动来应对社会发展的需要。社会教育公共化历史进程的加速，一方面，源于国家对中等教育组织化发展的关注；另一方面，与民众的教育机会均等诉求，特别是与中等教育大众化运动的开展密不可分。通过中等教育普及运动促成了两个方向的改革：一是继续大力发展正规的中等学校教育，保障青年大众平等的受教育机会；二是政府开始对以成人为对象的教育组织给予财政补助，致力于发展成人教育事业。随后，1924 年英国教育部颁发了《成人教育章程》，开启了英国成人教育的制度化历程。无独有偶，日本的社会教育公共化也是 20 世纪初期在"国民教育一环的社会教育"思想指导下实现的。当时，成立了众多形式的青年大众教育组织，如青年团、实业补习学校，甚至还设立了青年训练所与青年学校等。此后，通过一系列青年教育制度的确立，社会教育终于被真正纳入公共教育制度体系之中。

综上所述，社会教育实践从其产生根源来看，是一种连接个人与社会的载体，验证了个人利益与社会利益的辩证统一关系。古典启蒙思想中的民主人权观念、工业化推进过程中频发的社会问题，以及近代学校教育制度的改革与教育机会均等运动，促成了社会教育从社会的教育范畴里独立出来，成为一种新形式的教育实践。同时，也凸显了社会教育实践从社会整体利益出发考虑教育发展问题的倾向。

二、社会教育实践的功能性内涵

社会教育实践的内涵可以简单地理解为两个层次：一个层次表现为其事实性内涵，即对社会教育实践的内容、过程和形式的客观描述；另外一个层次指向的是其功能性内涵，即社会教育实践对社会与人的发展所发挥的独特作用与价值。可以说，事实性内涵反映的是其本质，功能性内涵反映的是其固守本质的依据。当然，社会教育实践的功能性是一种基于实体之上的功能性。实体的作用是功能化过程的一个方面，社会教育实践的价值更多的是作为其发挥的社会功能被接受的。一直以来，社会教育实践尽量有意识地兼顾教育的个体性与社会性两个层面。其实，早在19世纪末纳托尔普就曾辩证地提出"社会教育就是促进人的意志陶冶，意志的陶冶有助于社会的建立，而社会的提升是个人的延伸与扩大"的观点。为弥补工业化与城市化带来的副作用，社会教育实践不仅致力于对弱势群体进行社会扶助，改善并提升了民众素质，而且作为社会问题解决的教育式方案，为社会摆脱工具理性危机、打破个体主义崇拜，进而重建并稳固当时危机四伏的社会秩序贡献了力量。我们可以从以下几个方面来理解社会教育实践的功能性内涵：第一，救助与帮扶社会弱势群体。社会教育在不同国家之间表现出来的实践内涵有些许不同。如在北欧的瑞典、丹麦、芬兰及挪威等福利国家，都将社会教育看作是一种专业性的社会关怀系统，主要指向失业、家庭、闲暇、老年教育等问题，致力于社会弱势群体的救助活动。在英国和爱尔兰也是如此，社会教育在全人教育理念的影响下，致力于提升儿童教育中的交流能力，关注儿童的家庭护理、弱势群体的家庭辅助等。后来，社会教育实践领域拓展到老年服务、青少年工作和社区发展层面。德国教育家诺尔也提到，社会教育具有责任的含义，这种责任分为两方面：一个是个人责任，也就是自我的责任；另外一个是社会责任，也就是帮助的责任。自我的责任就是完善自身，社会的责任则要求我们去帮助那些需要帮助的人。这种帮助就包含了教育任务。基于此，社会教育应该包括那些无人管教孩子的教育、青少年的福利与养护、青年的辅导与帮助、农村留守儿童的教育、罪错青少年的改造及幼儿园的教养工作等。此时，社会教育专业化程度的提升问题开始得到全社会的瞩目。如赖希魏因所言，社会教育就是要面向全社会达到真正的生活帮助，帮助个体适应社会生活的同时唤醒其多方面的潜能，使受教育者成为真正意义上的完整的人。德国的莫伦豪尔是第二次世界大战初期集大成于一身的社会教育学家，他将之前各家的社会教育学思想学说融会贯通并发展成为独特的理论体系。他首次提出社会教育是产业社会的产物，基于产业化、城市化所带来的副作用，社会需要完整的、崭新的教育活动来应对社会发展的需要，即对需要帮助的人予以专门的教育照顾。社会教育应注重实际，因为实际与生活有关，因而了解生活与辅导生活是社会教育的重要工作。德国教育家史立柏所著《社会教育：社会教育学》（1964）一书，试图把社会教育与社会教育学分开，认为社会教育学可以作为一门特殊的教育学来把握，本质上是要研究教育与社会之间的关联。威廉的《社会教育学的概念》（1961），强调教育是青年帮助，社会教育学是青年帮助的理论。他认为青年帮助可以分为三个范围：青年的教育帮助、青年的职业帮助、青年的文化帮助。其实，从整个近代来看，社会教育事业的产生其一开始就具有强烈的福利、慈善和助人色彩，它通过各种教育机构与设施，采取各种实践活动对社会各阶层人群予以救助与教育，使无法进入学校的人有机会接受教育。

第二，提升与完善民众素养。作为一种应对民众社会需求的特殊教育形式，很多学者认为社会教育具有双重内涵：其一是上述社会关怀与社会福利活动，其二是民众教育。如在西班牙，由于历史原因，社会教育就发展成为一种社区行动、公民自助和公民教育系统。教育的本质是将人社会化的过程，因此个人的发展和成长从某种意义上而言，都是社会意义上的发展和成长，如个体如何积极地融入社会，参与公民生活和社会行动，从而承担必需的社会责任。社会教育最早的提出者狄斯特威格就曾主张在城市中设立公民学校，用以改善公民教育。经他不断呼吁，普鲁士政府于1831年修改了考试法，将实科学校赋予了公民学校的性质。我国社会教育活动的产生与发展也是基于这个目的。清政府于1908年颁布了《简易识字学塾计划》，1909 年就正式成立了易学堂，各地进行劝善兴利的宣讲，兴办了一些工人半日学堂、农民耕余补习班、商业补习夜馆、女工传习所、阅书报社、阅览处、教育品陈列场等近代社会教育事业。这些场所的设置与兴办显然是为了通过识字与学知识，提高民众的基本生活素养与生存技能。蔡元培在出任民国第一任教育总长时，鉴于世界各国社会教育的发达，深信社会教育的巨大作用，故而成立了社会教育司，用教育行政的力量推动社会教育的发展。他认为，专门的社会教育设施，如"美术馆、博物馆、展览会、科学器械陈列所等，均足以增进普通人之智德"[①]。此外，他也很重视平民教育，在北京大学创办校役班和平民夜校。之后，他还与晏阳初、梁启超、陶行知等人发起并组织了扫盲教育运动与平民教育运动。晏阳初还先后在华北、华中、华西等地区推行平民教育试验，并成立了中华平民教育促进会。经过试验，他提出了社会、家庭与学校的有机结合，连环推进文艺教育、生计教育、卫生教育和公民教育的思想，试图借此将农民培养成为具有知识力、生产力、健康力和团结力的"新民"。此外，陶行知还大力推行了以生活教育运动为中心的社会教育。同时，创办了多种类型的社会教育机构，如晓庄师范、山海工学团、新安旅行团、孩子剧团、盲人学校、社会大学等。我国的社会教育事业在民国之后得以迅速发展，皆因当时的政府与教育家们深信社会教育对民众素养提升的实践功用。

第三，协助与促成社会问题的解决。德国拥有最长的社会教育传统，倡导运用教育理性解决社会问题。其将社会教育看作是教育福利的一个独立领域，主要功能是缓解社会危机，承担学校和家庭角色之外缓冲减压的功能。可以说，这一传统延续至今。作为承担社会问题教育式解决的社会教育，目前在很多国家都被视为处理青少年教育、老年教育、再就业问题的手段。在现代教育系统中，社会教育通过教育手段预防，甚至消解了社会变迁过程中出现的种种弊病。日本的社会教育发展就真实地反映了这样的特点。"社会教育"一词在日本最早可以追溯到明治维新时期，1887 年

① 高平叔. 蔡元培教育论集[M]. 长沙：湖南教育出版社，1987：148-151.

11 月 10 日，福泽谕吉在三田演说会中提到了人类社会教育这个概念。福泽谕吉意义上的社会教育更多的是启蒙的、通俗的、民众的教育意味，因而可以被理解为社会改良的社会教育论。之后，福泽谕吉的学生山名次郎在其《社会教育论》（1892）中更是主张民力的普及，倡导社会教育的功能论。1900 年以后，德国社会教育学理论开始被引进日本，日本社会教育学进入鼎盛期。第一次世界大战后，随着民主主义思潮的高涨，社会教育取代了通俗教育，社会改造与教育改造的时代来临，致力于社会问题教育式解决的社会教育学渐趋形成。

20 世纪 20 年代，日本大正民主时代到来，青年与成人的自主学习、自我教育活动开始诞生并发展，日本现代社会教育论形成。其中包括倡导"依据自由意志的自治自觉与自我教育、自我陶冶"的川本宇之介提出的"教育的社会化与社会的教育化"思想，以及倡导教育上的民主主义与社会教育机会均等的乘杉嘉寿的"学校的社会化与社会的学校化"思想等，都是超越当时的国家主义的，因而在当时引起了强烈反响。但是进入 20 世纪 30 年代之后，社会教育学蓬勃发展的形势陡转急下，社会教育在天皇国家体制下被转换成皇民教育，随着军部掌握了政治主导权之后，社会教育逐渐演变成了国民精神总动员。第二次世界大战后，日本政府基于战后重建并发展民主主义的需要，在其颁布的《社会教育法》中明确界定了社会教育的内涵，指出社会教育是"学校课程形式之外的教育活动"的统称。随后，经历了从"学校教育的补充"到"学校教育的扩大"再到"学校教育外的教育要求"的变化。抛开日本社会教育理论发展的制度逻辑不谈，第二次世界大战后一段时期里日本社会教育的发展，很大程度上得益于社会对社会教育治理功能的需要。

近代中国，自社会教育的功能被人们意识到之后，教育家们就开始致力于开展通俗教育、平民教育、乡村教育及民众教育运动，试图通过社会教育改良中国社会，实现救亡图存。有教育家甚至认为，在当时的中国，民智水平低下，社会秩序紊乱，只有社会教育才能救中国，应该优先发展社会教育事业。如蔡元培就坚持设立社会教育司，赞成大学向社会开放，鼓励学生参与校外社会教育活动，反映了他一直以来的通过教育改良社会的主张。此外，晏阳初在倡导平民教育运动时，提到当时社会上大量的问题无人去解决，主张优先发展平民教育来解决这些问题。梁漱溟也如此强调："此刻的中国，天然的要注重民众教育，或说社会教育。"[①] 著名民众教育家俞庆棠也提到了社会教育有助于解决社会问题的功效。"社会教育既建筑于民众生活之上，就应具有推进社会的力量。"[②]

通过上述分析，我们发现，社会教育的实践内涵虽然有着国别及文化间的侧重与差异，但是现代社会教育所关注的领域，如儿童与青少年的保护、社会问题的解决、公民素质的养成等都是当下社会教育专业领域的工作内容。不管其是基于社会秩序的稳定及社会发展的原因去关注个人，还是基于特殊群体的内在教育需求去关注个人，社会教育实践是能提升人们幸福感的教育实践形式。

三、社会教育实践发展的应然特性

联合国教科文组织的报告《反思教育：向"全球共同利益"的理念转变？》（2017）中，将教育视为全人类最基本的"共同利益"，这一理念的提出再次提醒我们教育本应是一项惠及全民的集体利益。作为反映全民共同利益的社会教育实践自然也应该具有全民性、社会性、教育性及公共性等应然特性。

（一）社会教育实践的全民性

社会教育对象的全民覆盖印证了社会教育实践的公益性，甚至可以说，全民教育就是社会教育的初心所在。追溯社会教育学的发展史，我们发现，作为学科理论的社会教育最初诞生于"教育学理念的社会性展开"，这是一种将有组织、有计划的教育影响扩大至全社会的理想。这样的理念指导

---

① 马秋帆编. 梁漱溟教育论著选[M]. 北京：人民教育出版社，1994：79.
② 茅仲英，唐孝纯编. 俞庆棠教育论著选[M]. 北京：人民教育出版社，1992：102.

着当时及以后各国的社会教育实践。我国民国时期的学者们就深受其影响，尤其强调社会教育"其对象为社会全民，其时期为整个人生，其内容是充实人生的，其实施机关是种类多歧"①，这一观念即便在今天依然坚定。

社会教育的全民性揭示了社会教育的实践对象并不因为其与学校教育任务和功能的不同，而仅仅局限于"学校教育之外的民众"。它其实是包括接受学校教育的青少年在内的，甚至在某些特定阶段还曾以青少年为主要教育对象，如中华人民共和国成立后蓬勃发展起来的少年宫、文化宫、爱国主义教育基地所开展的青少年社会教育实践活动。共同体或者说公共组织是作为一个群体自我而存在的。德国教育家诺尔也在其《教育学与政治学论文》中提到，第二次世界大战后德国社会教育主要关注的是青少年的福利与养护、青年的辅导与帮助、农村留守儿童的教育等。社会救助与社会帮扶就是社会教育实践的应有之义。因此，社会教育的受众虽然在不同的历史时期各有侧重，但从不框定和排斥任何受教育者。特别是现在，随着学校教育就学时间的延长，意味着个体从学校走向社会的过渡期也随之变长。与近代社会相比，现代社会儿童的社会自立过程及成人与儿童的关系越来越呈现复杂化的趋势。为了应对这一挑战，很多国家意识到了学校与地域性社会机构之间实施网络构建的必要性。韩国的社区营造教育、我国的学习型社区建设、日本的学社融合实践皆出于这种考量，这样既能够将学校内的青少年与学校外的社会生活联系起来，又能够兼顾社区内其他群体的教育与学习活动，凸显了社会教育实践的公共性。

此外，社会教育实践的全民性还表现在民众强烈的主体意识上。从每个人都拥有社会教育自由的角度来考察，民众自身的主体性学习其实是一种权利，因而社会教育的存立基础是建立在公共性之上的。以日本为例，社会教育实践的开展使得民众对地域社会的发展有了强烈的使命感与责任感。特别是社会教育职员、住民代表，作为社会教育实践的骨干分子，他们的存在对社会教育实践的成立，甚至教育价值在社会中的形成而言都是

---

① 吴学信. 社会教育史[M]. 长沙：商务印书馆，1939：2.

至关重要的。任何个人都生活在错综复杂的社会关系之中，因而民众的学习、文化、运动、志愿活动等都与地域社会的发展直接相关。其实社区民众的文化创造活动、社区建设活动也是社会教育实践。这种责任感还体现在社会关系的共通性上。随着心理学、哲学认识论的发展，社会教育实践非常关注构建教育主体与学习主体的双主体关系，强调在与他者的对话、理解、共情的基础上，促进交互主体性的形成。随后，基于公共性与文化性的民众自我教育运动及高度共同学习活动的蓬勃开展，使得日本社会教育实践迎来了方法论的转换，自我教育、相互教育理念受到瞩目。社会教育实践最终指向的是地区居民作为社会教育实践的主体，参加地域内各种类型的活动，成为地域建设及文化创造的主体。社会教育工作者的使命与责任其实是民众学习的支援者，在个体主体性欠缺的情况下，给予民众一个社会参与及发展的外在动力。在当前社会，只有面向全民性的社会教育实践才能够持续生产出新的意义与价值。

（二）社会教育实践的社会性

首先，社会教育实践的公共利益属性突出体现在其发展的社会性取向上。社会性本来是只有社会性动物才具有的意识属性，突出表现为思维和行为的利他性、协作性、依赖性及自觉性等。这种特性使得社会内部的个体生存能力远远超过脱离社会个体的生存能力。个体的社会化是生存必然，这一特性同样适用于人的社会教育实践。德国社会学理论家卡尔·曼海姆在其著作《人与社会》中概括了社会教育社会性的四大特征，分别是教育概念的社会性延伸、人格形成与教育的社会性、教育内容的社会性与社会科学、教育目的的社会性与基础性共通，全面揭示了社会教育在概念、内容、手段及目的上的社会性体现。其中最重要的一点就是迪尔凯姆也曾强调过的"教育是社会性的事实"这一命题，亦如费雪所言，"教育是为社会而设的，也是施之于社会的"。可以说，教育就是将社会中的政治、经济、文化的必要性人类化、主体化的过程，而社会教育更是突出地指向"教育的社会规划"。社会教育的诞生就是基于工业化社会发展对普及全民教育的需要。第二次世界大战后，许多国家开始关注社会改造与教育的可能性及限度问题。如何将教育与实际的社会改革联系起来成为各国的发展共识，社会教育所提供的方案深受世界瞩目。教育视角的社会计划就是学校形态的教育与非学校形态的教育二者的整合与重构。将社会教育作为国民公共教育的整体进行规划，将社会教育的本质放在教育与社会的关系视域中去理解，是社会教育实践发展的内在要求。

其次，社会教育实践还表现出强烈的社会组织化发展倾向。纵观教育发展史，如果我们将社会教育界定为学校这种特殊教育机构之外的教育活动的话，那么教育的原形态就是社会教育，人类的教育史就是社会教育的人类史。社会教育渐渐出现了组织化的方法之后，学校教育才开始从社会教育的内部产生并分化出来。学校教育就是原始形态的社会教育被组织化和制度化的结果，学校教育分化出来以后，近代意义上的社会教育诞生，社会教育开始走上了组织化的道路。之所以这样说，一方面，是因为当前社会教育实践已经表现出来的组织化发展方向；另一方面，是因为社会教育实践活动又有许多经验性的表现，因而只从制度的持续性或理念性维度来解释社会教育的实践发展又是不充分的。日本社会教育学者春山作树就把社会教育的组织化描述为社会教育的发达形态，认为其是社会教育实践发展的必然。特别是由于终身教育与终身学习理念的推广，我们逐渐认识到学习与教育的区别，开始关注劳动者、高龄者、女性等社会群体有目的、有意识的自我教育活动的意义，克服了对社会教育中社会概念认识的模糊性，逐渐明确了社会教育就是学习的组织化发展及学习主体的形成过程。

正如小川利夫所言，社会教育的相关政策无论是助力于传统的自治民育，还是为国民教化动员服务，社会教育是介于"政治与狭义教育的中间性存在"。政治内在的教育功能与作为组织化教育的社会教育有着密不可分的关系，因而国际上也出现了社会教育的政治社会学解读潮流，如葛兰西的文化霸权概念和思想及捷尔比的被压抑与解放的辩证法，黑泽惟昭、前平泰志、高桥满等的研究在方法论层面都有共通性。当前，依据国家政策法规推进的社会教育实际样态与依据社会需要而被不断组织化的学习形态之间出现了错位和缝隙，因此完善支持组织化学习的社会教育相关制度建设就是构建未来终身学习体系的根基。未来公共教育制度层面最重要的变化，将会是学校教育向社会教育的方向重构与发展。未来的社会教育实践会广泛地涵盖所有的年龄层在任何时间与场所进行的学习活动，这也是由社会教育的社会性决定的。

（三）社会教育实践的教育性

当前，社会教育正努力摆脱狭隘的学校外教育的地位，方向是发展成为囊括学校教育和家庭教育等形式的地域性教育，但这样在实践操作层面上又与社区教育相对重合。当它试图努力呈现自己主体性的时候，遭到了社会的反噬。我们顺着理论发展的逻辑回归到原点应该能发现，社会教育虽然最初定位于教育的社会化层面，而后又逐渐发展到社会的教育化层面，但现在我们倾向于将二者结合起来，致力于实现人与社会的可持续发展。也就是说，貌似理论的逻辑是社会教育一直在关注教育的社会性，但在实践中其实它的落脚点在人身上。培养人依旧是所有教育实践的根本目的。社会教育实践指向的是人的自我实现，并通过人格的完善最终促进社会的发展，因而教育性始终是社会教育实践的根本属性。

从社会教育实践的内容层面来看，民国时期学界大致将其划分为四育说、人生全部活动说、五类十种说、分类实施说、五育说等。如仲靖澜以社会教育对象为划分依据，将其分为一般社会教育、职业化社会教育、特殊社会教育。一般社会教育是指对普通民众进行的教育，职业化社会教育是指针对农、工、商等需要职业技术的人群进行的教育，特殊社会教育是实施给精神缺陷、身体残疾、品行堕落者的教育。[①] 此外，罗廷光在 1934年由世界书局出版的《教育概论》一书中提出了社会教育的四育说；陈礼江在 1937 年由正中书局出版的《社会教育的意义及其事业》一书中提出了人生全部活动说；马宗荣在 1937 年由商务印书馆出版的《社会教育纲要》

----

① 仲靖澜，胡赞平，马兼善编. 社会教育指导[M]. 上海：世界书局，1931：66.

一书中提出了五类十种说；由国立编译馆著、正中书局 1948 年出版的《社会教育》一书中提出了分类实施说；由陈侠、付启群、付葆琛著，人民教育出版社于 1994 年出版的《教育论著选》一书中提出了五育说等。进入 21 世纪，社会教育内容又注入了新的元素，包括思想政治教育、公民法治教育、道德及品格教育、科学精神教育、人文素养教育、生命教育、职业教育、创新实践教育、健康教育等。

　　基于上述社会教育实践内容的历史考察，我们可以得出这样的结论：教育不仅具有人的社会化功能，而且人的个性化也是其应有之义。由于各国在吸收国外先进社会教育思想的过程中会根据各自的国情而有所侧重，因而造成了各国社会教育发展轨迹的不同。我们在利用社会教育去辅助学校教育完成人的社会化任务时，忽视了其实时代发展到今天，个性化教育才是社会教育实践的本质。现代社会对个体生命、幸福、自我实现等价值的重新认识与深刻体悟，迫使社会教育学科理论创生更加侧重个体的本土化生活实践体验。只有社会教育才是我们由学历社会走向能力社会的途径。相信即便是在构建终身教育体系及学习型社会的今天，社会教育依旧对培养人有其继续存在的独特意义与价值，并且其理论研究的继续发展最终能够带动教育实践的丰富。

（四）社会教育实践的公共性

　　公共性作为一个现代社会理论的专用术语，一直以来都充满争议。日本学者斋藤纯一认为，所谓公共性就是不求"闭锁性"和"同构性"的共同性，是抗拒"排斥"和"同化"的一种相互连带。中国学者李明伍在其《公共性的一般类型及其若干传统模型》一文中，则将公共性概括为某一文化圈中成员所能共同享受某种利益，因而共同承担相应义务的制度的性质。公共性最核心的要素：（1）共有性，即对社会全体成员具有利害关系及广泛影响；（2）公开性，即对社会全体成员公开并足以形成公共议论；（3）公益性，即以公共事业为主体的公益服务体系；（4）正义性，即为达到公共善而努力行动的价值体系。

可以说，公共性是人类群体在实践活动中所表现出来的一种社会属性，是人们在利己取向与利他取向博弈整合的过程中逐渐形成的依存性与共在性。公共性问题的探讨之所以成为热点，主要是因为 20 世纪晚期以来人类文明被一种衰落的气氛笼罩，人类社会虽然在发展层面取得了巨大的成就，但是在发展主义的主导下，发展是以某些层面的牺牲为代价的，因而发展是与衰落联系在一起的。正如查尔斯·泰勒在其《现代性之隐忧》一书中提到的那样："尽管我们的文明在'发展'，人们仍视这些特点为一种失败或衰落。"于是，人们开始选择以非国家为单位的组织的公共精神，来重铸国民的道德和社会纽带。它证明了人类自身价值的实现及人类社会的发展，需要依赖人类集体的力量，因此具备公共性的实践活动要立足于社会公共利益。

首先，教育权利的具体化是社会教育实践公共性的表现。公共权利不同于其他种类的私人权利，如财产权、生命权等，它指的是在公共领域内理性公开运用的权利。公共权利和私人权利是互为条件、相互依赖的。我们虽然都为个人，却无法单独存在。即便身处公共组织之中，也不是单个人的叠加，因此我们每个人身上都体现着个体性与公共性。公共利益本身具有一种道德价值，因为其不能还原为私人利益的叠加。公共利益提醒我们教育是一项基本人权，作为公共管理者要尽力实现并维护公众的公共权利。根据《中华人民共和国教育法》第五十条规定，未成年人的父母或者其他监护人应当为其未成年子女或者其他被监护人受教育提供必要条件。未成年人的父母或者其他监护人应当配合学校及其他教育机构，对其未成年子女或者其他被监护人进行教育。学校、教师可以对学生家长提供家庭教育指导。第五十一条规定，图书馆、博物馆、科技馆、文化馆、美术馆、体育馆（场）等社会公共文化体育设施，以及历史文化古迹和革命纪念馆（地），应当对教师、学生实行优待，为受教育者接受教育提供便利。广播、电视台（站）应当开设教育节目，促进受教育者思想品德、文化和科学技术素质的提高。因此，社会教育实践的权利是公民教育权利的具体化。

其次，公共治理是社会教育实践公共性实现的先决条件。各个国家和社会的法律都是以公共幸福的实际利益和表面利益为基础的。公共利益还追求秩序价值，因为它最突出的功能就是公共治理。亚里士多德是最早从社会治理的角度来定义公民的哲学家，"公民是持久地参与正义治理和公职责任的人"[1]。也就是说，公民在社会生活中持久地拥有两种身份：参与治理与接受治理。社会是一个复杂的公共领域，能对复杂社会进行治理并维持一个稳定的公共秩序是最大的公共利益。因为只有这样，不同身份立场、种族职业的人们才能和平共处，才有追求美好生活的环境。竞争是生产性的，也可以是破坏性的。特别是随着大规模生产的出现，竞争也变成了一种破坏性力量，有些竞争可能会导致社会资源的浪费及市场秩序的混乱。公共治理不是统治，治理是可以不必通过压制、强迫或镇压，而是通过教育与自我教育来实现的。教育是一个美好的字眼，它与美好的生活紧密联系。它教会我们何以为生、以何为生，可以帮助人们变得更有智慧，更具自我治理的能力。在古希腊的雅典，培养维护美好生活的教育与社会治理是同义的。公元前5世纪，雅典城邦里还几乎没有正规的教育，普通雅典人在青少年时期就已经学会了基本的读写识字，受过体育训练和美感教育，他们从城邦里学到的东西要远远超越学校。这些教育和影响贯穿于日常的社会生活中，人们到处都有受教育的机会和场所。教育也不只是获得知识，而是学习如何成为合格的社会公民。从这个意义上来说，治理和教育是同义的，而相互教育与自我教育就是社会教育的本质内涵。

第三节　社会教育实践发展的多重困境

　　社会教育作为一项公共事业，是全体民众共同利益的体现，因此社会教育本身应该体现全民性、社会性、教育性与公共性等特点，但在终身学习的产业化背景下，愈演愈烈的学习不公平化使得社会教育难以跳脱自由

---

[1]   Ernest Barker. The politics of Aristotle[M]. Oxford: Clarendon Press, 1946:92.

主义经济理论的裹挟，陷入发展困境。一般来说，我们在对实践发展困境进行归因分析的时候，总会从法律保障、财政支持、资源配置等方面入手，但这些其实反映的都是外部社会支持系统存在的问题。思考我国当前社会教育发展的困境，不从具体社会发展阶段与文化观念入手是很难得出真正的解决方案的。当前我国社会教育在实践推进过程中遭遇的困境，具体表现为相对较低的地位性困境、缺乏政策规范引导的制度性困境、功利化倾向的公益性困境，以及缺乏相应理论支撑的理论性困境。

一、社会教育实践的地位性困境

当前社会教育实践很难突破其以往作为学校教育目的达成的功能性从属地位。近代社会教育是与近代学校教育制度一同登上历史舞台的，前者伴随后者出现，且一直被后者所规定。从这个意义上来说，近代公共教育体制的确是以学校教育为中心的，社会教育被认为是次属存在，因此社会教育所发挥的功能经常被用以弥补学校教育制度的局限性。这样的定位使得社会教育一直以来饱受无法自成目的性的诘难，从而在根本上限制了社会教育实践的发展。社会教育事业的顺利发展，首先应该有一个行之有效的社会教育管理体系来统筹领导，但是按照我国目前的教育结构，社会教育缺乏一个切实的管理体系。它不属于教育四大板块中的任何一块。我国现行教育结构分为基础教育、职业技术教育、高等教育和成人教育四大板块，每一板块都有一个相应的管理体系，社会教育从其功能上讲虽应当纳入教育体系中，但没有专门的教育行政部门来管理社会教育工作。

更为困难的是，社会教育事业处于分化和混乱的状态。社会教育分属于文化、体育、市政等部门，这些部门有各自工作的侧重点，再加上经费、物资、设施等条件限制和利益冲突，对社会教育工作往往无暇顾及，使得社会教育不仅没有随着我国社会、政治、经济的发展得到应有的发展，反而在一些地方出现滑坡现象。原本隶属于社会教育行政管理的各项文化事业，如图书馆、博物馆、展览馆、科学馆、美术馆、体育场、动植物园等，由于缺乏统一的理论指导和制度保障，只能孤军奋战，其社会教育功能很难充分发挥。此外，青年宫、少年宫、青少年宫、青少年活动中心等由教育行政部门、共青团组织、妇联组织等举办，分别管理，各自为政，缺乏应有的协调和必要的统筹。

社会教育是一种有独特目的和任务的行为实践，作为一种行动知识和意义知识的生产方式，一种修复甚至重建主体性的形式，一直被不断地检视与探讨。社会教育可以随时随地发生，社会教育的场馆模式甚至可以先验地提供一种社会环境与生活，更深刻地说，它提供了一种社会关系。民众参与其中的意义在于能够有选择地体验社会化的要素。从这个层面上来看，社会教育更像是一种教育协助，协助个体处理与社会之间的紧张关系，并将一些社会问题移交给教育理论协助解决。社会教育的圆满之处在于其能够通过实践将个体的主体性带回现在，又能够引导主体走向未来，进而实现一种充满价值和意义的生活。日本学者小川利夫就曾批判性地探讨了社会教育发展的三种形态论，在宫原诚一的"学校教育的补充""学校教育的扩大"及"学校教育外的教育要求"三种形式之后，又从青年期教育双重构造的视角出发，增加了社会教育的第四种形态，即"学校教育的转移"或"学校教育的替代"。用他的话来说，就是这个被组织化的社会教育形态在国家普遍管理下……被重组成为公共的学校制度，具有中立性。也就是说，社会教育的组织化发展终将会使其成为一种凸显其独立性的教育新形态，突破目的性困境，实现地位的跃升。

二、社会教育实践的制度性困境

制度性困境是指社会教育的制度化进程缓慢导致我国社会教育实践无严格的规章制度可循。虽然有些地区已经存在一些社会教育相关的法规条例，但总体上显现出合法性不足、代表性不够、有效性不高的现状。社会教育必须与社会形态配合才有效果，如工业社会，社会分工和经济发展方式也造成了社会教育需求和实施的困难。学校教育常常是静态的，社会教育却是动态的。当社会教育兴起之后，教育逐渐走出学校大门，与日常生活融合，无形中扩大了教育范围。社会教育的开展需要制度化的组织来推动，也就区别了最原始意义上的社会所具有的潜移默化的教育功能。社会教育学家威廉一直强调社会教育实践本身应该被制度化，以避免使用一些假定的，以及不切实际的概念而导致实践过程中的困扰。这样才能够让社会教育变成一种有实施主体的教育形式，与社会所具有的潜移默化的教育功能区别开来。

从历史的角度来看，教育活动的组成形式最初是一种原始未分化的状态，是日常直接的生产生活本身，发展到后来才逐渐成为有专门教育场所和专业施教者的实体教育活动。这个发展变化伴随着的就是教育的制度化进程。当然，这个过程包含了制度化教育和非制度化教育的共同发展。相较于学校教育而言，社会教育就是一种非制度化教育。传统的社会教育作为一种非制度化教育形式，为什么在现代社会需要被制度化呢？这是由社会的发展阶段所决定的。社会教育形式必须与社会形态配合才有效果。非制度化教育作为一种主要存在于日常社会生活场域中的教育活动，在当代社会中的生存状况及结构层次是复杂的。相较于古代社会，当代社会为其准备了前所未有的良好的物质基础和社会理性基础，使得现代社会的非制度化教育获得了诸多新的形式和内容，赢得了新的社会起点、机会和动力。反过来看，非制度化教育同样会存在一些劣势，如无法自成目的、实施主体不明等，而工业化社会需要社会教育充分发挥其民众素质提升与社会秩序保障的功能，但是社会分工和经济发展方式又造成了社会教育的实施困难。为了解决这个矛盾，社会教育制度化的进程从而被开启。社会教育兴起之后，教育逐渐走出学校大门，社会教育制度化无形中扩大了制度化教育的范围。

从世界范围来看，第二次世界大战后日本社会教育实践的蓬勃发展直接得益于其《社会教育法》的颁布，以及随之开启的社会教育法制化进程。其实我国早已意识到建立社会教育法律制度的重要性，并且历史上也有过社会教育制度化的尝试。比如，民国初年就曾颁布过一系列有关社会教育的规章制度，设立过社会教育司统管社会教育事务，并且还构建了三级社会教育行政。社会教育制度化促进了当时社会教育实践的多样化发展，进而带来了国民识字率的大幅提高及社会风气的改善。改革开放后，学校教育制度化虽使学校教育事业开始恢复发展，但是社会教育制度化的进程依旧停滞。社会教育实践由于缺乏严格的规章制度可循，极大地限制了社会教育发展的规模与速度。其他国家社会教育制度化的进程也不是一帆风顺的。随着 20 世纪六七十年代世界终身教育思潮的兴起，终身教育、终身学习的理念在日本风靡之后，日本学术界陆续出现了质疑社会教育存在必要性的声音。随着社会教育在政府文件中几近消失，有学者甚至断言"社会教育已经消亡了"（松下圭一，1986），社会教育制度建设一度停滞。从目前来看，社会教育的相关研究开始回潮，人们逐渐认识到社会教育的不可替代性。制度对实践活动的影响更多地表现在对行动者本身的影响，缺乏相关法律制度的保障，光靠营造一种社会氛围来达到提升民众素质的期望是不现实的。也正因此，社会教育有了制度化的必要性与合理性。

三、社会教育实践的公益性困境

当前我国的社会教育实践发展出现了功利主义倾向，教育的公益性身份开始受到质疑与挑战。随着改革开放带来的经济飞速发展，经济在社会生活中的作用越来越突出，这也导致原本属于私人领域及公共空间领域的非市场、非商品化的活动被市场机制和科层化的权力所侵蚀。从部分文化宫变成补习机构，从社会教育开始变成校外培训的代名词来看，社会教育的功利主义色彩渐趋浓重。功利主义作为一种动机，自我利益由某种对自我的关切构成，它也指称一个自利的行动者为其自身所寻求的那种福利或好的生活。功利主义者很擅长把福利或者好的生活等同或还原为快乐或欲望得到满足这样的经验或非伦理概念，但众所周知，功利主义与道德上的正当判断是相冲突的。社会教育机构开始盈利化，社会教育的辅助性特质让其一直以来饱受无法自成目的性的诘难。"社会教育是学校教育的补充""社会教育是社会治理的工具"等，这样的定位其实是限制了社会教育实践本身的发展。

从结果来看，现代工具理性观念的确已深入社会骨髓，隐匿性的技术统治方式悄然蔓延，消费理性也侵占了个体的部分意识思维。教育作为一种服务业发展势头迅猛，教育私有化与教育公益性之间的矛盾与对立凸显。这种现状一方面与个体发展的内在需求相关，另一方面也与当下社会的发展导向不无联系。特别是在当前，终身学习成为社会发展的一种必然趋势，学习组织主体渐趋多样化，非营利性团体的学习活动渐趋事业化，市场上的教育机会也在不断扩大。在这样的背景下，学术讨论也倾向于用"学习"取代"教育"。这样的舆论导向损害着教育政策及实践的一些指导原则，教育作为一项社会公益事业的公共性正被忽视。教育作为一项社会集体努力，虽然意味着知识的创造、控制、习得、认证和运用向所有人开放，但是学习是个人的自由选择，社会上学习机会与资源获得的不平等使得在理念转向的过程中知识的创造、传播和获取都出现了私有化趋势，社会教育的公益性正受到严重威胁。社会教育具有社会及道德层面的意义与价值，它本应该是一种援助、组织地区居民进行自我教育活动的实践形式，帮助居民重新认识与深刻体悟现代社会中个体生命、幸福、自我实现的价值，使每一个民众都能具备社会责任感及相应的能力，成为社会建设的主体。社会教育如果成为教育市场化的附庸，那么就违背了教育作为公益事业的初心。社会教育的私有化或功利化只会助长工具理性的泛滥，因此去功利化的社会教育是我们从学历社会走向能力社会的必要途径。

四、社会教育实践的理论性困境

社会教育理论指导力不足也是掣肘我国当前社会教育实践发展的重要因素之一。如若按照布雷钦卡（又译布雷岑卡）在其《元教育理论：教育科学、教育哲学、实践教育学基础导论》（1978）一书中的分类，社会教育理论应该从属于实践教育学体系。因为社会教育的独特性在于"praxis"，意为"行动"和"做"，主要包含主题、方法与目的三者的共同作用。它的任务是把教育义务及履行这种义务的有效手段告诉全体教育者，并根据确当的意识形态和道德激励他们的教育行为。^① 因此，作为一种实践教育学理论，社会教育理论研究旨在为社会教育活动和行为提供实用的教育规范性理论，但现实是，社会生活实践中的教育行为经常被认为是一种弥散于日常生活中的前理论性的、前反思性的行为，如何对其进行理论提升一直是个难题。社会实践者往往将世界视为理所当然，这是因为他们在接受社会环境影响的过程中，所建构的认知结构就来自这个世界的结构。基于此，社会成员都持有一套基本的前反思性的假定，即我们对这个世界当中的假设与公理，无须经过喋喋不休的劝导与灌输，自然就深信不疑地接受了，这种接受源自客观世界与认知结构之间的一致关系。谈论实践不是一件容易的事，我们通常愿意以旁观者的角度去谈论它。研究者致力于解释实践活动，然后倾向于在描述实践中引入他与实践关系的依据，其实认识不只是取决于研究者关于实践对象所采取的特定视角。如果理论只是从眼前的实践活动转到事后的理论图解，那么就忽略了正在形成中的实践。这样的理论只是实践的解释，却无法具备指导下一步实践的效力。

另外，社会教育实践先行的行动逻辑也一直动摇着社会教育理论研究的地位。正如日本学者小川利夫在其《社会教育讲义》（1976）中所提到的那样，即便现在，想要写一本社会教育概论或原理性质的书也是非常不容易的。一方面，社会教育理论研究还时日尚短；另一方面，像社会教育这样实践主张比理论研究先行的例子，在其他领域也不多。此外，现代性之下社会个体的生活实践存在心理与道德风险，需要社会帮助成员去理解自己的行为，以及将这种行为指向他人的幸福和价值。因此，时代的发展也需要社会教育实践理论的发展，从而能够创新性地指导并辅助解决当前社会生活实践中的诸多问题。社会教育事业的发展被功利误导，流于实用主义和庸俗化，只能让实践理论的创生陷入困境，最终导致社会教育理论创生止于解释，荒于建构。

---

① 黄向阳. 布雷岑卡"元教育理论"述评[J]. 全球教育展望，1993（5）：46-53.

第二章 以古论今：
我国社会教育实践发展的秩序旨归

社会教育作为一项社会事业，正逐渐成为专门的学科研究领域。我国的"社会教育"一词是 20 世纪初从日文翻译过来的，在留日学生的助推下，中国当时创办的教育刊物大量介绍了日本的教育思想。如 1902 年 7 月，中国近代第一个教育刊物《教育世界》第 29 号上刊登了利根川与作所著的《家庭教育法》，其中提到了"社会教育"这个词。之后，1902 年 8 月《教育世界》第 31 号还翻译介绍了佐藤善治郎所著的《最近社会教育法》（1899）。1903 年 6 月 10 日，我国留日学生创办的《游学译编》第 8 册中翻译了中岛半次郎的《论学校对家庭与社会之关系》一文，清晰地指明了何为社会教育。文中提到教育之事，析为三段：幼年受教于父母，曰家庭教育；稍长就业于师傅，曰学校教育；处世、接物、立身、行事，曰社会教育。当然，不只是介绍日本，《教育世界》从 1904 年 10 月第 84 号起，连续介绍了德国代表性的社会教育学家的思想主张，为我们了解德国的社会教育思想奠定了基础。可见，我国社会教育概念的出现深受国外社会教育学研究的影响。

第一节 我国社会教育实践的历史推进

社会教育的发展取决于政治、经济与文化等各方面因素的有力推动。民国时期社会教育的发展就绝非偶然，是当时社会发展的必然。民国初期，为了革除封建陋习，改变民风，政府进行了一系列的改革，然而几千年来封建思想的根深蒂固，并不是一时就可以去除的。要实现真正意义上的民主，需要人们在思想意识上的革新与提升，需要知识傍身才有希望，那些已过学龄而没有接受过教育的人，只有通过社会教育使之增长知识。此外，经济的极大发展对劳动者的智力、能力要求越来越高，需要他们懂得科学知识，以及掌握现代机器生产的技术。生产方式的改变，也让更多的劳动者有了闲暇时间，这同样为社会教育的发展提供了必要的物质基础和条件。

关于我国社会教育实践的历史推进，其中备受关注的是民国时期的社会教育，是我国社会教育理论研究史上浓墨重彩的一笔，涌现出了很多致力于社会教育的理论家与实践家，如晏阳初、吴学信、马宗荣、谢荫昌、张志澄、陈礼江、郁祖庆、钟灵秀、林天乐、汤茂如、顾岳忠等，他们都提出了各自关于社会教育的思想观点，丰富了当时的社会教育研究，也为当时社会教育事业的发展提供了有力的理论指导。俞庆棠在中国社会教育社第二届年会开幕时致辞中提道："社会教育即民族自决教育，亦即国民自救教育……社会教育既建筑于民众生活之上，就应具有推进社会的力量。"①实际上也的确如此，这个时期的社会教育实践活动丰富多彩，成效斐然，有力地提升了民众的素质，极大地推动了中国社会的发展。

一、民国时期的社会教育实践

（一）通俗教育实践期（1912—1918）

民国政府成立后，首任教育总长蔡元培鉴于当时的德国与日本等国社会教育事业的发达和中国民众年长失学之众，坚决主张在普通教育、专门教育二司之外特设社会教育司，"深信教育行政之责任，不仅在教育青年，须兼顾多数年长失学之成人"②，大力发展社会教育。社会教育司的成立，是中国教育史上社会教育列入官制之始。自此之后，社会教育事业在社会教

---

① 茅仲英，唐孝纯编. 俞庆棠教育论著选[M]. 北京：人民教育出版社，1992：102.

② 朱有瓛，戚名琇，钱曼倩，霍益萍编. 中国近代教育史资料汇编：教育行政机构及教育团体[G]. 上海：上海教育出版社，1993：165.

育司的领导下蓬勃开展起来。此外，教育部还颁布了社会教育的相关法令、规程等，如《通俗教育研究会章程》《通俗教育演讲所规程》《通俗教育演讲规则》《通俗图书馆规程》《通俗演讲传习所办法》等，这些有关通俗教育规程的颁布，象征社会教育在此时期是以通俗教育的形式存在的。

其实，在清末新政时期，政府也举办了一些宣讲活动与简易学堂，对年长失学者及贫寒子弟无力就学者进行识字教育。还有一些地方，如湖南、湖北分别创办了图书馆及博物馆等，社会上的一些开明人士也开始在城乡各地开设阅报处和阅报社等。不过那时的社会教育零乱且盲目，缺乏统一的计划与有效管理，因而仍处于萌芽状态。民国成立之初，上述的普及文字运动被延续下来，教育部因此还颁布了《读音统一会章程》。与此同时，受国外通俗教育发展的影响，国内通俗教育也在积极酝酿，由社会教育司第三科主管。为了解通俗教育现状，1913年成立了北京通俗教育调查会。此时，由各教育团体发起的通俗教育研究会不断涌现：1912年，唐文治、黄炎培等人发起成立了通俗教育研究会；伍达等人组织了中国通俗教育研究会（后更名为中华通俗教育研究会）；章太炎等人在上海发起成立了通俗教育研究会。1913年，私立北京通俗教育研究会成立。1915年，经教育总长汤化龙呈请，教育部设立通俗教育研究会，并公布了《通俗教育研究会章程》。通俗教育内容已经不止于识字教育，不管是在内容上，还是在适用人群上，都有所扩大。在政府的带动下，地方的通俗教育事业也在这一时期积极开展起来，很多城市先后成立了通俗教育研究会。据民国教育部统计，至1917年全国共有通俗教育研究会232所，会员12922人。在教育部的指导下，各地积极创办社会教育机构与设施。教育部首先筹建了京师图书馆，于1912年8月向民众开放，供民众阅览；京师学务局设立通俗教育讲演传习所，培养讲演员，并设立宣讲所、巡回宣讲团、阅报处。1913年，设京师图书馆分馆；创设通俗图书馆，附设公共体育场、新闻阅览处，后又增设儿童阅览室。这两年间，安徽、湖北、广东、奉天、贵州、热河等地先后创办图书馆。这一年，私立北京通俗教育会成立，至1916年共设露天学校7处。1915年，教育部创设模范通俗讲演所，除所内讲演、巡回讲演外，也放电影。所内还附设阅书报处、公共补习学校、启盲所各 1 处。全国各地还先后创办宣讲所、夜学校、半日学校、贫民学校、通俗教育学校、通俗图书馆、通俗教育讲演所、巡回演讲团、巡回文库、博物馆等社会教育机构。至 1918 年，有博物馆 9 所、图书馆 176 所、通俗图书馆 285 所、公共阅报处 1376 处、巡回文库 259 处、通俗教育讲演所 2579 所、公共补习学校 46 所、半日学校 1686 所、简易识字学塾 4851 所、巡回宣讲团 742 所、通俗教育会 342 所。[①] 由此可以看出，通俗教育的发展也非常依赖场馆，因而通俗教育学校、图书馆、博物馆等社会教育机构或者说场馆的存在为通俗教育的发展奠定了强有力的物质基础，而这又得益于当时民国政府的重视。此时的社会教育是在教育部的领导之下推广开来的，政府的主导作用非常大。

（二）平民教育实践期（1919—1926）

1919—1926 年，是社会教育的蓬勃发展时期。民国成立后，确立了社会教育在教育行政上的地位。各种社会教育机构像雨后春笋般，在教育部与各地方政府的领导下，在广袤的中国大地上迅速发展起来，社会事业也开始初步发展。五四前后，国外的一些先进思想观念涌入中国，对中国社会产生了很大影响。民主与科学思想的传入，促进了国民思想的解放。特别是马克思主义的传入，更是不仅影响了我国的革命运动，也为后来社会教育的发展方向打下了基础。越来越多的有识之士像蔡元培一样意识到民众的巨大力量，意识到民众教育对中国社会发展的意义与价值。各种教育团体怀着通过提高民众素质达到富国强民的目的，掀起了平民教育运动的高潮。这一时期的社会教育由于政见与思想的差异，出现了不同的理论派别，社会教育实践开始向着不同的方向发展。由于此时国内政局不稳定，国民政府无力顾及社会教育，因而此时政府虽对社会教育的推动是非常有限的，但并不影响社会教育的发展。这是因为，此时社会教育的发展主要来自民间教育团体及

---

① 王雷. 中国近代社会教育史[M]. 北京：人民教育出版社，2003：42-48.

其他社会力量的推动。相较于通俗教育实践期，此时的社会教育民间色彩比较浓厚，总体特点是社会教育开始由城市转向农村。

1. 城市平民教育运动

当时的知识分子普遍认为，如果"想挽救全国不安的景象，除了设法把平民教育推行全国之外，绝无第二个好方法"①。因为要在政治、经济、文化等各个领域实现民主，教育发展一定要面向平民，不能是带有阶级性的，不能是贵族化的，必须是面向全体民众的、平民化的教育。在多方社会力量的呼吁与推动下，平民教育运动迅速发展起来。平民教育，顾名思义，是以施教对象来界定外延的概念。最初，平民教育思想及事业的提倡者晏阳初在其《平民教育运动术》中提到平民教育的施教对象为城市中的所有人，而在其《平民教育的真义》（1927）中，晏阳初所指平民是一般已过学龄时期而不识字的男女，或一般已识字而缺乏常识的男女。这时，平民教育的对象已经意指城市和乡村"义务教育"年龄段以外的未能受教育的或识字却缺乏常识的所有民众。由此可见，平民教育的施教对象也是随着实践的推进而有所变化的。

平民教育的内容也是相当广泛的。晏阳初在《平民教育的真义》一文中说，平民教育共分为三步：第一步是识字教育，第二步是公民教育，第三步是生计教育。这里面，识字教育是平民教育的起点，因为识字才能传播知识和思想；生计教育是为了让人人具备生产技能，造就自立国民，只有这样国民生计才能皆富足。平民教育的最终目的是使200兆失学男女皆具有共和国民应该有的精神和态度。②

2. 乡村平民教育运动

如前所述，五四运动时期，平民教育的发展重心有个从城市向乡村的迅速转变过程。特别是中国社会以农村为主，农村教育是教育链条中最为薄弱的一环。一些教育家认为，教育救国应该从农村着手，建设乡村教育，

---

① 马秋帆，熊明安主编. 晏阳初教育论著选[M]. 北京：人民教育出版社，1993：1.
② 马秋帆，熊明安主编. 晏阳初教育论著选[M]. 北京：人民教育出版社，1993：28.

发展生产力，改善农村的伦理风尚，稳定农村的社会秩序。正如梁漱溟所言："然中国固至今一大乡村社会也，乡村坏则根本摧。教育界之有心人发见其非，于是有乡村教育之提倡。"[①] 当时很多教育家将目光投向农村，在这些人的推动下，乡村教育思潮逐渐形成。

20世纪20年代中期以后，乡村教育开始由理论走向实践，一些教育家和团体建立了乡村教育试验区，实践了各自的乡村教育思想。这个时期乡村教育的试验活动主要有：（1）河北定县乡村改进试验区。由中华平民教育促进总会创办，从1926年开始进行乡村平民教育试验，代表人物晏阳初。（2）江苏昆山县徐公桥乡村改进区。由中华职业教育社创办，从1926年6月开始进行乡村改进试验，代表人物黄炎培。（3）南京晓庄试验乡村师范学校。由中华教育改进社创办，从1927年3月开始进行乡村教育培养试验，代表人物陶行知。（4）山东邹平乡村建设试验区。1931年6月开始进行乡村建设试验，以梁漱溟为代表。这些试验区虽然由不同教育团体主持，各自的指导思想、具体活动也不相同，但是其实施主体、教育对象及活动性质是相同的，都反映了社会教育的本质。具体来说，各试验区都是由教育家与民间教育团体组织推动的，不受政府直接管辖，其活动也不属于政府行为。从实践主体来看，非常符合社会教育的民间自觉性。各试验区的施教对象都是农民，都是学制系统以外的民众，这也符合社会教育对施教对象的界定。此外，从活动内容及设施的设置上来看，都具有明显的社会教育性质。比如，徐公桥乡村改进委员会就致力于设置图书馆、讲演所等；中华职业教育社还在徐公桥建立了农民教育馆、民众讲演厅、民众问字处等社会教育设施；平教会还采集选编鼓词、歌谣、谜语、谚语等民间文艺读物及民间歌曲。另外，还推广无线电广播、修建乡村露天剧场、成立农民剧团等，对村民进行文艺教育。可以说，乡村平民教育运动就是一种社会教育活动。

---

① 马秋帆编. 梁漱溟教育论著选[M]. 北京：人民教育出版社，1994：79.

（三）民众教育实践期（1927—1937）

1927—1937 年，是南京国民政府与中华苏维埃政府并存的特殊时期。由于两个政权的性质和所处的环境不同，使得两个政权领导下的社会教育沿着不同的方向发展。中国共产党领导的苏区工农政权以农村为根据地，由于环境艰苦，条件所限，推行的社会教育缺乏系统的理论指导，所以只能是边总结边改进。相比之下，南京国民政府环境优越，力量强大，其推行的社会教育以民国以来社会教育发展的经验教训为基础，形成了蓬勃发展的局面。这一时期两个政府推行的社会教育，由于各方面条件的不同，形成了各自的特点。

1. 南京国民政府的民众教育

1927 年，国民党开始推行党化教育。由于这个时期社会教育的各个方面都体现了民众的特点，因此社会教育实践以民众教育为中心。1931 年国民政府拟订《三民主义民众教育具备的目标》，道出了开展民众教育的本意："现在所谓民众运动，不是民众自己的运动，而是我们教育民众的运动，总要把民众教育好了，民众运动才名副其实，而民众教育又是真正的建设的民众运动。现在正值训政时期，训政重在训字，训就是教育，训政的对象是民众；所以训政可说就是民众教育。"[①] 曾担任国民政府社会教育处处长的陈礼江也在其《民众教育》一书中提到，民众教育的一个重要特征就是全民的，"民众教育是为全民而设的教育，不分男女职业……"[②] 这以后的 1932 年 7 月，教育部在《教育部修正各司分科规程》和 1933 年 4 月国民政府公布的《修正教育部组织法》中，在社会教育司掌管事项中，第一条就是民众教育事项，至此在教育行政上，民众教育成了社会教育工作的首要事项。

从教育机构设施的情况来看，这一时期的民众教育基本上可以分为学校式的与社会式的。王雷在其《中国近代社会教育史》（2003）中提到，学

---

① 中华民国史档案资料汇编（第5辑）[G]．南京：江苏古籍出版社，1994：700.

② 陈礼江．民众教育[M]．南京：正中书局，1937：5.

校式的社会教育机构有民众学校、民众识字处、农业补习学校、工业补习学校、商业补习学校、妇女补习学校、盲哑学校、孤儿院等，1930 年增设了感化学校、低能儿学校，1931 年又增设了戏剧学校和各种补习所、补习班等。社会式的社会教育设施面向的人群更为广泛，有教育馆、图书馆、博物馆、美术馆、古物保存所、公共体育场、通俗讲演所、民众阅报处、民众茶园、剧场、电影院等，1930 年增设了游泳池、体育会、进德会。几乎囊括了所有新式文化事业，侧面证明了这一时期社会教育发展形势良好，类型广泛。此时的社会教育作为专门的教育事业，有自己的教育目的、教育范围和对象，有专门的设施和机关。教育对象是面向全民，和前期的通俗教育及平民教育相比，扩大了教育对象。此外，社会教育的内容也有所丰富，从民众识字、现代知识到职业知能、国民道德、公共娱乐等，社会教育的范围和方式都在不断扩大且更具体化。

2. 苏维埃政府的社会教育

苏区大多处于偏远山区，交通不便，物资匮乏，文化落后，再加上国民党军队的"围剿"和封锁，根据地军民始终处于异常艰苦的生活环境中。在这种情况下，苏维埃政府依然十分重视社会教育，颁布了社会教育的方针、政策，出台了一系列议案、章程，指导苏区社会教育的发展。

1931 年苏区临时中央政府成立后，下设中央教育人民委员部，省、县、区、市设教育部，掌管普通教育科和社会教育科，并规定普通教育科的职能是管理成年补习教育、青年教育（如夜校识字运动等）及儿童教育（如列宁学校等）；社会教育科的职能是管理俱乐部工作、地方报纸、书报阅览所、革命博物馆及巡回演讲等。[①]1933 年 8 月 12 日，川陕省第二次全省工农兵代表大会通过《目前形势与川陕省苏维埃的任务》的决议，提出当前的教育任务是"广泛的发展苏区的文化教育，工作的重心应当是社会教育，各处都办工余学校、俱乐部、识字班、读报班加紧识字运动，

---

① 江西省教育厅编. 江西苏区教育资料选编[G]. 南昌：江西教育出版社，1960：101.

使苏区工农大家能识字"①。1933 年 8 月 30 日少共中央局和中央教育人民委员会联席会议通过了《关于目前教育工作的任务与团队对教育部工作的协助的决议》，强调在目前的环境下，"必须把教育的中心工作放到：（一）社会教育；（二）普通教育上面去。极大地发展社会教育……"②

1934 年 4 月中央教育人民委员部重新颁布了《教育行政纲要》，将中央教育人民委员部分为初等教育局、高等教育局、社会教育局、艺术局四个部门，社会教育由社会教育局和艺术局协同管理。省县设教育部，下设普通教育科和社会教育科。社会教育科掌管的是群众式社会教育，学校式社会教育则划归普通教育科掌管，包括业余补习学校、夜校、半日学校、识字班等。③ 这里学校的共同特点是面向所有群众且教学时间灵活，极大地方便了群众的学习。群众式社会教育的形式更为灵活多样，设施也倾向于简易，主要有俱乐部、工农剧社、苏维埃剧团、阅报处、墙报及识字班、问字处等扫盲设施。其中识字班、问字处等专门为扫盲而设置，这些机构同样不限年龄、人数和地点，可利用一切闲暇时间进行教学。工农剧社、苏维埃剧团以组织、编演戏剧的形式对广大群众进行革命教育。群众式社会教育以其灵活机动的特点同样受到广大群众的欢迎。总体来看，苏区的社会教育实践生动活泼，多种多样。从群众中来，到群众中去，依靠群众，为了群众，因此能调动广大群众的积极性。这也就解释了为何在外界环境艰苦、物质条件贫乏的情况下，苏区社会教育还能边实践边总结，在一系列方针与政策的指导下，社会教育事业的发展依然颇具特色。

（四）国民精神动员实践期（1938—1949）

全面抗战爆发后，社会教育理所当然地被纳入战时教育体系当中，发挥其在特殊时期的政治功能。1939 年 3 月，国民政府先后颁发《国民精神

---

① 戴续威编. 川陕省革命根据地文化教育资料选编[G]. 西南师范学院教育系教育史教研室，1980：9.

② 江西赣南师专教育教研室编. 中央苏区教育资料选编[G]. 1980：9.

③ 江西省教育厅编. 江西苏区教育资料选编[G]. 南昌：江西教育出版社，1960：1-3.

总动员纲领》《国民精神总动员实施办法》，纲领列出了三个共同目标：国家至上、民族至上，军事第一、胜利第一，意志集中、力量集中。为了更好地推动精神总动员运动，1940 年 3 月社会部接管了国民精神总动员会。社会教育机构成为推行精神动员最主要的实施阵地。1941 年 4 月，国民党八中全会通过了《战时三年计划大纲》，规定社会教育应该特别注重人民生活之改进、民智民德之培养和抗战意识之增强。1942 年《社会教育法（草案）》颁布，在政府教育行政的推动下，社会教育制度进一步完善。1944 年 3 月，教育部将精神总动员及新生活运动事项列入社会教育司第一科职掌范围，国民精神总动员成为社会教育应有事业。① 社会教育在动员和鼓舞民众的抗战救国心、发扬民族精神、培养爱国意识与增强民族凝聚力等方面发挥了重要作用，因此这一时期的社会教育也称为国民精神动员实践期。

在此背景下，一些社会教育事业，如民众教育馆、社会教育师资机构及失学民众补习教育得到了前所未有的发展。比如，湖南省立民众教育馆 1937 年 9 月—1938 年 2 月共举办了 70 余场讲演，讲演内容以抗战宣传或对日政策为主，使一般民众了解了自身所应负的责任。② 这个时期还出现了一种临时设立的社会教育机构，即社会教育工作团。1938 年 3 月 28 日，教育部颁布《社会教育工作团工作大纲》，规定了该团的六大实施目标，包括唤醒民众民族意识、灌输民众抗战知识、坚强民众抗战意志、训练民众抗战技能、充实民众基础知能和增进民众生产能力。此外，民众补习教育也在如火如荼地开展。据统计，1940—1945 年，全国仅国民学校开办成人补习班学生数由 250343 人增至 5116484 人；妇女班学生人数由 1360758 人增至 3013042 人，增幅 1—2 倍。③ 教育部为号召社会人士兴办社会教育，1941 年 11 月 12 日—11 月 18 日在重庆举行了社会教育扩大运动周活动，参加者除重庆市属各社会教育机关外，教育部更召集了附近公私立社会教育机关团体 30 余家单位，分展览、表演、宣传三大类，借此活动以化育民众。此

---

① 周慧梅. 民国社会教育研究[M]. 长沙：湖南教育出版社，2018：335.
② 湖南省立农民教育馆进行概要[M]. 湖南省立农民教育馆，1938：11—12.
③ 周慧梅. 民国社会教育研究[M]. 长沙：湖南教育出版社，2018：375.

外，电化教育在战时也得到了飞速发展。

抗日战争胜利后，社会教育的功能从号召抗战渐渐转向解放及社会秩序的恢复，但只是基调的转变，实践活动层面并无太多新的变化。在解放区内，继续大力发展工农业余教育，积极提高解放区广大工农群众的政治觉悟和文化水平，动员和组织他们参加解放战争、土地改革运动和生产建设。如1946年12月29日，《解放日报》刊载陕甘宁边区政府发布的《战时教育方案》指出，在战时必须提高社会教育的作用，以便发动广大青年直接或间接地参加战争；无论社会教育、学校教育都要大大加强时事教育，以提高群众的政治积极性，应以战时各种生动的范例作为活的教材教育广大群众。关于组织形式，应注意利用读报工作，并组织和教育民间艺术团体深入农村进行宣传。[①] 国民政府则因为国内战争的爆发，把精力都放在了内战上，无暇顾及社会教育实践的发展，社会教育式微。

二、中华人民共和国成立后的社会教育实践

1949年11月1日，中央人民政府教育部设一厅五司，即办公厅、高等教育司、中等教育司、初等教育司、社会教育司及视导司，其中社会教育司主管社会教育工作。社会教育的任务是宣传马克思列宁主义、毛泽东思想，宣传中国共产党的方针、政策，普及科学文化知识，开展群众性的文艺体育活动，以提高广大人民群众的思想觉悟及科学文化水平，并积极创设社会教育机构，如文化馆（宫）、少年宫、图书馆、博物馆、纪念馆、电影院、剧院、广播电台、业余体校等用以实施社会教育，使得共和国初期的社会教育因为这些场馆的存在，在一定程度上获得了继续发展。1960年5月，国务院批准教育部为一厅九司一局，其中社会教育司已于1952年11月15日被撤销，社会教育渐渐被人们遗忘。"文化大革命"爆发后，教育事业遭到严重破坏，社会教育自然也深受其害。党的十一届三中全会拨乱

---

① 王冬桦，王非主编. 社会教育学概论[M]. 北京：教育科学出版社，1992：45.

反正后，相当于社会教育实践的文化教育活动又开始受到党和政府的重视，突出地反映在文化教育活动的开展及社会教育机构的不断增加上。改革开放后，我国的社会教育实践发展又进入了一个新的历史阶段。笔者将中华人民共和国成立之后社会教育实践的发展按照社会教育工作重点分为四个时期，即文化教育实践期（1949—1978）、青少年校外教育实践期（1979—1991）、社区教育实践期（1992—2001）、全民终身学习实践期（2002年至今）。

（一）文化教育实践期（1949—1978）

1949年9月21—9月30日，中国人民政治协商会议第一届全体会议通过了《中国人民政治协商会议共同纲领》，并在同年10月1日确定其为我国的施政方针。在《中国人民政治协商会议共同纲领》第五章《文化教育政策》中，对教育的性质、任务都做了明确的规定："中华人民共和国的文化教育为新民主主义，即民族的、科学的、大众的文化教育。"同时还规定，"有计划、有步骤地实行普及教育，加强中等教育和高等教育，注重技术教育，加强劳动者的业余教育和在职干部教育，给青年知识分子和旧知识分子以革命的政治教育，以适应革命工作和国家建设工作的广泛需要"。

1. 农村扫盲教育实践

重视社会教育是我党的一贯宗旨，是老解放区的光荣传统。中华人民共和国成立后的农村依旧面临人口众多、经济落后、文化水平低的发展困境，这是进行社会教育的不利因素，但是广大农民迫切渴望文化，也为社会教育的开展提供了强大的动力。1955年6月国务院发出《关于加强农民业余文化教育的指示》指出，积极开展农民业余文化教育，扫除文盲，克服我国农村文化落后的状况，已成为当前一项重要的政治任务；农民的生产和学习应由合作社、互助组统一管理，把学习组织和生产组织结合起来，应成为今后发展农民业余文化教育事业的基本方向。指示下达后，全国农村很快掀起了学习科学文化的热潮。同年10月，教育部发出《关于1955年冬到1956年春组织农民参加学习的通知》，要求各地利用冬学等形式，按照学以致用的原则大力开展农民识字教育。在七届六中全会上，毛泽东也讲到要大力开展农村的扫盲工作，并将其列入《征询对农业十七条的意见》和后来的《1956 年到 1967 年全国农业发展纲要（草案）》之中。1956年 2 月 18 日，文化部和青年团中央联合发出《关于配合农村合作化运动高潮开展农村文化工作的指示》，要求各级文化行政机关和青年团组织必须依靠广大人民群众，特别是农村青年群众的力量，大力开展农村文化工作；开展农村文化工作的关键是建立以俱乐部为中心的农村文化网，为此要积极发展农村俱乐部，发展和健全农村电影放映网，加强和扩大书刊发行网和流通网，大力发展农村广播收音网。1955 年，全国参加业余文化学习的农民达到 5000 万人。①1956 年，全国一共动员组织了 7000 多万工农群众参加识字学习，扫盲 743.4 万人，其中绝大部分为农村文盲。与 1955 年的267.8 万人相比，是一个大幅度的增长。随着识字运动、农业合作化运动的发展，社会教育虽然出现了高潮，但是 1958 年之后，教育领域出现了冒进举动，盲目发展，脱离了实际，扫盲的夹生和回升率较高，农村业余教育高潮逐渐低落，以至于停滞。

2. 城市场馆教育实践

中华人民共和国成立初期，在各个大中城市，少年儿童的校外生活贫乏引发了瞎逛、打架、破坏社会秩序等许多少年儿童教育问题。②共青团中央进行调查后，起草了《积极开展和加强儿童校外机构工作》的调研报告，并在 1956 年春组织部分少年宫负责人进行了讨论。1957 年 1 月 18 日，共青团中央给党中央报送了《关于少年儿童课外校外生活问题的报告》。1957年 4 月 12 日，教育部和共青团中央联合颁发了《关于少年宫和少年之家工作的几项规定》。可见，中华人民共和国成立后，发展少年宫教育是为了加强青少年管理，预防青少年犯罪。学校不是实现教育目的的唯一场所，众多社会场所开展的社会活动对青少年都具有非凡的教育意义，这就是社会

---

① 建国以来重要文献选编（第8册）[G]. 北京：中央文献出版社，1994：335.

② 许德馨主编. 少年宫教育史[M]. 海口：海南出版社，2000：47.

教育的功能和价值所在。此后，各种社会文化教育场馆犹如雨后春笋般出现在中国大地上。特别是 1957 年，毛泽东在《关于正确处理人民内部矛盾的问题》一文中提出："我国的教育方针，应该使受教育者在德育、智育、体育几方面都得到发展，成为有社会主义觉悟的有文化的劳动者。"这是促进人的全面发展的教育方针，而社会教育是能够实现全面发展的最优途径。于是，工会、共青团、妇联、民主党派、文艺团体、学术团体等社会教育团体开展的宣传教育活动、科学文化知识的普及活动、文体活动等社会教育活动深入工厂、农村、机关、学校的各个角落。我国的社会教育，自 1950 年 6 月中央人民政府政务院发布《关于开展职工业余教育的指示》以来，取得了巨大成就。1949 年全国仅有 896 个文化馆、55 个公共图书馆、21 个博物馆，至 1983 年，全国已有 2946 个文化馆、2038 个公共图书馆、467 个博物馆。[1]这个时期主要的社会教育活动都围绕着场馆进行，是设施型社会教育。

（二）青少年校外教育实践期（1979—1991）

改革开放后，全党工作的重点转移到社会主义现代化建设上来。20 世纪 80 年代后，随着我国改革开放的力度日益加强，社会主义现代化建设的步伐日益加大，如何培养大批人才这一战略问题日益凸显。人才的培养需要抓基础，中小学教育是人才培养的奠基工程。为此，邓小平于 1983 年在北京景山学校的题词中就指出"教育要面向现代化，面向世界，面向未来"，并多次强调要培养有理想、有道德、有文化、有纪律的社会主义"四有"新人。1985 年 5 月 27 日颁布的《中共中央关于教育体制改革的决定》，提出了学校教育要和学校外、学校后的教育并举的重要思想。教育体制改革的根本目的是提高民族素质，多出人才，出好人才。为了更有效地培养"四有"新人，培养社会主义现代化建设人才，必须优化校外教育环境，加强学校、社区、家庭的协作，社会教育的青少年校外教育属性凸显了出来。

---

[1] 王冬桦，王非主编. 社会教育学概论[M]. 北京：教育科学出版社，1992：46.

这一时期的社会教育具备如下特点：首先，是社会支援学校教育，即全社会共同关心青少年的学校教育。其中特别关心的是青少年思想道德的成长，构建以学校教育为主导、家庭教育为基础、社区教育为依托的中小学学生德育体系。学校把社区看作是第二课堂，为此还建立了社区教育委员会，形成了区域、街道、学校三级社区教育组织。其次，施教对象狭窄化了，更多的是针对中小学在校生，甚至一段时间内提到社会教育，人们想到的是在校生的校外教育。再次，学校外教育的主导角色是学校，即以学校为主导开展。这一方面反映了社区教育委员会的日常运作实际上是由学校来左右，这种情况在学校牵头组成的社区教育委员会中尤为突出；另一方面则反映在优化校外育人环境，逐步形成整体育人新格局的目的之中。最后，社会教育的内容是以德育为核心。总体而言，这一时期社会教育的实质是中小学德育的社会化。

当然，实施社会教育要通过一定的机构设施进行，如学校和图书馆、博物馆或者爱国主义教育基地，借用这些场馆对青少年进行思想道德方面的教育。我国的社会教育机构设施也在不断发展中，除了包括前述的图书馆、博物馆等场馆外，还包括一些被我们容易忽略的设施，如儿童照顾与教育机构：托儿所、幼儿园、学前班、儿童游乐场、儿童影剧院等；青少年陶冶与教育设施：青少年之家、青少年宫、俱乐部、活动中心、青年就业指导站、科技辅导站等；犯罪青少年的教育机构：工读学校、少管所等；社会福利机构和设施：盲、聋、哑学校，孤儿之家等。据 1990 年国家统计局公报，到 1990 年末全国共有艺术表演团体 2819 个、文化馆 3000 个、公共图书馆 2527 个、博物馆 1012 个、档案馆 3630 个、广播电台 640 座、广播发射台和转播台 673 座、电视台 510 座、1000 瓦以上电视发射台和转播台 938 座、各类电影放映单位 14.5 万个。1990 年生产电影故事片 100 部，发行各种新片（长片）199.5 部，有 18 部（次）影片在国际电影节上获奖。全国性和省级报纸全年出版 158.7 亿份，各类杂志出版 19.1 亿册，图书出版 55.8 亿册（张）。[①]概言之，这一时期的社会教育，是以青少年学生为对象、以德育为主要内容、以建立中小学生大德育体系为主要目的，由学校作为主导加以运作的学校外教育。这种社会教育是与该阶段我国社会发展的背景和条件度、人的需求度，以及教育自身内在发展的成熟度相对应的，这是下一时期完整意义上的社会教育形成的重要基石。民众自发的社会教育实践活动的巨大发展发生在 20 世纪 90 年代以后，彼时我国在城乡范围内又掀起了广泛而深入的地域性社会教育。

（三）社区教育实践期（1992—2001）

1992 年党的十四大提出建立社会主义市场经济体制的改革目标，对包括教育在内的经济社会发展各领域改革提出了新要求。我国的社会主义现代化建设快速发展，经济体制由高度集中的计划经济转向社会主义市场经济，由此带来了社会诸领域的大幅度变革。这种深刻的社会变革，必然对人们的价值观念、思维方式、社会劳动能力、生活习惯等提出全面而严峻的挑战，对社会成员的整体素质提出了新的要求。社会民众普遍感受到发展的压力，从而较为普遍地产生了学习的内在需求。

此外，20 世纪 90 年代后由于基层政权、政治体制改革的加强和精神文明建设的需要，我国的现代社区建设迅速兴起。要建设和发展好社区，关键在于通过社区教育提高社区成员的素质。这个时期，开始了学校回报社区的阶段，并为社区发展提供帮助和服务，社会教育的对象也从中小学生开始向社区所有人拓展。慢慢地学校和社区开始发展为双向服务的关系，学校通过服务社区拓展学生的第二课堂，优化周边环境；社区则利用学校的资源拓宽社区教育的深度和广度，从而向完善终身教育体系、创建学习型社区方向发展。20 世纪 90 年代以后，我国的社区教育取得了突破性进展，进入新的阶段，即以全员、全程、全方位为发展取向和特点的新型社区教育发展阶段。以上海为例，截至 2002 年，几乎所有的街道和乡镇开展了不

---

① 王冬桦，王非主编. 社会教育学概论[M]. 北京：教育科学出版社，1992：46.

同形式、不同层次的社区教育，并建立了 200 所社区学校，部分区县还完成了所有街道和乡镇社区教育网络的构建工作。

如前所述，此阶段的社会教育发生了质的飞跃，体现在以下几个方面：第一，社区教育的标志是以社区和社区成员为本的社区学院的成立，成为社区教育的龙头和基地，成为社区的终身学习中心。第二，社区教育的目的是服务社区及其成员，促进社区可持续发展和社区成员的全面发展。这既是社区教育的出发点，也是社区教育的归宿。第三，社区教育的对象是社区全体成员。第四，社区教育的主导角色是社区，这主要体现在社区自主办学和社区自主管理上。第五，社区教育的内容是社区协调发展和社区居民终身发展的各方面学习需求。第六，社区教育的实质是教育的社会化与社会的教育化的统一，营造学习型社会。[①]教育部也从 2001 年起在部分地区开展了社区教育实验工作，并明确把开展社区教育实验与"逐渐建立与完善终身教育体系，努力提高全民素质"的目标联系在一起。这一行动方针和发展思路无疑为未来的发展指明了方向。因为只有将社区教育纳入终身教育的体系中加以定位，并同时从终身教育的目的，即实现学习型社会的高度来理解，才有可能使社区教育的发展方向准确，后劲十足。

（四）全民终身学习实践期（2002 年至今）

2002 年党的十六大报告将"形成全民学习、终身学习的学习型社会，促进人的全面发展"作为全面建设小康社会的重要目标。2004 年 9 月党的十六届四中全会又提出"构建社会主义和谐社会"。2007 年党的十七大提出将"现代国民教育体系更加完善，终身教育体系基本形成"作为全面建设小康社会的新要求，"发展远程教育和继续教育，建设全民学习、终身学习的学习型社会"。《国家中长期教育改革和发展规划纲要（2010—2020 年）》提出"到 2020 年，基本实现教育现代化，基本形成学习型社会，进入人力资源强国"的战略目标和"要构建体系完备的终身教育体系"的具体目标。

① 叶忠海，朱涛编著. 社区教育学[M]. 北京：高等教育出版社，2009：22.

我国对社会教育的认识逐渐加深，社会教育进入又一个转型发展期。

这一时期的社区教育实践发展呈现出以下特点：一是终身教育的法治建设进一步加强，地域性社会教育实践有了制度支撑。如2005年，福建省颁布了第一个省级终身教育专门法规——《福建省终身教育促进条例》。之后，上海、山西、河北、浙江分别颁布实施了《终身教育促进条例》。2015年新修订的《中华人民共和国教育法》提出"国家实行继续教育制度"，"国家鼓励发展多种形式的继续教育……促进不同类型学习成果的互认和衔接，推动全民终身学习"等新规定。

二是社会教育机构和设施继续发展，社会教育实践有了物质保障。以教育基地为例，我国命名建立了多种主体的教育基地，如爱国主义教育基地、青少年教育基地、科普教育基地、法治教育基地、禁毒教育基地、国防教育基地、生态文明教育基地等。这些不同类型的教育基地面向公众，是典型的社会教育。1997年7月，中宣部向社会公布了首批百个爱国主义教育示范基地，其中反映中华民族悠久历史文化内容的19个，反映近代中国遭受帝国主义侵略和我国人民反抗侵略、英勇斗争内容的9个，反映现代我国人民革命斗争和社会主义建设时期内容的75个。2001年6月11日，中宣部公布了以反映党的光辉历史为主要内容的第二批百个爱国主义教育示范基地。2005年11月，中宣部公布了第三批66个全国爱国主义教育示范基地。2009年5月，中宣部公布了第四批87个全国爱国主义教育示范基地。这些爱国主义教育基地组织的爱国主义教育活动，激发了民众的爱国热情，培养了青少年的民族精神。全国科普教育基地是中国科协命名建立的，面向公众开放，具有特定科学技术教育、传播与普及功能的场馆、设施或场所。中国科协于1999年启动全国科普教育基地认定工作，并分别于1999年、2005年命名了两批全国科普教育基地。截至2012年，中国科协共命名1048个全国科普教育基地，其中场馆类427个、公共场所类226个、科研院所类183个、生产设施类119个、其他类93个。[①]

[①] 张良驯. 青少年社会教育学[M]. 北京：人民教育出版社，2017：382.

三是受终身教育理念、现代信息技术发展和国际教育发展趋势的影响，催生了一系列新的成人与继续教育类型、内容及手段。如现代远程教育和开放教育试点的出现，从 2012 年起教育部先后确定国家开放大学、北京开放大学等 6 所试点开放大学；试行普通高校、高职院校、成人高校之间学分转换，实现多种学习渠道、学习方式、学习结果的相互衔接；先后建设 6 批全国教育实验区和 4 批全国社区教育示范区等。2007 年底，全国社区教育实验区已扩大到 114 个，基本覆盖了各省、自治区、直辖市。此外，还有示范区 34 个，省、市、自治区级实验区 400 个左右。[①] 形成了以京津沪等大城市为龙头、东部沿海发达地区为主干、中西部地区有重点开展的梯度发展格局。此外，多样化的社区教育实验，也创造了丰富多彩的成果，如终身学习卡制度、电子化社区、"下午四点钟"社区学校、居民大学听课证等。[②]

四是突出了社会教育促进创建学习型社会的工作重点。第一，构建社区终身学习和终身教育网络，特别是完善了社区教育机构的组织网络、社区与社区组织的网络、社区的信息网络。第二，社区各类学习型组织的创建工作，包括学习型家庭、学习型楼组、学习型小区、学习型单位、学习型机关等。体现了未来社会教育发展方向是由学习型社区的发展过渡到学习型城市的建设，最终促进学习型社会的形成。2014 年，教育部等七部门发布《关于推进学习型城市建设的意见》，提出"通过学习型城市建设，促进全民学习、终身学习，促进城市的包容、繁荣和可持续发展"。2016 年，教育部等九部门发布《关于进一步推进社区教育发展的意见》，提出"到 2020 年社区教育治理体系初步形成，内容形式更加丰富……居民参与率和满意度显著提高，基本形成具有中国特色的社区教育发展模式"的发展目标。

其实，发展到 20 世纪 90 年代末，我国的社会教育已开始体现出全民

① 陈乃林，刘建同主编. 学习型社会建设中的社区教育发展研究[M]. 北京：高等教育出版社，2010：23.
② 闫树涛. 新中国成人与继续教育发展的五个阶段[J]. 河北大学成人教育学院学报，2019（2）：5-11.

教育和终身教育的特征。也就是说，受教育对象指向全民，既包括工人、农民、军人、公务员等社会上各行各业人的社会教育，也包括城市、农村、企事业单位等不同地域人的社会教育，以及在校生和学校外青少年、特殊群体等不同属性人的社会教育。此外，它还指向了社会各个年龄阶段成员的教育，如学前儿童的社会教育、青少年的社会教育、成年人和老年人的社会教育等。进入 21 世纪以后，我国的社会教育实践继续借构建全民学习、终身学习的学习型社会的东风实现全面且纵深的发展。

第二节　我国社会教育实践的理论之维

此前在有关近代中国教育史的研究，特别是关于社会教育的先行研究中，研究对象和内容主要集中于民国成立以后，尤其是五四运动以后的有关平民教育的探讨。这个时期的社会教育研究大多依据官方的教育年鉴、教育法令汇编、学校或社团出版的教育期刊和著述，内容大同小异。台湾学者李建兴的《中国社会教育发展史》虽然从文化背景、发展概况、社会教育思想及其影响等方面，再现了夏商周到民国中国社会教育的发展历程，但对近代社会教育与传统中国的社会教育在概念内涵上的差异并未论及。严格来说，这已经是两个不同的概念。虽然有关我国社会教育实践的研究我们是从民国开始梳理的，但其实从清末开始社会教育概念就已经传入我国，而且这个概念的形成直接影响了之后我国社会教育实践的展开方向。因此，本研究将时间点前移到清末，主要梳理 19 世纪末至今的中国社会教育研究发展史，探究不同历史时期社会教育研究的理论特点与倾向性，对认清我国社会教育实践的发展困境起到究根探源的作用。

一、舶来社会教育学的影响

有学者认为"'社会教育'这个名词在我国的出现是在 1911 年辛亥革命

以后，中华民国教育部设立社会教育司的时候"[①]，但近年来，随着研究的深入，很多资料表明，在中国 19 世纪末，特别是甲午中日战争战败后开启的清末体制改革及近代化国家建设的历程中，社会教育概念就已经传入了。

（一）社会教育概念与思想的传入

1906 年，蓝公武在爱智会主办的《教育》上发表《社会教育论》一文之前，社会教育概念就已经在相关杂志和著作中出现了。《教育世界》于 1907 年 10 月第 159 号后，就开始频繁使用"社会教育"一词了。

表 2-1　中国有关社会教育概念的记载（1898—1907）[②]

时间	事项·报道·论文	杂志·报纸·著作	备注
1898年	关于山名次郎《社会教育学》、庵地保《通俗教育论》、涉江保《通俗教育演说》及《通俗教育全书》的记载	康有为《日本书目志》	
1902年8月	佐藤善治郎《最近社会教育法》的译本《社会教育法》（沈纮译）	《教育世界》	
1904年4月	关于日本《通俗讲演会记》的报道	《教育世界》	
1904年11月24日		《大公报》	天津开办通俗教育茶话所
1905年2月	《贝尔格曼的社会教育学》（连载至同年3月）	《教育世界》	
1905年12月	《纳托尔普的社会教育学》（连载至1906年1月）	《教育世界》	
1906年			学部学务公所等行政机关的管辖事项中包含有关通俗教育的内容

① 王冬桦，王非主编. 社会教育学概论[M]. 北京：教育科学出版社，1992：42.
② 牧野笃，上田孝典，李正连，奥川明子. 近代東北アジアにおける社会教育概念の伝播と受容に関する研究[J]. 名古屋大学大学院教育発達科学研究科紀要（教育科学），2003（2）：164.

续表

时间	事项·报道·论文	杂志·报纸·著作	备注
1906年5月	《法国成人教育》	《教育世界》	
1906年12月	《社会教育论》	《教育》	
1907年4月27日		《申报》	上海成立通俗教育社
1907年7月	《欧美社会教育谈》	《教育世界》	
1907年10月	《德国社会教育》	《教育世界》	
1907年12月	《欧美现行通俗教育之状况》	《直隶教育杂志》	

据相关资料可知，在日本没有开始对外侵略、扩张前，我国已经有对日本社会教育（通俗教育）相关的报道及介绍。1907年前后，不只是介绍国外的社会教育、成人教育，探讨中国社会教育存在方式的记载也越来越多。为何辛亥革命后实行共和政体的时候，政府不仅从制度上规定了社会教育，而且试图开展行政层面的社会教育实践呢？这或许是因为当时的中国正面临国家的近代化建设，需要将与学校教育制度构建相关的社会教育，作为补充与辅助学校教育并促进其普及而引进来。"社会教育事业是鉴于学校教育之收效迟缓而起的新事业，社会教育事业是救中国危亡的唯一生路。"①

山名次郎是日本最早从社会、国家及社会教育之间关系层面提到社会教育概念的学者之一。他认为社会教育是顺应时代的需要，为了促进国家的发展而实施的。佐藤善治郎于1899年出版的《最近社会教育法》中也有类似的陈述："教育目的的实现需要具备两方面的教育机关，一个是学校教育机构（或者说国家教育机构），另外一个是社会教育……社会教育的兴盛与否和国家教育机关有效与否有很大关系。"吉田雄次在其《社会教育》（1913）一书中也提到，社会教育更像是与社会政策或者社会改良相关的一种从属于社会问题的存在。其一，为了社会的发展，社会教育是必要的；其二，为了教育的发展，社会教育也是必要的。严格来说，虽然教育主要

---

① 彭百川. 教育与民众（刊首语）[J]. 教育与民众，1933（4）：2.

是在学校内实施的，但是如果要使其充分发挥效果，就必须有社会和家庭与之协作。之后，乘杉嘉寿在《社会教育研究》（1923）一书中也对社会教育的价值做了阐释。社会教育是为了使个人获得作为社会成员相称的资质和能力的教化工作。社会教育对于学校教育来说，具备两方面的意义：其一，社会教育可以被看作是学校教育的延伸补充；其二，社会教育对于学校教育而言，既是一种特别的刺激，又增添了新意味，可以说给学校教育带来了从内容到形式的变化。小尾范治在其1927年出版的《社会教育思潮》中也强调社会教育对个体和社会的重要价值，他认为社会教育的必要性就是充实和补充学校教育。关于社会教育的边界问题，1932年春山作树在其《社会教育概论》一书中明确指出，教育的组织化正突破家庭与学校的范围，开始向广阔的社会进发。为了区别正逐渐纳入组织化进程的社会化教育的新领域与已经被组织化了的家庭及学校教育，我们将前者称为社会教育。换句话说，社会教育就是指在家庭、学校之外举办的教育活动，并且其正逐渐走上组织化的道路。此后，吉田熊次又于1934年在其《社会教育原论》一书中重申了社会教育对于国家、社会的重要性。他认为社会成员虽然已经是接受过学校教育的人，但是当其成为独立市民的时候，修养如何直接关系国家、社会的命运。社会成员必须依据其社会责任和义务，在国家、社会的主导精神下互相协助，从而实现共存共荣。这就是近代社会中社会人的生活样态。所谓社会化虽然如此命名，但为了使这个社会化最具价值、最有效果，学校以外的国民的教养程度及其主导精神就成了关键。这就是社会教育重要的原因。

　　关于社会教育概念的规定性，小川利夫也有过论述。他在《现代社会教育理论》（1977）一书中提到，第二次世界大战前关于社会教育，大体上有两种对立的立场：一种是社会教育的社会主义立场，另一种是社会教育的国家主义立场。之后，渐渐开始出现了第三种立场，即社会教育的学校主义立场。因此，社会教育中社会与国家的体制矛盾、结构矛盾的问题，看起来在与学校的关联中功能性地被包含了，但这样理解的社会教育仅仅是一种操作概念而已。宫原诚一在其《社会教育的本质》一文中也指摘了这一点，并提出了社会教育的发展形态论。他认为社会教育是义务教育被确立，学校教育经验普遍化之后出现的，是与学校教育相关联且具有特殊目的一种运动。基于此，他提出了社会教育与近代学校教育相对的发展形态的三种形式，即"作为学校教育的补充"的社会教育、"作为学校教育的扩大"的社会教育和"作为学校教育外的教育要求"的社会教育。之后，小川利夫在批判这一理论的基础上，进而从青年期教育的双重构造视角出发，又增加了社会教育的第四种形态，即"学校教育的转移"或"学校教育的替代"。相对于宫原诚一从运动的角度来理解社会教育，小川利夫的转移、替代形态论更倾向于静态特性。用他的话来说，这个被组织化的形态，就是在国家普遍管理下被重组成为公共的学校制度，且具有中立性的外表。不论怎样，日本社会教育概念的内涵都不是"教育的原形态"，最初关于社会教育概念的规定与作为国家制度的学校教育紧密关联，是同样作为国家制度的存在。

表 2-2　日本报刊中有关中国社会教育的记载（1897—1912）[①]

时间	事项·报道·论文	报刊·著作	备注
1897年7月20日	《中国江西图书馆设置以及关于西文的研究计划》	《教育公报》	
1897年11月5日	《中国商业博物馆的创设》	《教育公报》	
1902年1月1日	《上海学徒学校设立的规划》	《教育学术界》	
1902年7月5日	《吴汝纶与文部省》	《教育时论》	实业补习学校
1902年7月15日	《吴汝纶与文部省》	《教育公报》	实业补习学校
1902年7月15日	《吴汝纶》	《教育时论》	实业补习学校
1902年8月5日	《吴汝纶的日本教育观》	《教育时论》	实业教育
1902年10月3日	《吴汝纶的教育事项旁听》	《教育》	实业补习学校
1907年2月26日	《宣讲劝学二所的开设》	《东亚同文会报告》	宪政准备·地方自治

① 牧野篤，上田孝典，李正连，奥川明子. 近代東北アジアにおける社会教育概念の伝播と受容に関する研究[J]. 名古屋大学大学院教育発達科学研究科紀要（教育科学），2003（2）：166.

续表

时间	事项·报道·论文	报刊·著作	备注
1909年3月26日	《简易识字学堂》	《东亚同文会报告》	
1909年3月26日	《国民必读课本简易识字课本》	《东亚同文会报告》	
1909年12月26日	《简易识字课本试行》	《东亚同文会报告》	
1910年1月10日	《现在的实业练习生》	《教育学术界》	
1910年1月30日	《简易识字学塾章程颁布》	《东亚同文会报告》	
1910年3月15日	《简易识字课本颁布》	《东亚同文会报告》	
1910年4月20日	《满洲实业补习学校》	《东洋时报》	
1910年5月20日	《满铁实业补习学校》	《东洋时报》	
1911年4月5日	《简易识字学塾章程的修订》	《中国调查报告书》	
1912年8月5日	《满洲实业补习校近况》	《教育时论》	

从表2-2来看，1912年之前日本报刊中收录的有关中国社会教育的报道或论文，并没有直接将"社会教育""通俗教育"概念或用语作为标题的记载，而当时我国的报刊中已经有了以"社会教育""通俗教育"概念术语作为标题的记载。这其实可以说明，我国的社会教育（通俗教育）概念是在日本社会教育制度化之前。当时的开明人士为了国家的近代化从日本引进社会教育（通俗教育）的概念，成为近代学校制度构建的有力动因。

社会教育的引介与学校教育密切相关，它是学校教育普及的加速器。当时的社会教育具有启蒙的特性，同时也具有改善民众生活或风俗改良的作用。在日本被称为通俗教育的社会教育，作为近代国家形成方式的展开路径，经历了围绕日俄战争后国家建设方式向国家权力收缩式发展的转向。为了近代化学校制度的普及、民众意识的唤醒、民众生活的改善、预备宪政，以及地方自治制度展开的社会教育发展，最后以一种面向国家整合和对抗日本侵略的形式被我国接受。

（二）我国社会教育理论研究的萌芽

社会教育概念被引入之后，中国学术界就开启了社会教育本土化的进

程。1913 年，由商务印书馆、中华书局及文明书局共同出版的谢荫昌所著
《社会教育》一书是我国最早的社会教育专著。之后，国人开始用社会教
育的视角探讨中国的教育与社会问题，并开始独立撰写社会教育著作。很
多学者有自己对社会教育的理解，如马宗荣在其《社会教育概说》（1925）
一书中提到，"国家、公共团体或私人，为图谋民众资质的向上，以社会全
体为客体，使影响及于社会全体的教育，叫做社会教育"[①]。吴学信则认为社
会教育为家庭教育、学校教育以外，所实行的教育活动的泛称。"其对象为
社会全民，其时期为整个人生，其内容是充实人生的，其实施机关是种类
多歧"[②]。此外，陈礼江认为，"社会教育是国家或私人欲使教育范围扩张，
在普通正式学校以外，另办的各种各样的非正式的教育。这种教育包括各
种教育机关和事业，应用各种方法和手段，给予一切未受国民基础教育的
成年民众以补习的基础教育，及受过教育（无论何种程度）的民众以继续
的教育"[③]。不同时期、不同学者对社会教育的理解和定位有些许不同，但有
一个相同的基调，那就是"开民智""改良社会"。利用社会教育概念之名，
行改造中国社会之实。社会教育实践因地制宜的发展要比社会教育研究略
胜一筹，这也从侧面反映了社会教育概念在清末民初的引入其实是有其历
史必然性的。

表 2-3   1913—1949 年我国出版的社会教育著作[④]

著作名称	作者	出版单位	时间
《社会教育》	谢荫昌著	商务印书馆、中华书局、文明书局	1913年
《社会教育》	余寄编译	中华书局	1917年
《社会教育概说》	马宗荣著	中华学艺社	1925年
《社会教育设施法》	孙逸园编	商务印书馆	1926年

---

① 马宗荣. 社会教育概说[M]. 上海：中华学艺社，1925：1.
② 吴学信. 社会教育史[M]. 长沙：商务印书馆，1939：2.
③ 陈礼江. 社会教育的意义与事业[M]. 南京：正中书局，1937：3.
④ 王雷. 社会教育概论[M]. 北京：光明日报出版社，2007：52-54.

续表

著作名称	作者	出版单位	时间
《社会教育通论》	张志澄编	启智书局	1929年
《积极的社会教育》	李蒸著		1931年
《社会教育指导》	仲靖澜、胡赞平、马兼善编	世界书局	1931年
《社会本位的教育系统草案》	梁漱溟编	中国社会教育社	1933年
《比较社会教育》	马宗荣著	世界书局	1933年
《现代社会教育泛论》	马宗荣著	世界书局	1934年
《日本社会教育之史的发展》	张克林著	日本评论社	1935年
《社会教育的设施及理论》	马宗荣译	中华书局	1935年
《社会教育事业十讲》	马宗荣著	商务印书馆	1936年
《社会教育纲要》	马宗荣著	商务印书馆	1937年
《中国社会教育行政》	蒋建白、吕海澜著	商务印书馆	1937年
《非常时期之社会教育》	杜元载著	中华书局	1937年
《社会教育的意义及其事业》	陈礼江著	正中书局	1937年
《各国社会教育事业》	陈友松著	商务印书馆	1937年
《社会教育论丛》	吴学信著	文通书局	1938年
《社会教育行政》	赵冕著	商务印书馆	1938年
《社会教育史》	吴学信著	商务印书馆	1939年
《社会教育之改进》	陈礼江讲	中央训练团	1940年
《社会教育》	程宗宜、周翼中编	江西省地方政治讲习院	1940年
《社会教育纲要》	郁祖庆编	四川省政府教育厅	1940年
《社会教育指南》	古梅著	大夏大学教育学院	1940年
《大时代社会教育新论》	马宗荣著	商务印书馆	1941年
《社会教育》	江西省地方行政干部训练团编		1941年
《社会教育大纲》	钟灵秀编	中央训练委员会内政部	1941年
《社会教育国民教育》	天全县地方行政干部训练所编		1942年
《社会教育入门》	马宗荣、蓝淑华著	文通书局	1942年
《社会教育原理与社会教育事业》	马宗荣、蓝淑华著	文通书局	1942年

续表

著作名称	作者	出版单位	时间
《比较社会教育》	吴学信编	正中书局	1942年
《中国社会教育概述》	吴学信编	国民图书出版社	1942年
《社会教育行政》	钟灵秀著	国立编译馆	1947年
《社会教育》	钟灵秀著	中华书局	1947年
《中国社会教育新论》	许公鉴著	中国文化服务社	1948年

此时研究的蓬勃发展可以看出国人非常关注社会教育，并开始研究社会教育的理论问题。1941年国立社会教育学院的成立，使中国有了以社会教育命名的独立大学，此时很多大学都有了社会教育系科，也开设了社会教育课程。这是社会教育学在中国开始成为一门独立学科的标志。同年，中国社会教育社的成立是我国近代第一个以社会教育为研究对象的专门的学术研究团体，其宗旨是"研究社会教育学术，促进社会教育事业"，集中了一大批社会教育学者及社会教育家，如俞庆棠、梁漱溟、雷沛鸿、陈礼江、傅葆琛、马宗荣等。中国社会教育社成立后的每届年会都会提出议案、研读论文等，这些成果也反映了当时我国社会教育理论研究的水平，对于繁荣我国近代教育思想起到了推动作用，对解决中国社会实践领域内的问题积累了大量的经验，为之后我国社会教育学的构建与发展奠定了基础。遗憾的是，这一时期未出现一本以"社会教育学"命名的社会教育著作。

二、我国社会教育学的建构

1952年社会教育司被撤销后，社会教育丧失了其在教育行政管理中的地位，在教育学科群中也失去了其原有的地位。改革开放以来，我国的教育事业开始恢复，学术研究繁荣，但社会教育学不仅在学科、专业目录上没有了学科方向，而且在实践中也没有了自己独立的领域与管理单位。社会教育被分化，社会教育相关的研究稀少，但是20世纪末以来，社会教育为越来越多的学者重视，出现了一批优秀的研究成果。我国社会教育学的建构历程又重新开始，其标志是以"社会教育学"命名的著作开始出现。比如，自 1989 年春秋出版社出版了日本学者新堀通也主编的《社会教育学》之后，1992 年教育科学出版社出版了由王冬桦、王非主编的《社会教育学概论》，1994 年山西教育出版社出版了梁忠义著的《当代日本社会教育》，1999 年山西教育出版社出版了杨晓波编著的《台湾社会教育》等。

21 世纪以来，我国的社会教育研究成为新的学术增长点，视角多样，成果丰富。比如，戴亚雄的《博物馆社会教育研究》（2002），王雷的《近代中国社会教育事业与管理》（2002）、《中国近代社会教育史》、《大学社会教育研究》（2013）、《社会教育原理》（2015），刘精明等的《转型时期中国社会教育》（2004），张蓉的《中国近代民众教育思潮研究》，北京博物馆学会编写的《博物馆社会教育》（2006），夏鹏翔的《日本战后社会教育政策》（2008），杨家余的《伪满社会教育研究（1932—1945 年）》（2010），杨才林的《民国社会教育研究》（2011），周慧梅的《近代民众教育馆研究》（2012），刘晓云的《近代北京社会教育发展研究（1895—1949）》（2013），龚超的《马克思社会教育思想研究》（2013），万妮娜的《民国时期北京社会教育活动研究（1912—1937）》（2015），张良驯的《青少年社会教育学》（2017），王晓璇的《社会教育：中国近代教育探索的本土之路》（2018），周慧梅的《民国社会教育研究》（2018）等。

此外，相关论文更是数量繁多。据不完全统计，中国知网检索到专门研究社会教育的硕博论文 110 多篇，篇名中含有社会教育术语的学术论文共有 2334 篇；对关键词中含有"社会教育"的论文进行检索，共有学术论文 1470 篇；以主题和全文中含有社会教育进行检索，共有学术论文 532607 篇和 446121 篇。[①] 如果将范围扩大到包括通俗教育、平民教育、民众教育或社区教育等关联术语的学术成果，更是数不胜数。

---

① 刘晓云，赵思齐. 新世纪以来中国社会教育研究的现状与趋势[J]. 终身教育研究，2019（2）：70-76.

（一）学科理论研究的新特点

20世纪末，特别是进入21世纪之后，社会教育学的学科理论研究呈现出新态势，并表现出一些新特点：其一，社会教育的定义与边界问题重新进入学者的视野。由于受日本社会教育研究的影响，中华人民共和国成立后我国大部分学者倾向于认同社会教育的广狭两义说。广义的社会教育指"一切社会生活影响于个人身心发展的教育"[①]，狭义的社会教育指"学校教育以外的一切文化教育设施对青少年、儿童和成人进行的各种教育活动"[②]。近年来出现了重新审视和思考社会教育概念与边界的学术动向。比如，侯怀银在其《中国社会教育研究的若干问题》（2008）一文中提到，"我们必须把社会教育作为一种主要的教育形态和一个独立的研究领域，进行科学合理的组织和规划"。后又在其《中国社会教育研究的回顾与展望》（2009）一文中谈到，"社会教育作为由政府、公共团体或私人所设立的社会文化教育机构对社会全体成员所进行的有目的、有系统、有组织、独立的教育活动，应与学校教育平行前进"。一方面，强调了社会教育是一种教育形态；另一方面，规定了其与学校教育的平等地位。王乐在其《论社会教育的边界意识》一文中也提到，社会教育发展迟缓的根本原因在于边界意识缺乏引发的失界困境。他认为只有在物理、心理及社会上建立起边界意识，才能真正促进我国社会教育的发展。

其二，社会教育的研究内容不断丰富且深入。进入21世纪，学者们的研究不仅内容丰富，而且专而精。比如，既有像王雷的《中国近代社会教育史》这样宏观层面上对近代中国社会教育的综合研究，也有像刘晓云的《近代北京社会教育发展研究（1895—1949）》这样从微观层面对某个区域社会教育的发展情况给予的专题研究；既有像任炜华的《为平民教育奉献

---

① 中国大百科全书出版社编辑部编．中国大百科全书·教育[M]．北京：中国大百科全书出版社，1985：1.
② 中国大百科全书出版社编辑部编．中国大百科全书·教育[M]．北京：中国大百科全书出版社，1985：1.

终生的晏阳初》这样对近代中国社会教育理论家及实践者的研究，也有对社会教育场所，特别是博物馆、图书馆或者民众教育馆的深入研究，如朱煜的《民众教育馆与基层社会现代改造（1928—1937）：以江苏为中心》。此外，既有关于青少年社会教育的研究，也有关于老年人社会教育的研究；既有关于社会主义道德品格教育的研究，也不乏公民法治教育的研究，研究内容十分广泛。值得一提的是，我国社会教育思想的研究逐渐聚焦，其中关于近代社会教育思想的研究成果主要集中于对著名教育学家，如晏阳初、蔡元培、梁漱溟、俞庆棠、马宗荣等人的思想及其实践活动的探讨；当代社会教育思想则主要体现在对马克思社会教育思想的关注，如龚超的《马克思社会教育思想的理论内核》一文就从马克思主义辩证法、社会实践教育思想、社会教育的马克思哲学基础、马克思对社会教育内涵的扩展几个方面探讨了马克思社会教育思想的理论内核。未来的社会教育研究，应在全面总结百年来社会教育研究的基础上，立足全球视野，全面规划社会教育研究内容，致力于在历史、理论及实践等层面上进行深入且细致的系统研究。

其三，社会教育的功能成为研究热点。对于民国时期的社会教育功能，于述胜从制度变迁的角度着眼，认为社会教育在"整个民国时期的制度设计中，是一个处在流变过程中的历史概念，其功能包括社会改造和教育改造两个方面，其具体职能在不同阶段有不同的内涵和表现"。他还指出，围绕着解决国家自上而下的理性规划与基层社会自主、自治能力发展之间的矛盾，存在着不同的探索方式，但限于历史条件未及展开。[①] 对于当代社会教育功能，学者们倾向于从宏观层面着手，如将其分为育人功能和社会功能。认为目前的研究不仅在于其本身，而且还应注重对文化、经济功能的关注，并在研究育人功能的基础上注重社会教育功能的整合与互相渗透。还有学者认为，社会教育的功能就是通过教育的社会化实现社会的教育化。

---

① 于述胜. 民国时期社会教育问题论纲：以制度变迁为中心的多维分析[J]. 北京大学教育评论，2005（3）：18-25.

社会的教育化是指社会体现出教育的形态，具有教育功能。从动态角度看，社会的发展过程就是教育的过程，就是人的社会化的实现；从静态视角看，指社会内含教育因素。[①] 社会教育意指全民的公共教育，它强调把社会办成教育型社会、学习型社会，做到"社会即学校""生活即教育"，处处体现社会的教育功能。党的十九届五中全会提出"完善共建共治的社会治理制度"，进一步明确了社会治理的目标与方向。教育部等九部门在《关于进一步推进社区教育发展的意见》中也提出了"推进社区教育融入社区治理创新"的意见。在推进社会教育融入社会治理的大语境下，关于社会教育的社会改良与治理功能的探讨日趋热烈。

其四，社会教育研究的队伍不断壮大。进入 21 世纪，社会教育领域开始涌现出专门的研究队伍。这些研究人员既有高校和科研院所的学者，也有社区街道的社会教育工作者，其中北京师范大学、东北师范大学、沈阳师范大学、山西大学、华中师范大学、陕西师范大学等都有专门致力于此的研究团队，成果颇丰。除了专门的研究团队外，也出现了专门的学术交流平台。2017 年 11 月 23 日，山西大学教育科学学院与山西大学社会教育研究中心联合举办了首届社会教育论坛，论坛的主题为社会教育传统的传承与创新。2019 年 11 月 26 日，召开了第二届社会教育论坛，主题为终身教育与学习型社会。论坛的召开为未来中国社会教育研究的深入开展与广泛合作提供了良好的契机与进行交流的平台。此外，很多学术期刊开设了《社会教育》专栏，如《终身教育研究》《宁波大学学报（教育科学版）》等，推动了社会教育学学科理论的探索与研究。

（二）学科理论研究的逻辑建构

1. 学科理论研究的逻辑起点

通常，我们将关键概念作为理论研究的逻辑起点。关于社会教育理论研究，一般会从界定概念入手去建构体系，如果从历史发展的角度来厘清

---

① 龚超，尚鹤睿. 社会教育概念探微[J]. 浙江社会科学，2010（3）：71，80-85.

社会教育，这其实是从现象入手展开的分析，是实践理性的范畴。如果缺乏逻辑思维，人们就会倾向于规避理论理性。在定义术语概念的时候，会出现过多地依照经验和主观感受从而忽略，甚至违反逻辑规则的现象。模糊和多义是制约有效沟通的两个因素。学术研究作为一种文本沟通，陷入无进展境况的主要原因就在于基本概念的指代不明确。模糊和多义的语言不能明确表达特定的观念，而是游走于不同的观念之间。通常，一个概念使用范围越广泛普遍，它的含义越容易模糊。像爱、民主、公平、善良等概念，我们在使用时依据领域和维度的不同可以给予不同的解释与限定。社会教育指代的含义在不同的领域和场合也曾出现过大相径庭的现象，这也是我们为什么要对其进行准确限定的原因。

界定概念的方式有二：一是"属＋种差"的界定方式。界定概念的过程就是定位的过程，是确定特定事物与其他相关事物区别和联系的过程。逻辑上的定义过程分为两步：第一步，找到定义的从属类别；第二步，确定其与同属内其他种类事物的差别。"属＋种差"定义方式的独特价值在于它能够揭示事物的本质。二是外延反推内涵的界定方式。如果我们不能通过揭示本质从而下定义，那么我们可以通过描述外延来说明事物，这同样是一种规定概念的方式，也被称为描述性定义。

逻辑学上，教育是什么，是一个普遍命题，普遍命题的特征适用于其整体。也就是说，如果教育指的是一种对个体积极且正面的影响，那么社会教育作为其下位概念，也具备这样的特征与性质。这是由一般推导个别的过程，反之则不成立。在前提不蕴含结论的背景下，结论的正确性是需要其他条件保证的。在学术研究中，我们很多想当然的结论都是由特称命题得出的，犯了以偏概全的错误。仅仅由于某些特征适合于整体的某个部分，就声称这些特征必然适合于整体，这是明显的谬误。如果将学校外教育等同于社会教育的话，那么一个相关的条件论证也会因此成立。家庭教育是学校外教育，所以家庭教育为社会教育，但是很多学者认为由于家庭教育的私密性、无组织性、不系统性等，其不能被认为是社会教育。这样就出现了逻辑矛盾，因此仅仅通过学校外教育来界定社会教育是不充分的，还需要一些必要的限定。

此外，还要区别社会教育相关的命题类型。社会教育是一种教育，是一个事实命题，而社会教育对社会发展有益，这个命题不是关于事实的而是关于价值的，它反映了提出命题的人的观点。价值命题因为不像事实命题那样有确切且一致的评判标准，所以不稳定。评判价值命题稳定性的标准，是其与建立起它的客观事物的语境关联程度。理论研究者在进行学术推理过程中的错误相对于学术能力的不足，更有可能会被认为是学术态度的不严谨，因而在某种程度上，定义一个概念不是简单容易的事情，是关乎整个学术研究尊严的价值判断。

2. 学科理论研究的逻辑思维

逻辑是人类文明在进化过程中产生的，社会语境下的理论研究要遵循逻辑。遵循逻辑意味着我们要对语言保持高度敏感，并且掌握有效运用语言的技巧，因为逻辑和语言是密不可分的；遵循逻辑同时要求我们对所生活的世界有正确的认识，因为逻辑关涉生活；遵循逻辑还意味着我们要深刻理解主观认识与客观存在的相互关系，因为逻辑探求真理。

在社会教育理论研究及其体系的建构过程中，我们很容易忽略一些逻辑层面的问题：其一，表现在理论研究的逻辑转向问题。形式逻辑向价值逻辑转化，研究范式从概念—判断—推理（论证）的事实研究转向了主体—实践—生成的价值研究。价值逻辑最大的问题就是主观性强，缺乏统一且一致的标准和依据，这个问题需要我们深入思考。其二，表现在对实践逻辑的认识不足。如果按照价值维度去探讨理论和实践关系问题的话，那么对实践逻辑的分析或许会比现在客观得多。柏拉图就曾在其《泰阿泰德篇》中提到，实践有两个最重要特征：一是时间紧迫性的压力，它不允许人们反复探讨，时间会阻止人们反省自己的行为；二是存在着实在的、有时是生死攸关的赌注，实践是以时间、精力、情感的付出为代价的。这其实对实践逻辑采取了否定的态度，认为实践会导致缺乏反思能力，但是我们应该思索一个没有意志、没有痛苦，摆脱了时间束缚及没有情感的纯粹主体是否存在。其实，尼采在其《论道德的谱系》一书中就提到，面对事物，我们的情感状态越是起作用，我们就有越多的眼睛观察事物，我们对该事物概念的认识就越完整。其三，表现在理论建构的方法缺乏逻辑性。当前，学术界对科学研究中逻辑思维退化的担心和忧虑，多是基于学术研究方法及过程缺乏科学性而言的。比如，社会教育的定义倾向于诉诸常识与经验的问题就是研究方法的不严谨。"一个概念或概念关系（肯定和否定，原因和结果，实体和偶性）在思维的历史中的发展同它们在个别辩证论者头脑中的发展的关系，正像一个有机体在古生物学中的发展同它在胚胎学中的发展的关系一样……在历史的发展中，偶然性发挥着作用，而在辩证的思维中就像在胚胎的发展中一样，这种偶然性融合在必然性中。"① 也就是说，我们很容易把历史发展的偶然性当成思维推理中的必然性。因此，对历史演变过程的理性分析非常重要，要保持清晰的头脑，需厘清哪些因素是历史的必然，而哪些问题只是当时的偶然。

因此，理论研究还是要诉诸实践，"实践标准……是这样的'不确定'，以便不让人的知识变成'绝对'，同时它又是这样的确定，以便同唯心主义和不可知论的一切变种进行无情的斗争"②。我们从社会教育实践中的迫切问题入手，或许是学术研究困顿现状的突破之道。最有效的论证总是从最真实的问题开始。

第三节　我国社会教育实践的伦理导向

"社会教育"一词，在我国教育行政系统中最早被使用是 1912 年，出现在教育部组织中，即社会教育司。"社会教育"一词虽然 1912 年才开始使用，但是在此之前社会教育活动就已经存在了。清朝末年新式教育实行以后所推行的识字学塾、宣讲圣谕、农业夜课、工厂公司半月学堂、商人补习夜馆、

---

① [德]恩格斯. 自然辩证法[M]. 北京：人民出版社，2015：102.
② [苏]列宁. 唯物主义和经验批判主义[M]. 北京：人民出版社，2015：141.

女工传习所、阅书报社等，都属于社会教育的范畴。民国时期的通俗教育、平民教育、补习教育、电化教育、国语教育、音乐教育、戏剧教育、美术教育、家庭教育、国民体育等，也都属于社会教育。从内容的角度来看，社会教育实践活动虽然比较丰富，但是这些具体活动的施教者是谁，受教者又是谁？在社会教育历史发展的基础上，思考什么才是我国社会教育实践发展过程中的最大问题？还是人的问题，即社会教育实践主体的问题。

一、社会教育实践主体

关于社会教育的教育者，近代社会教育学家马宗荣认为："广泛地说，社会全体都是社会教育的教育者：不拘个人与团体，教育家可以做社会教育的教育者，学者、农人、工人、商人、军人、宗教家、学生，只要有一点可以传达于他人的知识与技能的人，均可做社会教育的教育者。国家、地方政府、官厅、学校、教育会、学术团体、农会、工会、商会、学生会、兵营、宗教团体、报馆以及其他一切团体，无一不可做社会教育的教育者。……社会教育的教育者的范围规定得这样宽大，也有理由在。因为社会教育的目的，是想实施社会全民的教育，范围浩大：好比狂澜一般，不是双手能挽的；又好比大厦一般，不是独木能支的。孤掌诚难鸣，众擎则易举。"[1] 这个全民皆教育主体的规定，影响了之后整个教育领域对社会教育主体的认识与理解。在社会教育理论与实践经历了一段时间的发展之后，社会教育的实施者和受教者渐渐趋同，都是全体民众。这成为社会教育区别于其他教育形态的标准之一，甚至可以说这是其最大的独特性，让我们先来还原一下 1912 年以后我国社会教育实践主体认识的变化轨迹。

（一）专门职员：社会教育工作者

1912 年，社会教育在教育行政上取得了独立的地位，从此社会教育开

---

[1]　马宗荣. 社会教育纲要[M]. 上海：商务印书馆，1937：26-28.

始作为一种专门化的事业发展。这个时期，设立了专门的行政机构——社会教育司；制定了专门的社会教育法令和规章——《通俗教育讲演规程》；有了专门的学术团体——通俗教育研究会及专门的社会教育机构——通俗教育馆等，社会教育开启了专业化的历程。社会教育实践活动的开展需要从业人员具备一定的社会教育知识与技能，因而需要专门化的社会教育工作者来负责。从1912年对各级教育行政官员，特别是对负责社会教育的官员、职员的选拔与任用就能看出，是非常看重专业知识和工作经验的。"主持民国初年教育改革的全国最高教育行政机构的历任教育总长、次长，全是有留学经历者。"[1] 第一任教育总长蔡元培，留学德国；第二任教育总长范源濂，留学日本；第三任教育总长刘冠雄，留学欧洲；第四任教育总长陈振先，留学美国等。从教育部的人事结构来看，大部分职员也都是留学回国人员或在教育行政上有一定经验者。社会教育司第一任司长夏曾佑曾与严复等创办《国闻报》，第二任司长高步瀛曾赴日留学，民国初年社会教育司的主要官员和职员都是如此。不仅是教育行政官员，各种社会教育团体对会员资格的要求也很严格。如通俗教育讲演传习所规定，传习生"以年在二十五以上，品行端正并具有下列资格之一者，得受人所试验：甲、曾经学习师范并具有毕业证书或修业证书者；乙、曾经高等小学以上学校毕业者；丙、国文具有根柢者"[2]。由于这个时期从事社会教育工作的人才缺乏，所以培养人才也是社会教育工作的迫切任务。通俗教育讲演所还特别规定了讲演所长及讲演员的资格。官员、职员及各方面人员的专业化是我国民国初年社会教育实践主体的重要特征。

1919—1927年，由政府推动的社会教育是有限的，这个时期各种社会力量，特别是民间教育团体发挥了极大的作用。这个时期的平民教育运动和乡村运动，就是在民主思想、平等精神的鼓舞下，由各种民间教育团体组织推动的。从实践层面来看，教育团体成了社会教育的实施主体，如北

---

① 田正平. 留学生与中国教育近代化[M]. 广州：广东教育出版社，1996：341.
② 朱有瓛，戚名琇，钱曼倩，霍益萍编. 中国近代教育史资料汇编：教育行政机构及教育团体[G]. 上海：上海教育出版社，1993：375.

京大学平民教育讲演团、平民教育社及中华平民教育促进总会。这些团体的成员中有共产主义知识分子、革命的小资产阶级知识分子和资产阶级知识分子，还汇聚了大量的爱国进步青年学生骨干和积极分子，他们无疑是推动社会教育发展的新力量。

（二）发现儿童：小先生制

值得一提的是，乡村教育运动时期出现了社会教育新主体：小先生。1932年，积极倡导乡村教育的人民教育家陶行知提出并实施了小先生制。陶行知从乡村实际出发开展了社会教育试验活动，他创办了晓庄师范学校和山海工学团，之后成为开展乡村平民教育的典范，为通过学校开展乡村教育积累了经验。他认为乡村师范学校"负有训练乡村教师、改造乡村生活的使命"[①]。为了解决普及大众教育的师资问题，他提出儿童可以一边当学生，一边当先生，"即知即传""即学即教"。这不仅在那个历史阶段为重新认识社会教育主体开辟了一个新思路，而且对当代教育仍然具有很高的借鉴意义和实践价值。

在乡村工学团的实践开展过程中，小先生制发挥了关键作用，抱着"来者不拒，不能来送上门去"的信条，秉持"开门教人""即知即传""非班级常规""与生活连在一起教"等[②]原则与方法，让小先生将教育送到家家户户。如上海工学团与萧场工学团将已经加入的儿童团员作为小先生，分散到26个村庄里面，并成立了26个儿童自动工学团，这些小先生每天除了自修之外，还要拿自己的书本去教两个人。[③]陶行知还将工学团交由农民自己去办，在发挥农民主动性、主体性的基础上，使农民真正成为乡村社会改造的主人，以乡间主人翁的身份去改造乡村，改善自己的生活。社会

---

① 华中师范学院教育科学研究所主编. 陶行知全集（第1卷）[M]. 长沙：湖南教育出版社，1984：601.

② 周洪宇. 陶行知生活教育学说[M]. 武汉：湖北教育出版社，2011：114.

③ 程功群. 陶行知"社会即学校"的思想与实践及其现实意义[J]. 南京晓庄学院学报，2015（4）：8–12.

教育真正成为民众自己的生活实践，社会教育实践主体是民众自身，这都得益于陶行知对儿童力量的发现及对民众力量的开发。

借此，我们可以回顾一下历史上关于儿童身份及地位的思考。历史上关于儿童的思考基于两种取向，即从人与社会的关系出发还是从人与人的关系出发。从人与社会的关系视角出发，有两种观点：一种是社会规约儿童的决定论意识取向，即把儿童看作是亟须社会化的社会群体。他们游离于社会之外，需要被外部力量规约引导。只有适应了社会并将社会规范内化在其自身行为之中，方能开启真正意义上的人生。因此，对儿童未来应具备什么素质来满足社会变化所提出的新要求，才是儿童教育亟须思考的问题。如帕森斯的儿童威胁论，视儿童为社会威胁因素的认识就是社会规约儿童的决定论意识取向。另一种是儿童规约社会的建构主义意识取向。如皮亚杰的认知发展理论及维果茨基的文化内化理论都注意到了儿童的主动性和积极作用。他们都坚持人类的发展是儿童活动的结果，不同点在于皮亚杰强调个体化的人，而维果茨基强调人类集体的共同作用。如果从人与人的关系出发，则有另外两种意识取向：一种认为社会人际关系网络的中心在家庭，家庭担负着所有文化机制，是与儿童相连接的桥梁；另一种则认为关系网络的中心在学校，学校是儿童创造同伴文化及理解成人世界文化并参与其中的主要媒介。我们以看待儿童是积极主动还是消极被动为一个坐标轴，再以儿童的关系网络重心在家庭还是学校为另一个坐标轴，分成四个象限来分析我国儿童观的时代嬗变。

其一，以家庭为单位、以社会为导向的私有化儿童观。古代社会，强调的是对儿童进行规训，为进入成人社会做准备。这个时代认为，儿童的"纯真""柔弱"是阻碍其生存发展的缺陷，应尽快通过社会化将其去除，所以父母的职责通常是"催促儿童尽快进入成人世界"。"融四岁，能让梨"要表扬，"香九龄，能温席"要鼓励，我们对古代传统亲子关系的认识，是可以在古代社会纲常伦理规范人际关系中找到合理解释的。家庭中的亲子关系反映到师生关系上，就是传统社会中师生关系严肃拘谨。因为儿童只有进行严格规训，才能生存下去。从认识论的角度来看，最初儿童的立场是相对缺席的，中国传统文化不支持儿童本位，不支持向儿童学习。文化原因导致我们看不到儿童天性中反哺成人的力量，更多的是成人俯瞰、设计、规训儿童的心态。儒家强调孝道，这其实也提高了社会中家庭的地位。所以最初成人把儿童看作是"被照顾"的对象，导致了家庭化 / 私有化的儿童观。

其二，以学校为单位、以社会为导向的公有化儿童观。学校的出现，使儿童教育有了专门化的机构。《学记》中记载"古之教者，家有塾，党有庠，术有序，国有学"，证明在中国封建社会建立之前就已经出现了学校。有了学校并不代表儿童就受到了重视，提到学校并不是要把它和家庭对立起来，而是因为二者对儿童成长发挥的功能在不同时代还有轻重之分。至少相当长的一段时间里，对家庭的教育作用还是非常强调的，如先秦的礼法和汉代的家法，六朝以后出现的家规、家训、家仪，以及"齐家治国平天下"中的"齐家"，魏晋南北朝时期涌现出大批家庭教育著作，如诸葛亮的《诫子书》、嵇康的《家戒》、颜之推的《颜氏家训》等，都说明家庭在学校出现之后，依旧是儿童教育的主要场所。学校的出现使儿童的关系网变得复杂，占据了儿童生活大部分的时间和空间。学校的出现与发展影响了人们对待儿童的方式。以西方社会为例，学校的迅速发展使其规训与教化作用达到极致。事实上从学校出现的那天起，就开始了圈养（enclosure）儿童的历程。与其说是在学校里发现了儿童，倒不如说是成人自我意识的强化。印刷术普及之前，儿童和成人之间传播和分享的基本是相同的文化世界，而印刷术普及之后，成人掌握着文字为主导的知识世界，儿童与成人之间出现了一道鸿沟，这就是儿童被圈养的开始。直到 16 世纪，文艺复兴的余光照耀到了儿童身上，散发着人文精神的全新儿童观时代来临之前，儿童的生活世界基本上是学校，成为一名合格的社会成员仍然是教育的最终指向。区别只在于以学校为单位的儿童观，排除了父母作为教育关系第三者的存在。

其三，以学校为单位、以个体为导向的共在化儿童观。随着学校教育的弊端越来越明显，一些教育家开始站在儿童的立场对传统教育进行批判。

杜威提出了儿童中心主义的思想，强调"我们必须站在儿童的立场上，并且以儿童为自己的出发点"。这一思想转变是与这一时期欧美社会深刻的变革分不开的。工业化和城市化的迅速推进，扩大了生产的规模，加速了人口的流动，也使得人们的生活习惯、道德观念发生了深刻的变化。这些变革的重要结果就是促进了科学和哲学的发展。学术界开始质疑传统的认识论，批判传统教育知行分离的现象。杜威针对传统教育弊病尖锐地指出，在传统教育中学校的重心是在儿童之外，在教师、教科书及在其他任何地方，唯独不在儿童自己即时的本能和活动之中。他提出书本、教师应是为儿童服务的，主张把教育的重心转移到儿童方面来，使儿童成为教育的主宰。这个时期所弘扬的教育理念是使"儿童成为有个性的个体"。当然，这一思想随着西学东渐也影响了我国的儿童教育及儿童观。

其四，以家庭为单位、以个体为导向的主体化儿童观。对儿童的关注，其总体趋势是从"研究儿童"转向"与儿童一起研究"或"为儿童而研究"。这个潮流重新定位了儿童为主体，而非客体的地位。因此，新近的儿童研究调整了研究对象，不再将成人视为儿童研究的代言人，不再像以往一样只通过父母、教师对儿童的认知来获取有关儿童的信息，而是将儿童视为有自己主张的主体，采用以儿童为中心的研究方法。比如，当前一些调查开始采用儿童卷，即以青少年为对象的调查问卷等。以往我们要了解儿童，习惯忽视儿童的参与，而是让家长和看护人代为回应，当前以儿童为中心的主体化儿童观正占据主导地位。

对家庭及家庭教育的重视，是由于相对学校生活的程序化、监督化特质，家庭生活的灵活性和随意性更有助于儿童的个性发展。儿童的发现，让我们认识到受教育对象也是有主体性的。真正的教育活动势必要通过自我教育才能形成闭环，而社会教育的本质就是通过相互教育实现自我教育。因此，当社会中的每一个人，甚至儿童都能成为教育主体的时候，渐渐地，人作为社会教育实践主体的角色身份就开始隐匿了，社会资源育人导向凸显。

（三）社会育人：主体隐匿

正如马宗荣在其《社会教育纲要》一书中提到，"社会教育是以全民为对象的教育。不分男女，不问贤愚，不管职业，不拘贫富，均是社会教育的客体。老幼人等均为社会教育的受教者，不许排斥任何民众，不许任何阶级独占，随时随地都要注意全体的民众。所以社会教育又可叫民众教育"。社会教育是有教无类的教育，是实施彻底的教育机会均等主义的教育。[①] 社会教育对象广泛，其中既包括了前期所提出的"年长失学之人""失学青年"等具体对象，也包括了"国民""社会"等宏观范围，逐渐形成了在实践过程中突出"失学青年与成人"，在理论上涵盖"全体国民"的认识。当每个人都是教育者又是受教育者的时候，我们需要做的就是创造条件让彼此相遇。因此，各种社会教育设施机构、资源建设就成为发展社会教育的重中之重。

我国非常重视社会教育资源的建设，当前社会教育机构设施和机构不断增加。据 2019 年国家统计局的统计公报，年末全国文化和旅游系统共有艺术表演团体 2072 个，博物馆 3410 个。全国共有公共图书馆 3189 个，总流通 87774 万人次；文化馆 3325 个。有线电视实际用户 2.12 亿户，其中有线数字电视实际用户 1.98 亿户。年末广播节目综合人口覆盖率为 99.1%，电视节目综合人口覆盖率为 99.4%。全年生产电视剧 254 部 10646 集，电视动画片 94659 分钟。全年生产故事影片 850 部，科教、纪录、动画和特种影片[②]187 部。出版各类报纸 315 亿份，各类期刊 22 亿册，图书 102 亿册（张），人均图书拥有量[③]7.29 册（张）。年末全国共有档案馆 4136 个，已开放各类档案 14341 万卷（件）。全年全国规模以上文化及相关产业企业营业收入 86624 亿元，按可比口径计算，比上年增长 7%。这足以说明，社会

---

① 马宗荣. 社会教育纲要[M]. 上海：商务印书馆，1937：24，33.

② 特种影片是指采用与常规影院放映在技术、设备、内容方面不同的电影展示方式，如巨幕电影、立体电影、立体特效（4D）电影、动感电影、球幕电影等。

③ 人均图书拥有量是指在一年内全国平均每人能拥有的当年出版图书册数。

教育的发展更加依赖公共基础资源建设。

那么，当前如何定位社会教育工作者呢？他们不仅仅是施教者，更是辅助者、咨询者与陪伴者，其引导与指导的作用变得更为重要。社会教育工作者要协助机构组织社会教育活动，按照社会的要求对受教育者施加影响来调节、控制和改造教育对象，引导受教育者身上产生社会期待的行为。此外，社会教育工作者还要有长远眼光，着眼于未来社会人的长期发展，不仅从当前的社会需要考虑，而且还要从民众的个体发展需要考虑。教育一直是面向未来的事业，社会教育工作者的劳动也应该具有长效性。他们的工作重心应该是充分调动民众的自觉性，如果离开了民众的主动性，那么社会教育工作者的主导作用也就失去了它的对象。因此，社会教育工作者不仅要加强自身修养，提高自己的科学文化素质和业务水平，而且还要相互学习，向同行学习，向民众学习，向有经验的人学习。当然，国家和政府应该加大力度建设培养社会教育工作者的教育院校和单位，最好是能够开辟短线专业，培养急需的、跨学科的社会教育综合型人才。

二、社会教育实践伦理

如上所述，对社会教育实践主体的认识经历了一个变化历程，当前社会教育中没有固定的教师与学生区分，人人皆可为教师，人人亦可为学生。学校中教师是知识渊博的讲授者，而在社会中一个人的言行对其他人有启发与引导的作用，这个人就已经充当了社会教育者的角色。因此，对社会教育实践中的伦理，不仅要从群体特征上进行把握，而且还应该从本质特征上去把握。因此，我们有必要梳理一下教育关系中师生伦理的发展演变。

（一）教育实践伦理中的师生伦理

提起师生关系，人们脑海中经常出现的是教师"导学生向善"的画面。如果用一句话来概括传统的师生关系，那么"一日为师，终身为父"再合适不过了。"家国同构"观念下的"师父同源"，像极了传统家庭文化中威严之父与顺从之子的相处之道，师生关系就被这样定义为"胜似父子"的交往关系。为人师者"传道授业解惑"，理应受人尊崇，故而为人弟子者要"尊师重道"，这是对师生在德行层面的要求。这样的师生关系观折射出的是一种要求师生通过强化道德情感来共同维持的伦理关系，可以说是学校德育顺利进行的保障与象征。《论语》《史记·孔子世家》等典籍中关于孔子与其弟子之间互动的描述，生动地向我们展现了传统师生伦理中既单纯又古朴，既尊卑有序又生机盎然的交往关系。孔子时而苦口婆心，时而痛心疾首……弟子们则或率直谦卑，或利口巧辞……古典师生关系首先是基于人性的，所以才能解释其为何在文化传承中衍生出了神性的光辉。我国传统"遗子以财，莫若以德"的德教之风也使得师生关系中掺杂了浓重的道德情感意味。传统教育中含有强烈的修身愿望，教育的目的是希望培养出一个个有教养、有道德的人。基于此，师者助弟子修身，正如父亲教育儿子如何做人一样。虽然传统教育内容基本上属于人文教育范畴，知识的传授方式上也难免脱离生活之嫌，但修德这一出发点依旧使得传统的师生关系散发着关照生命的光辉。所以，传统师生关系由于社会的伦理文化所赋予的道德情感属性，使得其维持并不需要师生双方有意识的努力。教师出于其身份的道德与责任会本能地选择教育方式与交往形式，而学生基于教师的神圣不可侵犯性也不会萌生出反抗权威的意识。传统的师生关系就在道德情感的庇护下微妙且坚定地维持着其神圣性。

师生伦理指的是教师或学生在处理彼此关系过程中所遵循的一些信念和准则。"伦理以一种律令的形式向我们呈现，如同道德之必需。"① 这种律令既来自我们个体内在精神上的一种义务感，也来自外在的文化信仰及共同体规范。中国的儒家伦理文化具有追求秩序的倾向性，即史华慈所言的"秩序的优位性"（primacy of order）。"五伦"中规定的人际关系范型基本上定位了中国传统社会的伦理秩序。因而，中国乡土社会的运行是用礼来规范和制约的。对传统的敬畏感赋予了礼以巨大的规训力量，使得社会生

---

① [法]埃德加·莫兰. 伦理[M]. 于硕，译. 上海：学林出版社，2017：31.

活的各个方面均能符合伦理的运行，进而保障社会秩序的稳定。伦理秩序可以被描述为社会秩序的定海神针。伦理秩序主要指的是伦理关系的有序化与道德行为的规范化体现。① 因而，教育场域内的伦理秩序，主要指教各主体道德行为规范、伦理关系有序的良性发展状态。

当前教育场域内频发的师德师风问题、辱师欺师现象反映了师生伦理层面出现了问题。其一，它体现为教育场域内原有的道德规范体系被解构，适合时代要求的合理化的新型道德规范还未被建立起来，引发了整个社会对教育的不信任感。其二，教育场域内某些行为主体患上了"道德癖"，一方面，随意地对他人进行道德绑架，肆意损害他人名誉；另一方面，对自己的行为却缺乏理性和反思。道德双标不利于道德行为的规范化，更不利于伦理关系的和谐发展。其三，教育场域内的伦理关系不稳定，突出表现为师生关系疏离冷漠抑或剑拔弩张。这也从侧面反映了个体与他人的联结危机，个人行为越来越趋于功利主义考量，缺乏责任与互助精神。其四，原有的道德规范体系中并不具备自我调节机制，或者说自我调节功能发挥不畅，使得长时间都未能恢复原有秩序。当然，这也孕育了伦理秩序的再生需要，这种道德意识的内在觉醒，始于某种信仰与希望的突然呈现，始于对伦理空虚之后的召唤与渴求。

首先，师生伦理秩序的再生有助于应对教育市场化及考试制度的升级异化造成的道德认同危机。随着时代的发展，特别是近代以来物质文明的极大丰富和发展让人们逐渐忽视了道德认同的价值。加之人才选拔制度（考试制度）消极影响的加剧，使得知识成了统治者，人反而成了手段和工具。在一个强大的学校场域中，学生必须接受教育环境制定者的教育意图，才有可能通过选拔实现向上流动的愿望，而这样导致的结果就是学生作为独特生命体的一些隐性权利被合法化地剥夺了。考试制度扮演着法官的角色，学生的思维、语言及某些个性行为都被同一化，而教师作为教育活动的主导者，其道德情感色彩渐弱，规训监督色彩趋浓。学生成为消极

---

① 朱海林. 伦理秩序的形成机制[J]. 沈阳工程学院学报（社会科学版），2010（6）：325-328.

的受动者，接近于"被审"的角色。这种以选拔考试为支撑的师生关系，其功利性大于情感性，学生自感处在权力结构的底端，滋生不满。在教育市场化愈演愈烈的今天，传统的道德规范遭遇了认同危机，社会中滋生了各种去道德化倾向，"在大众社会的无名化、媒体嚣张和金钱崇拜中登峰造极"（安德烈·贾克伯）。在道德情感逐渐被削弱的背景下，规则和制度变成规范师生言行的另一有效方式。教育法治化进程的加快从侧面说明了制度对稳定师生关系进而保证教学秩序的作用，但是束而不疏会使师生之间不断积蓄的压抑情绪无法释放，因而近代以来的师生关系总是有箭在弦上的紧迫感。

其次，师生伦理秩序的重构是为了应对改革开放后个人主义、自由主义等各种利己价值观的冲击。得益于语言，各种规约禁忌及社群的监督机制，传统的共同体伦理在古代社会是彰显的。随着个体自主性的发展，引起了伦理的自主化和自私化，相应地带来了责任和互助的弱化，社群束缚松弛，个人中心主义发展。个人中心主义的发展阻碍了潜在的利他主义的发展。改革开放之后，随着启蒙运动、平权运动及民主平等思想的传播，使教师从圣坛上走了下来，其形象逐渐凡人化。这一变化确实为教师紧绷的精神松了绑，为平等师生关系的建立创造了环境和氛围，但也加速渗透进来一些个人利己主义的价值观，使师生关系呈现功利化的趋势。师生关系的建立不再只是依靠知识的传授与灵魂的指引，学生们逐渐既不唯师，亦不唯书，师生关系短暂到升学考试结束。学生价值观中的功利化倾向削弱了教师的权威性。这不仅增加了教师课堂管理的难度，而且也使其极易成为社会舆论的靶子，批判侮辱教师的声音不绝于耳。师道尊严变成了对教师德行单方面的要求，名义上的"优势群体"其实处于非常尴尬的"弱者地位"。因此，相应地也就有了部分教师为了弥补心理上的不平衡，通过压迫学生来凸显自己在师生关系上依旧占据着优势地位。这必然会激化师生之间的矛盾，使本来就脆弱不堪的伦理关系雪上加霜。

再次，新媒体时代冲击了传统的教学交往模式，动摇了师生关系的稳定性，也迫切需要重新审视师生伦理。网络技术虽为跨越距离障碍的虚拟连接提供了发展机遇，但师生这种传统形式的共同体因此受到了挑战。一方面，互联网的多重可能性改变了传统的教学观。这主要表现在：其一，互联网改变了传统教育学意义上的教—学单向交往模式，指向了学—学的互动交往模式。传统的教学理念更强调教师在教化塑造学生方面的作用。这种观念影响下的师生交往关系是静止的、单向的，自然也蕴藏着危机。互联网时代为教学模式的创新提供了契机，通过信息媒介带动起来的密切联系使得互动更为明显，诸如慕课、翻转课堂、平板课堂、智慧课堂等的涌现都有助于提高课堂内外的学习效率，拓展了学习的时间与空间，真正体现了重视主体间性及以终身学习为本的教育理念。其二，互联网扩大了信息源，改变了人们的思维与行为模式，社会进入了后喻文化时代。互联网利用率最高的客户群就是学生，他们不再满足于只从教师和家长那里接受信息，通过网络增加了他们的知识来源，使得他们更愿意，也更有条件随时随地分享信息，甚至会出现后辈影响前辈的文化反哺现象。另一方面，互联网的不确定性同样加速削弱了知识的神圣性及教师的权威性。这主要表现为网络带来的信息轰炸使学生尝到随意获取知识信息的甜头，使学生对教师的依赖与信任程度大大降低，对彼此的认同感同时也大幅度下降，师生关系的稳定性越来越难以维持。此外，互联网还为多元价值观的并存提供了场所，这也造成了学生价值观世界的混乱。

其实教育市场化的推动及互联网的普及，对师生关系提出的挑战，不过是让我们明白它面向的不只是学校教育中的师生关系，还有所有教育领域中的教育关系。在科技迅猛发展的 20 世纪 70 年代，伊万·伊里奇就提出去学校化社会（deschooling society）的理念，倡导重新思考学校与社会的关系，重新思考被网络技术改变后的教育。学校不再是社会中的真空境地，事实上多元价值观已冲击了学校内部。我们必须改变观念，去适应现今时代与社会发展的要求，甚至要具备长远眼光，用未来社会与时代的要求来考虑教育实践伦理。

（二）教育实践伦理秩序的重构

师生关系日益紧张的状态，表征了教育伦理正逐渐处于失序状态，教育场域内的教师与学生都将成为伦理失序的受害者。伦理秩序主要指的是伦理关系的有序化与道德行为的规范化，因而教育场域内的伦理秩序主要是指教育场域内各主体恪守道德行为规范，使伦理关系处于有序且良性发展的状态。新媒体语境虽然为平等、自由、互尊的师生关系的产生创造了氛围与环境，却也瓦解了传统意义上的教学共同体，教师和学生对待对方的态度凸显了"占有性的个人主义"（麦克弗森）特质。这是教育在关系层面破除了个性剥夺现象之后走向一种新自由主义的极端。新媒体语境下师生关系本身虽然不会被消解，但也容易产生冲突，导致失序。我们认为，不管什么时代只要教育存在，师生关系就是一种必然。因此，我们要继续秉承最初美德伦理的基本主张，关注道德表达的意义及道德信念的正当化。合理利用规范伦理的社会治理功能，从社会治理的视角反思师生作为特定社会角色的行为标准。在结合上述两种思路的基础上，将美德伦理应用到更为具体的领域，特别是有关共同体中人类行为的领域。

首先，加强教师职业道德建设，提升整个教师群体的德行。历史经验告诉我们，一个社会的道德绅士和文化精英，会引领人类群体不断地去寻求更高的文明和更高的文化精神境界。新媒体时代更需要道德榜样。因此，加强教师职业道德建设，提升教师群体整体的德行是社会发展的必然要求。近代以来渗透进教育场域内的制度理性虽强化了师生关系作为一种教学关系的规范伦理本质，但巧妙地掩盖了它同时是一种人际关系的美德伦理本质。以往我们更侧重的是教师个体立场的自我规定和内在要求，事实上这样往往难以取得提升整个教师群体的德行进而达成改善师生关系的效果。新时期教师群体德行的提升要基于教师的道德共识。人们逐渐意识到，虽然道德一直随着复杂的时代变化而变化，但是每个时代都需要一个符合时代要求的道德体系。只有普遍认同当下的道德规范，才能使整个社会的伦理关系实现秩序性重构。随着道德所依赖的社会基础不断变化，不同时代和不同社会都会基于各自的文化传统探索摆脱当前伦理困境的路径。对教师来说，传道解惑及爱护学生是最基本的道德规范，这样在师生交往的过程中就会形成一种良性的伦理秩序和身份认同。因此，教育伦理秩序的形成，表现在师生双方对道德规范认识和理解的一致性。

其次，重视教育行为的道德反思，增强师生主体行为的合情合理性。道德自主性的发展，表明一种相对自主的个人道德意识的出现，这应该说是人类个体性的进步。终身学习思潮下，师生都是学习者，通过共同学习得以共同提升，师生应对各自的行为随时进行道德反思。这一方面要求教师要恰当地应对互联网工具理性提出的挑战，切勿让其僭越至喧宾夺主的地步。未来教育实践中的规划和反思可能会更加频繁，包括对学生的成长状态、学科知识的呈现方式、教学效果的把握等也会基本上以信息处理与数据驱动为特色。受教育者多样化的成长需求与师生一对多交往模式之间的矛盾需要互联网发挥辅助作用，所以我们要正确认识互联网的工具功能。互联网语境下知识形态的网络化、知识呈现的可视化及知识习得的个体化也要求教师和学生应尽快适应这种新的学习方式。教师不仅要与时俱进地了解课程改革、教育理念的变化，而且也要随时关注知识形态及获取方式的变化。这些知识与能力的获得，是一个逐步积累的过程，所以对于互联网时代的教师来说，尽快适应与创新学习方式已经成为其生存方式或者存在方式了。另一方面学生积极进行道德反思。对学生的道德要求在如今这个以学习者为中心的新媒体时代更应该被强调。时刻反思自己的行为是否符合社会主义接班人的道德标准，有没有做到"四讲五爱"、尊师重道，因为如果没有学生对教师的尊重，就不会产生因为同质性而带来的共同理解。因此，师生都应该对自己的行为随时进行道德反思，这样才能抑制个体主体性的过度膨胀，让教育关系中的人变得谦逊与美好。

再次，强化教育伦理关系中的美德意识，建构师生美德共同体。道德是美德的基础，美德是道德的超越。以美德伦理作为师生关系秩序性建构的理论基础，不仅有助于缓解教学过程中的师生冲突，而且还能够使师生之间的对话成为可能。在我国，儒学思想作为中国传统文化的主流，反映了中华民族的传统美德。儒家伦理的仁、义、礼、智、信同样证实了德行的客观存在，强调了道德思想情感与行为的统一，注重培养具有美德的人。从方法论的角度来思考，使人遵循道德的途径是良心和名誉，使人遵守法律的途径是惩罚和制裁，它们都是客体性的。虽然客观条件的提供及客观环境的塑造是形成美德的关键要素，但是对美德的追求是主体性的，是人们的一种内在需要，满足这种需要会使人获得心灵的幸福与和谐。拥有美德并在实践中贯彻，其本身就具有合目的性，是方法与目的的统一。因而，将美德伦理作为重构师生关系的重要基点，就是希望通过教育过程形成对美德的一致理解，并在此基础上获得美德、践行美德。

美德伦理视域下教育伦理秩序的形成，还必须向师生美德共同体的构建层面发展和推进。因为师生道德精神的形成，是个体与共同体相统一的产物，是客观的伦理实体和伦理精神相统一的结果。共同体体现着本质意志的思想结合，靠一种精神或情感的因素作为基础。共同体情感一直是责任和互助的源泉，而责任和互助本身是伦理的源泉。这种情感建立在相互理解的基础上，这种相互理解先于所有的一致和分歧。也就是说，共同体中的理解是现成的，是不需要被质疑的相互理解。由于这种理解的先赋性，才使共同体中的各种分离要素得以保持基本性的统一。这里需强调一点，即"共同理解"（common understanding）不是"共识"（consensus）。共识指的是思想见解不同的人们通过谈判和妥协达成的一致，而共同体中的相互理解是本体存在的固有特征，是无须追求的存在。也就是说，"共同理解"是基于情感而非理性的。因此，我们希望在教育活动中形成教师和学生对美德的共享自主性，并创造出一种总体上相对稳定的情感关系。哈拉维曾经殷切"希望（人类共同体的）差异仅存在于友谊程度的深浅、工作性质的不同、共同目的的部分共享、难以应付的共同痛苦、无法避免的死亡以及持久的希望上"[1]。

---

[1] Haraway, Donna J. Modest_witness@second_millennium. Female Man©_meets_OncoMouseTM: Feminism and technoscience[M]. London: Routledge. 1997: 264.

最后，教育伦理秩序的重构还需加强网络空间的治理与建设，发挥舆论的正面监督力量。新媒体时代的不确定性和多重可能性给予了利用者多重角色体验和选择的自由，也降低了违背道德的代价。加之网络环境是弱监督环境，使人的良心和名誉极易被无形遮蔽。虽然作为规范伦理的制度能起到一定的管控作用，但是它同样有其难以克服的弊端，即规范伦理忽略了作为道德行为主体个人的情感、意志和信念的价值，因而无法触及问题的核心。显然，仅靠物质文明、制度文明的巨大发展无法弥补人们逐渐丧失道德认同感的恶劣后果。网络空间不是法外之地，需要一个必须坚守的伦理底线，起到正面舆论监督的目的。网络空间的治理和建设应该以社会主义核心价值观为指导，积极培育健康向上的网络文化，强化网络主体的自律精神和伦理精神。此外，政府、社会组织、网络运营商、媒体及网民应通力合作，相互监督，共同建构网络空间的伦理新格局。只有这样，才能杜绝随意的道德绑架或者任意的谩骂造谣等现象，教育场域内的师生主体行为才能获得公正的社会评价，网络才能真正发挥其作为教育伦理秩序调节机制的功用。

（三）社会教育实践中的伦理要求

什么样的实践伦理状态才是理想的社会教育实践呢？社会教育追求的社会理想状态就是学习化社会。在这个社会中，"每一个公民享有在任何情况下都可以自由取得学习、训练和培养自己的各种手段，因此，从他自己的教育而言，它将基本处于一个完全不同的地位。教育不再将是一种义务，而是一种责任了"[①]。教育实践中的关系因此也会发生变化，主要体现在以学习者本人为教育的出发点，重点放在自学原则上，而不是教育原则上；通过个别化教学培养个人的判断能力和推行自我教育，学习是为实现自我。

社会教育实践中教育者与受教育者的关系其实也是如此。受教育者也

---

① 联合国教科文组织国际教育发展委员会编著. 学会生存：教育世界的今天和明天[M]. 北京：教育科学出版社，1996：203.

是教育实践的主体，从要求他律到自律，从接受教育为主到自我指导为主等，有效的社会教育实践依赖的不是教育影响的科学严密性，而是学习者自身与知识源之间的关系性质。这就对学习者自身提出了更高的要求。每个人是学习者，但不是每个人都能够自律，都具备自学的能力。因而，学习化社会依旧需要制度化的教育，依旧需要专门化的教育者。他们最主要的价值并不在于知识的传播与普及，而在于学习过程的组织和引导。基于此，我们认为理想化的社会教育实践关系所规定的伦理要求可以概括为以下几点：其一，社会教育实践伦理要求"人所不欲，勿施于人"。尊师爱生是一种美德，是对师生双方道德品性的要求。美德是追求善的，其本身也是目的和条件。美德于个人而言最重要的就是能够抑制个体主体性的过度膨胀，让个体变得谦逊与美好。教学过程中的冲突是教学场域内人与人之间的意见冲突，是社会冲突在教学场域中的体现，它发生发展的根本原因在于个体主体性的过度膨胀。主体性是人的根本属性，决定了人区别于物的存在方式，而也正是由于这种特性使得人容易"客观化他者"，导致人际冲突。特别是在互联网语境下，这种个体主体性的过度膨胀会加剧教育者与受教育者之间的冲突。我们一方面要正视这种冲突关系的自然发生与不可避免，另一方面要思考如何与学习者合作从而改善社会教育实践关系生态。以往我们在思考教育关系的时候，倾向于从教育者的角度出发建构一种关系。这种从"我"出发的对关系的思考在列维纳斯看来就是对他人的不公，实际上是一种思想暴力，在此基础上建立起来的所谓道德、标准都应该是无效的。社会教育场域中教育者与受教育者双方都应该在相互尊重的基础上有意识地调整，尽量站在他者立场上考虑问题。所谓"人所不欲，勿施于人"（赵汀阳）绝对是处理人际关系的金规则。

其二，社会教育实践伦理要求成员具有共在的情感。在主体哲学的发展过程中，笛卡尔谓"我思故我在"，胡塞尔言"我思其所思"，其实孔子早有训曰"学思结合"，可见人是通过对象化意识建构自身的，但关系哲学又告诉我们，每个人都只存在于他人的共在关系中，通过做事情来建立关系，使得共在获得意义。关系是可选择的，只有选择了某种关系才能确定其意义。在新的时代背景下，我们可以通过自由选择建立的关系性质来理解各自的表现，因为关系决定了相关存在的场域表现。虽然场所和面对面接触仍然是共同体的重要因素之一，但是它已经被互联网削弱得不再具有形成信任关系及促进凝聚力的排他性作用了。共同体成员的个体自主权仍旧是关系共同体生存和发展的主要问题。个人需要在共同体中拥有一定权力对其自身的身份加以定位，以及在此基础上代表自身表达意见。关系哲学中，共在先于存在是因为存在已不是个问题，能否最优共在才是问题。良好的共在关系就是合作最大化且冲突最小化。基于此，社会教育场域中交往模式的建构不能依靠所谓的传教模式，特别是在当今这个信息化时代，用绝对主义价值观来支配他者意识将会面临失效的风险，我们需要做的是在承认冲突的普遍客观性基础上采取兼容并包的共在态度。

其三，社会教育实践伦理要求凸显教育关系学习共同体特征。师生交往在应然状态下是对等的，但非对等性才是师生互动关系的现实表达，此种表达呈现出偏正结构的特质。[①]的确，在学校场域中想要实现师生地位上的全面平等几乎是不可能的。在拙文《基础教育"学习场域"的构建设想与反思》中，笔者也表达了如此观点。笔者对布迪厄（又译布尔迪厄）的场域概念做了延伸，把场域细分为显场与潜场。显场指的是显在的教育场所，即通常意义上学校、班级等空间；潜场指的是一个不能被主观感知的虚拟（但不是虚构的）空间，它是真实存在的。这个潜场其实就是一种潜在的教育影响空间，体现的是权力关系的博弈状态。在场域中，对行动者所产生影响的外在因素并不是直接作用于其身的，而是通过场域所特有的形式和力量对他们产生影响，这使得场域中直接或单一的权力被隐匿起来，看到的好似只是场域环境产生的作用。教育者和受教育者是教育场域中最主要的行为者，二者都期望通过将自己的意志强加给别人来获得场域优势地位。这是一番权力的博弈过程，特别是教育者在其中还具有天然身份上的优越性，但是在现代科学技术语境下，这种天然的优势正被逐渐消解，

---

① 邵成智，扈中平. 论师生关系的偏正结构[J]. 教育学报，2018（2）：12-18.

也正是因为互联网的出现才为学习共同体的诞生创造了条件。学习共同体的优势在于场域内的权力分配关系并不是通过权威的控制、意志的强加来实现的（这注定要导致对抗），而是通过交往理性达成的连续的短暂共识，并维持一种总体上相对稳定的关系。这种稳定关系的维持正好可以借助互联网的介入，使传统教学场域内教育关系二元对立的局面出现转机。这种学习共同体在学校场域内可能是一种需要通过大量努力去无限接近的应然目标，但是在社会教育场域中是一种极易生成的实然状态。

其四，社会教育实践伦理谋求和谐的共赢。重构关系自然需要明确关系中的责任和义务。隐性冲突虽然是常态，但是关系的和谐或者说共赢状态仍旧是场域相关者通过博弈最想达成的局面。"许多实际存在的共同体确实正在商议'新的共在方式'，包括商议为了承担被赋予的责任而需要构建的共同体的形式。"① 对协商关系的信任正如我们对个体主体性的信心，最终还是要通过自我反思及对彼此差异的认可与接纳而实现。社会教育实践伦理共同体也是如此。自由是对个人权利的保护，其重要性不言而喻。事实上，以个人为标准的自由是毫无边界的，只要有他人在场，他人的存在就是对自我的约束。个人自由作为普遍价值无法在个人身上证明其合法性。自由是相对的，只有通过关系才能被证明，因此才需要制度去规范它。和谐共赢是最优化的教育关系，它既能有条件地保障个人自由，又意味着一种积极合作的态度。因此，社会教育实践场域需要的是如良师益友般的交往关系，需要的是平等相待的实践伦理关系。可以肯定的是，简单地将症结归为教育者或学习者任何一方都不足以从根本上解决问题。

---

① [加拿大]黛安娜·布赖登，威廉·科尔曼主编. 反思共同体：多学科视角与全球语境[M]. 严海波，等译. 北京：社会科学文献出版社，2011：207.

第四节　我国社会教育实践发展的秩序逻辑

西方社会科学所要建立的是系统性的、分析性的理论知识体系，以知为目标，而孔子的志趣，不在建立一套伦理知识体系，旨在重建社会秩序。所以，与其说儒学是有关伦理的知识，倒不如说它就是伦理规范本身。韦伯也认为，儒学其实更像是社会上有教养者的行为准则。这说明中国伦理文化里面有重实践、重秩序的特质。中国文化讲究大同，注重和谐，贯穿个人生活与整个社会。政治上的大同与生活中的和谐都有一个非常重要的前提，那就是秩序。只有社会秩序稳定，和谐大同才有可能实现。所以，中国文化注重并且追求秩序可以说是学者们的共识。

一、中国文化的秩序优位性

春秋战国时期百家争鸣，但有比较系统的学说传于后世者，大抵只有儒道墨法四家。四家之中，法家专注于设计霸术的"强制秩序"，墨家主张为普罗大众请命的"尚同秩序"，道家则致力于乱世中找寻自我救赎的"自然秩序"，虽然对个人与社会发展的关系，各家的主张与路径有所不同，但是都与秩序有着千丝万缕的联系。当然，其中只有儒家崇尚"礼治秩序"，直接回应了社会规范的挑战，其余三家都不像孔子那样以建立社会秩序为终极关怀。总体而言，中国自秦始皇统一天下以来的文化发展，大抵上还是沿着秩序这条主脉展开的。

儒家思想作为中国封建社会的主流意识形态，并不只是由于儒家思想受统治者的青睐，而是因为中国文化蕴藏着一个因动乱创伤形成的向往秩序的情结。按照本尼迪克特的说法，即中国文化的形貌是由追求秩序这个主题统合起来的。诚如法国启蒙时期的思想家孟德斯鸠所言，中国古代圣贤人"所最重之祈向，曰惟吾国安且治而已"（《法意》，严复译文），而这种追求秩序的文化起源于春秋战国。春秋战国是我国思想文化蓬勃发展的初始阶段，那时的动乱对社会构成了创伤性的冲击，因而往后2000多年来所形成的中国文化，就潜伏着谈乱色变的个性倾向和社会心理。弗洛伊德认为，个人于孩提时代所遭受的创伤会在性格上留下永不磨灭的烙印。或许文化之于社会，犹如性格之于个人。回顾早期的儒家思想，虽然仁义内涵极其丰富，但是在日常生活中的具体表现就是礼。礼的内容虽然千丝万缕，但我们还是可以整理出四条主脉：第一是对和谐、安定和团结的渴求，所谓"礼之用，和为贵"；第二是个人寓于角色之中，突出社会要求，抑制一己情欲，所谓"克己复礼"；第三是虚己让人，处处以别人为重，所谓"夫礼者，自卑以尊人"；第四是强调对等回报，所谓"礼尚往来"。这四条主脉汇到一起就是关于如何构建一个有序安定、各安其位、和谐相处社会的伦理要求。

中国文化追崇秩序，社会与个人的关系不是对立而是辩证的。如金耀基所言，在现代社会学的功能主义理论中，皆强调社会对个人的重要性，但儒家思想并没有像功能主义者那样，只见角色不见个人，或将社会凌驾于个人之上，只是表达侧重秩序的优位性而已。如费孝通概括乡土中国人际关系呈现出差序格局一样，中国文化讲的人伦依然是以己为中心的。正因为儒家文化并没有忽视个人的自主性，本质上是韦伯所说的道德的乐观主义，因而中国传统社会在政治层次上才很少措意于制度安排，崇尚人治而非法治。

（一）儒家思想规范了民间秩序

任何社会都需要某种思想将社会的伦理正统化，使现成的生活方式获得合理的解释。在先秦诸子中，把民间伦理演绎得最为透彻的当推儒家，它之所以能定于一尊，作为传统中国的社会指导思想，不是历史的偶然。韦伯在《儒教与道教》中也指出了传统中国的一个社会结构特点，即在传统中国这个幅员广阔且交通不够发达的国家，中央集权看似强大，但其作用其实是非常有限的。上面是庞大的官僚科层组织，而下面是无数分散的、从事着小农经济的氏族组织。就如费孝通在《乡土重建》中提到的那样：
"中央所派遣的官员到知县为止，不再下去了。自上而下的车轨只筑到县
衙门就停了。"儒学所揭示的，正是小农社会的伦理。其并非凭空创造出一
些规则要人民遵守，而是将已存在于民间的伦理提升到了理论的层次。

　　几千人的自然村落与数十万人的城市之间，不仅仅是人口数量的增多
而已，在人际关系方面，也出现了质的变化。人口不多的小农社会，习俗
通常是单一的，很容易传习下去。小农社会的生活也是静止稳定的。正如
费孝通所说："像这一类的传统，不必知之，只要照办，生活就能得到保障
的办法，自然会随之而发生一套价值。我们说'灵验'，就是说含有一种不
可知的魔力在后面。依照着做就有福，不依照了就会出毛病。于是人们对
于传统也就渐渐有了敬畏之感了。"①也就是说，在小农社会，传统习俗对行
为的节制，除了人们对之主动服膺外，还因为非正规形式的社会控制手段
特别有力。比如说生活在周围人的蔑视、讥笑、闲言碎语和责备等这样的
氛围中，就会给人带来强烈的社会压力。

　　传统会提供某种秩序。在传统社会里，人们往往会选择把权力、道德
和能力集中赋予一个超凡脱俗的圣人或英雄，而若将其现实化，便会转变
为一种传统作为统治和秩序合法性的基础或根据，但这种秩序只能是过去
的秩序，已然成为历史。历史对于现在的意义是经验对于理性成长的价值，
但是人类文明是面向未来的，绝对意义上的传统秩序会使得一个民族或社
会长时间地陷入发展上的被动。"所以中国要建立现代的政治秩序，决不是
在传统儒家所提出的'秩序观'之外，另外加上一套秩序观，而是在传统
的基础上建立一个以民主法治为核心的政治新秩序。"②要解决现代社会的
秩序问题，特别是工具理性泛滥所引起的种种弊端，最终还是要回到个人，
回到个人对道德价值的主动服膺，这正是儒学的精髓所在。儒家思想异于
其他价值体系，优于西方的神灵信仰和崇拜，在于其不是一门宗教。其他

①　费孝通. 乡土中国（修订本）[M]. 上海：上海人民出版社，2013：49.
②　张德胜. 儒家伦理与社会秩序：社会学的诠释[M]. 上海：上海人民出版社，2008：10.

价值系统劝人向善，需要靠宗教的力量。儒家例外，认为修养品格，提高个人素质，其本身就有内在价值。人之所以为人，本该如此，不必寻找外在的理据和动力。抗衡工具理性，这种态度非常重要。

（二）法制是秩序文化的内在要求

儒学于春秋战国时期只是一家之言，汉武帝以后正式钦定为国家意识形态。这反映了儒家思想由理论到实践，从一派学说到治国工具的转变。汉代的儒法合流，并不限于政策层次，还涉及思想内容，这就是余英时等学者所提及的儒学法家化。从社会控制的角度来看，只讲教化是不行的。因为教化不可能百分之百成功，而且即便将规范内置进入个体，也不意味着个体会完全社会化，依旧会有各种欲望。如果这些欲望和社会规范相抵触，后者未必可以完全驾驭。因此，任何社会都会采用一些外在手段，迫使成员遵守规则。儒学法家化主要表现在两方面：一是肯定刑法在维持社会秩序方面的作用，二是引进君尊臣卑的论调。中国以孔子为首的早期思想家专注于人事，以建立社会秩序为职志，是实践的、规范的、综合的，所以日后邹衍等人对自然、世界的探讨，也走不出这个框架，可以说是人文化或伦理化的自然哲学。巴德在评论中国思想时指出："中国思想的基本模式，是力图把看来是冲突的东西调和为一。中国哲学充满种种二元体，可是它们的组成部分通常被认为是互相补充的，彼此需要的，而不是敌对的，相悖的。"[1] 在传统社会，支配人伦秩序的虽是儒家思想；在文艺领域，却充满着佛道精神。人类活动有三个最主要的领域：一是人伦秩序，以臻善为目的；二是自然探索，以求真为目的；三是抒怀遣兴，以审美为目的。在传统中国，儒家伦理支配第一领域，其余两个领域都以道家思想为主流，却未取得意识形态地位。

当代中国维持社会秩序，除了沿袭乡土社会的习俗外，还要依靠两个

---

① Derk Bodde. Harmony and Conflict in Chinese philosophy[A]. Arthur Wright, ed. Studies in Chinese Thought[C]. Chicago: University of Chicago Press, 1962:54.

整合机制：一个是法律，另一个是市场。在法律许可的范围内，市场便是调节秩序的主要整合机制，而市场本身就是工具理性的产物。工具理性的优势在于，促进办事效率、节省资源，能够运用最合理的程序与手段达到目标，加强对客观世界的控制，提高竞争力，促进物质生活发展到更高水平。它的缺点在于容易只讲实效，不顾其他。用哈贝马斯的术语来表达，便是把生活世界沦为殖民地。像市场这样由工具理性支配的场所，优胜劣汰，适者生存，与霍布斯所描绘的人人为敌的局面非常接近。市场有一定的规则，法律可以维持秩序，却无法提供良好的生活质量。城市化使社会流动的机会增加，个人视野的扩大带来了社会多元化，但也削弱了家庭之间的社会凝聚力。在社会的整合机制方面，习俗还是主导。核心家庭越来越普遍，其凝聚单位只限于核心家庭的话，就会出现功利家庭主义或者自私个人主义。如果传统社会的秩序建立在法律无为而治的基础之上，那么随着依赖社会习俗约束力的减弱，就会越来越依靠法律来维系社会秩序。不过，法律在维护社会秩序方面有极大的局限性。首先，法律是适用于社会所有人的行为准则，在多元化的现代社会，由于要兼顾各方，内容难免抽象概括，但即便如此，也无法涵盖现实生活中所有具体处境。其次，法律禁止违反规则，否则将接受惩罚，但即便在法律范围之内，也有很多为所欲为的空间。也就是说，一个人可以守法，却不道德。再次，法律基本的约束力来自外在，人们对它缺乏主动服膺的信念和感情。因此，法律只不过是防止社会解体的最后防线，只有道德与法律的双重制约才可以与之抗衡。要民众普遍具有道德，在此基础上对社会规则主动服膺，社会教育是最重要的方式之一。

二、社会教育实践的秩序表征

社会秩序的存在既能为生存于其中的人们提供理所应当的先验环境，与此同时又能引导并规定人们的思维方式与行为准则，进而促成社会的继续存在且周而复始地平缓发展。我们重视社会秩序对社会发展的贡献，但是忽略了人类的教育实践，特别是社会教育实践与社会秩序的辩证关系。作为地域社会范围内学校和家庭以外的文化教育设施对社会成员所进行的有计划、有组织、有意图的教育实践形式的总和，近代社会教育实践自产生之日起就发挥着其难以被取代的社会功能与价值，尤其表现在其社会秩序的指向性上。

正如德国社会教育理论家波伊默所提到的那样，社会教育实践的产生往往基于社会事实与需要，其存在本身就是社会问题取向的，在社会问题的消解中完成对社会秩序稳定性的追求。社会教育实践间接地反映了不同社会发展阶段突出的社会问题，社会问题的存在会造成社会和谐的空隙，而社会教育实践就是用以弥补这些空隙的。社会教育实践概念的不清晰同样也源于社会问题本身的复杂多元，它甚至被理解为"可变的社会形式"。社会教育实践概念经常与民众教育、通识教育、识字教育及社会工作概念混用，同时也与当前经常论及的社区教育、终身教育概念存在内涵上的重合。其实，这是不同的时代及社会发展阶段对社会教育实践需求在急迫性上的具体表现。当普及识字、扩大受教育对象可以稳定社会秩序时，社会教育实践表现为通俗教育性质；当救助与安抚社会弱势群体的需求迫切时，社会教育实践则表现为社会工作性质。当然，这些对社会教育实践提出的要求可能是同时的，也可能在不同时期有所侧重，但这些相关概念都反映了社会教育实践在不同社会阶段、不同时代的共性，即社会秩序指向性。经过众多社会教育研究者与实践者的共同努力，社会教育实践成功地发挥了救助社会弱势群体、提升普通民众素质等社会功能，逐渐成为世界各国营造和稳定良性社会秩序的重要途径。同时，社会教育实践在协助解决社会问题、摆脱文化危机方面的辉煌成就也见证了许多国家在社会转型时期或过渡时期的秩序重建过程。

社会教育实践既可以是稳定社会秩序的基石，也可以是社会秩序重建的钥匙。社会教育实践始于全民教育思想，侧重于帮扶社会弱势群体，因而有鲜明的公共性。作为一项公共教育事业，社会教育实践的过程秉持了其公益性、社会性、全民性等公共性特质，因而它的繁荣和发展是社会文明进步的体现，是以人为本理念的彰显。虽然一个社会基础秩序的重建主要是政治任务，但是由于社会教育相对于学校教育而言的优越性，即对象的全面性、内容与形式的多样性、教育过程的终身性等，因而被公认为具有解决社会问题、改良社会，进而协助社会秩序重建的治理功能。

其一，社会教育实践可以为社会问题的解决提供教育方案。在日本，"社会教育"一词在19世纪80年代末就出现了，而首次肯定其作为一种教育思想地位的是山名次郎的《社会教育论》。山名次郎非常关注欧美诸国的工人运动及社会主义思想的发展，并将这种防患于未然的教育政策调整称为社会教育。社会政策学会的创始人金井延也认为社会教育就是为了解决社会问题而对工人进行的普及教育。最早将社会教育定位为教育学说的是吉田熊次，他认为"社会教育，与其说是教育，不如说是与社会政策或社会改良相关的一种社会问题。"① 他明确指出社会教育思想诞生的基础，甚至可以说社会教育的本质其实就是社会性质的教育方案。因此，为了涵养并健全国民道德，1911年成立通俗教育调查委员会。随后，着眼于地方改良的自治民育（町村民教育）运动开展起来。可以说，日本的社会教育从一开始就带有强烈的教化色彩。19世纪末，日本的社会教育就在应对当时帝国主义阶段的各种政治社会问题的同时，迅速走上了体制化的道路。德国民众教育的展开脉络也与此极为类似。1871年民众教育普及协会成立，迈出了德国民众教育体制确立的第一步，这也是应对德国当时复杂社会问题的教育对策。近代中国的社会教育实践亦如此。当时的中国，民智水平低下，社会秩序紊乱，大量的社会问题无人解决，因此要发展民众社会教育。政治家与教育家们一致认为社会教育既然建筑于民众生活之上，就应具有推动社会的力量。他们致力于开展通俗教育、平民教育、乡村教育及民众教育运动，试图通过社会教育实践改良中国社会，继而实现救亡图存的思想主张。

其二，社会教育实践还可以帮助社会摆脱工具理性危机，打破个体主

---

① ［日］吉田熊次. 社会教育[M]. 東京：敬文館，1913：4-7.

义崇拜。近代以来，众多学说多主张个体的权利与自由，如洛克的分权制衡思想、卢梭的天赋权利说、密尔的功利主义思想、狄德罗的天赐自由说、尼采的个性主义说及施蒂纳的唯一者思想等。其实，"对于个体的独特性和自由意志的存在的认可，并不排斥同时对于社会秩序的集体性质的强调"①，反而是个体主义和自由主义的兴起导致社会出现了整合危机与道德困境。教育的过程其实就是人的社会化过程。基于此，个体的成长和发展都是社会意义上的成长和发展。依靠对个体主义的崇拜不会成就真实可靠的社会联结，只会导致社会的消解。虽然我们一直在强调社会教育实践的社会性价值，把个人看作是社会整体中不可分割的一部分，但这样可能会被质疑其呈现出"只见社会不见个人"的发展性弊端。对于当前工具理性及个体主义过度膨胀不受控制的现状，现代社会所面临的问题不是个人权益太少，而是缺乏从社会整体出发考虑问题的意识。社会发展需要个体积极地融入社会，参与公民生活与社会行动，从而承担必要的社会责任。社会教育实践通过文化传承和道德陶冶对民众进行社会化引导。一方面，有助于民众作为社会主体的更新并确立新的生活秩序；另一方面，民众也可以从中学习如何成为对社会发展有价值的社会成员。在日本，社会教育实践正逐渐发展成为一种社区营造行动及公民自助互助的教育系统。这样的教育系统为民众成为合格的社会成员提供了足够的社会支持，并让其在复杂的、相互依存的社会关系网络中发挥有意义的作用。社会教育实践对社会秩序的关注，不仅可以面对工具理性的挑战、抑制极端个人主义，而且还能平衡利益至上的倾向，整合协调社会各个组织和群体之间的关系。因此可以说，社会教育实践的发展过程与社会秩序的重建过程是重合的。

---

① [美]杰弗里·C.亚历山大. 社会学的理论逻辑（第4卷）：古典思想的现代重构——塔尔科特·帕森斯[M]. 赵立玮，译. 北京：商务印书馆，2016：43.

第三章　外道中用：
日本社会教育实践发展的制度效应

日本社会教育是一个不断发展的概念，指在义务教育被确立，学校教育经验普遍化之后出现的，与近代学校教育相对立的发展形态，主要经历了"作为学校教育的补充""作为学校教育的扩大"及"作为学校教育外的教育要求"这样的发展定位。从《社会教育法》是在《学校教育法》基础上颁布的就足以看出社会教育与学校教育的关联性。《社会教育法》中明确规定，"社会教育是以《学校教育法》为基础，主要指学校课程形式开展的教育活动之外的，以青少年与成人为对象的有组织的教育活动"，其中包括体育与文娱活动。社会教育法制化进程的开启体现了日本社会教育作为公共教育的本质特征。可以说，日本社会教育是伴随近代国家的形成而建立的与学校教育密切相关却形态相异的公共教育形式。

其实，第二次世界大战结束之前的日本社会教育实践几乎都不能被冠以教育之名，战前社会教育的实质就是为了应对国家权力的要求。因此，那时候的民众还不是真正意义上的学习主体。正如岛田修一在其《地域创造的社会教育实践》（1985）一书中所提到的那样，社会教育实践所要求的民众自觉受到瞩目，也不过是20世纪80年代后半段才有的事情。教育实践倾向于以学校教育中教师的经验与活动为出发点，一直是研究者所指摘的地方。国民教育事业的发展壮大寻求新理念的生成与落实，所以教育实践推进过程中就出现了保育实践、学童保育实践、校外教育实践、社会福利实践、社会教育实践等新生事物。鉴于日本社会教育对学校教育的依存关系，我们就以学校教育制度的确立作为起点来介绍日本社会教育实践活动的发展史。

第一节　日本社会教育实践的历史

日本社会教育实践活动的发展与其制度的建立有着密不可分的关系，因此日本社会教育制度的发展史大致可以被看作是社会教育实践的发展史。日本从明治初期虽已开启了社会教育制度化的发展历程，但其阶段的划分尚无定论。例如，文部省社会教育局编著的《社会教育入门》（1952）中就将社会教育的进程分为四个时期：通俗教育期（1870—1921）、社会教育创始期（1921—1935）、社会教育衰微期（1935—1945）和社会教育复兴期（1945年以后）。日本社会教育委员联络协议会编著的《新编·社会教育委员必携》（1979）中，又将日本的社会教育进程划分为：明治期的社会教育（1868—1912）、大正期的社会教育（1912—1926）、昭和前期的社会教育（1926—1945）和昭和后期的社会教育（1945年以后）四个时期。笔者主要参考了日本学者俵谷正树的划分方法，将日本社会教育的演进历史大概划分为社会教育的近代化时期与社会教育的现代化时期，再将社会教育的近代化时期细分为明治初期的博图馆校外教育阶段（1868—1883）、通俗教育制度化阶段（1884—1918）和社会教育黎明阶段（1919—1944）；再将社会教育的现代化时期细分为社会教育的民主化阶段（1945—1948）及社会教育法律的制定完善阶段（1949—1981），共两个时期五个阶段。

一、日本社会教育的近代历程

日本的近代学校教育制度产生于明治时期，因此我们也将日本社会教育实践活动的考察起点定于明治时期。

（一）博图馆校外教育阶段

明治初期的校外教育是围绕博物馆、书籍馆的设施教育开展的，而教育行政是以高等教育为对象揭开序幕的。1867 年（明治元年），新政府开始着手办学。3 月重建了京都的学习院，6 月复兴了医学所及昌平学校。9 月又恢复了开成所，以做洋学中心。昌平学校总管开成所和医学所，于第二年 6 月改为大学校，同年 12 月再改为大学。之后这所大学坚持了 2 年，于1870 年 7 月被撤销，重设文部省。于是，这个从前的高等教育机构改头换面为一个主管文教的行政机构，自此中央行政与社会教育的关系开始逐渐明朗。

有关社会教育的最初教育行政指令要从 1868 年 2 月颁布的《府县施政顺序》算起。在这个文件中，日本政府号召全国所有府县设置小学校，倡导把基础教育的机会向全国各地拓展，系统地提高国民的教育水平。作为政府普及义务教育的举措，上述文件的颁布与实施为日本国民提供了平等的受教育机会。从非强制性及公平性的层面来看，这一举措反映了社会教育的基本理念。到 1868 年 2 月，京都市一共开设了 64 所小学校，扩大了受教育面和教育机会，为以后的教育机会平等化打下了基础。与学校教育不同，利用社会设施开展教育活动的校外教育，起初是由博物馆开始的。刚刚设立两个月的文部省于 1870 年 9 月在内部设博物局，以汤岛大成殿作为博物局的观览场馆，并于翌年 3 月公展，试图通过观赏实物进行民众教育。这个博物馆，1872—1874 年由文部省、大政官、文部省管辖。1875 年 4 月，改名东京博物馆。1877 年 1 月，东京博物馆改名教育博物馆后迁至上野公园内开馆，后经数次改称，并于 1949 年 6 月定名国立科学博物馆至今。当时还有一个博物馆也很有名，1881 年由英国人肯德尔设计，在上野宽永寺中修建。1889 年 2 月，命名为帝国博物馆，主要用于展览美术品。1952 年改称东京国立博物馆至今。当时的通告里提到，在博览馆举办展览会可以"抛弃世人之陋习，有助众生知晓古今之异同"，"收集宇内之产物，正其名称，辨其用法，拓宽人之视界"，可见日本政府对博物馆教育的殷切希望。继博物馆之后，图书馆又成为另一个校外教育的基地。

图书馆最初叫作书籍馆，1871 年 4 月，文部省将书籍馆设于博物局内，并以旧的大学讲堂为临时场馆。6 月收集群书，8 月便对民众开放。1872 年

3 月，书籍馆由大政官主管。时隔一年，改为文部省管辖。书籍馆的设置原因在 1876 年 12 月文部省的年报中有所披露。据该年报，"夫学校之事业，通常概不可缺也。虽男女有别，各司其职。抑或万般无奈，半途而废，前功尽弃者比比皆然。设置公立书籍馆，不啻为此辈提供了学习之场所，亦为其继续深造，终而功成名就创造了良好的环境"，寥寥数语即道出了当时设立图书馆的必要性。根据 1878 年教育令，书籍馆同学校一起划归文部省管辖，自此确立了书籍馆在教育行政上的地位。根据翌年修改后的教育令，全国各地开始推进书籍馆的设立工作。在随后的 15 年里，日本全国共设立书籍馆 17 个，逐步巩固了图书馆作为校外教育的根基。

虽然这个时期，博物馆和书籍馆及小学校在教育行政管理上尚未分开，在行政制度上还存在着种种问题，但是在促进广大日本国民养成崇尚学习的风气方面，起到了促进作用。

（二）通俗教育制度化阶段

在明治初期博图馆迅速发展的背景下，1884 年，出现了以通俗教育为主要形式的校外教育。伴随通俗教育制度化的进程，其活动范围扩大到了博图馆之外的领域。通俗教育最初的定位，源于 1884 年 12 月文部省的通告。其中首次规定在文部省官制中，由普通学务局第三课处理"有关师范学校、小学校、幼儿园及通俗教育事宜"。通俗教育在制度上受到重视是在 1911 年颁布的敕令第 165 号确立了通俗教育调查委员会官制之后。通俗教育调查委员会以制作及收集有关通俗教育讲义或材料为主要任务，并在此基础上以文部次官为委员长，聘任为期 3 年的委员，研讨有关通俗教育的文教政策。委员会分为三个部，其管辖范围：一部分管博物馆、图书馆，负责读物的编辑和有偿募集、通俗图书馆、巡回文库、展览会事业等；二部分管视听觉教育，负责幻灯、电影片的选定、调制，说明书的编辑等；三部分管讲演活动，负责组织讲演会及编写讲演资料。之后，日本政府为谋求行政事务一体化，于 1913 年 6 月将该通俗教育调查委员会撤销。有关通俗教育事务及图书馆、博物馆、教育会的工作等，皆由普通学务局第三课主管。1917 年 9 月，设立临时教育会议官制，并于 1917 年 10 月 1 日召开了第一次会议。该会议重新审议了教育制度，从振兴教育的目的出发，在研究前一时期文教措施的基础上，提出了 11 项改善通俗教育的建议，其中包括：为加强各有关方面的联系，审议有关通俗教育的事项，在文部省设立调查会；为负责有关通俗教育设施的规划和筹建，在文部省设置主任官；为促进地方团体、教育会及其他公益团体的合作，尽可能地让各地都设立专管通俗教育的主任官；为培养担任通俗教育的人员，整备充足的设施；为提供丰富的优秀读物，在积极整备有关设施的基础上，同时加强对出版物的管理；为促进通俗图书馆、博物馆的发展，对藏书与陈列品谨慎保管；奖励通俗讲演会；确立适用于全国的准则，加强对电影与文艺演出的管理；奖励制作发行健康的音乐，提高通俗歌曲的质量；改善剧场、曲艺场等娱乐场所的条件；改善和普及校外体育设施，消除比赛的弊端。

1911 年的通俗教育调查委员会官制，1917 年的临时教育会议答询，充分展示了通俗教育期教育行政的性质及教育活动的形态、内容与边界。1902 年 11 月，日本政府倡导校舍校地公开对外。支持为了公众体育开放校园，为公众集体动用校舍等学校管理行为。1904 年 12 月，又以普通学务局长的名义发布了通告，要求地方长官鼓励各地区成立地方青年团体并对其活动给予引导。于是，以开展通俗教育为目的的青年团，在各地相继成立，并于 1916 年 11 月在东京成立了青年团中央总部。这样，通俗教育以博物馆、图书馆为阵地逐渐扩大。随着日本先后经历日中、日俄战争及第一次世界大战，日本近代教育逐渐呈现国家主义、军国主义倾向，其影响波及通俗教育。

（三）社会教育黎明阶段

对日本的社会教育来说，1919 年具有划时代的意义。文部省根据临时教育会议的咨询报告，在普通学务局新设第四课，专门负责有关通俗教育、图书馆、博物馆、青年团体等的事务。与此同时，还设立了五个专门负责通俗教育的事务官。翌年 5 月，文部省向地方发出《关于特设社会教育主任官员事宜》的函件，规范了此前零散进行的通俗教育，并使其借助教育行政的力量在全国范围内铺展开来。与此同时，也迎来了通俗教育向社会教育过渡的新时期。

当时，通俗教育和社会教育两个名称经常混用，本质上并无太大区别。甚至在 1918 年 10 月召开的临时教育会议上，中桥文部大臣就改善通俗教育事宜回答质询时，在致辞中用了"社会教育"一词。官方用语的规范统一，是 1921 年 6 月。由于文部省官制的改革，"通俗教育"一词被取消，改为"社会教育"。此后，社会教育的称谓就被固定下来，直至今日。

关于社会教育专任职员岗位的设置。1920 年，文部省要求特设负责社会教育事务的主任官员，这对各府县的社会教育发展影响很大。当年，以社会教育主事名义设置的官员就涉及 25 个府县，短时间内就举办了 2 次社会教育主事讲习会。1925 年 12 月，又颁发了《地方社会教育职员制（敕令第 324 号）》，动用北海道地方费及府县费设立社会教育主事近 60 人，社会教育主事候补近 110 人，逐渐确立了专任官员的体制。1932 年 4 月，为了振兴社会教育，各市町村受命设立核心组织社会教育委员会。不久，社会教育委员会的人数固定为町村 10 人左右、市 20—30 人，战时总数曾达到 12 万人之多。

关于社会教育机关的设置。1924 年 12 月，普通学务局第四课改为社会教育课。1929 年 7 月，文部省设立社会教育局，下设青年教育课、成人教育课及总务课。这个时期社会教育的发展以推进成人教育的普及工作为特征。成人社会教育起始于 1919 年大学及文部省直辖学校举办的公开讲演会和讲习会。1923 年，成人教育的名称才开始在东京、大阪正式出现。各地政府、青年会、教育会、公司、工厂等齐抓共管，聘任高级中学教师、小学校教员、自治团体的工作人员、神官、僧侣、牧师和大学教授做讲师，大力推进成人教育。工人专科夜校（1924）、工厂辅导班（1925）、日本成人教育协会（1924）的开设，也活跃了针对当地工人的成人教育。此外，文部省于 1930 年颁发的《关于振兴家庭教育事宜》的训令中指出，青少年之所以"放纵不羁，肆无忌惮之风威行，家庭教育不振乃重要原因"。为了

"促使妇女团体奋勉"，"唤起普通妇女的自觉"，号召市町村、部落、学校等单位设立母亲会、妇女会、主妇会、同窗会等，酌情组织联合会，以振兴家庭教育事业。

以社区青年为对象的社会教育活动，借由 1924 年组建大日本联合青年团、1927 年组建大日本联合妇女青年团的机会，在全国各地广泛开展起来。该项活动从 1928 年起，由男女青年团和内务省共管转由文部省专管，之后更是日趋丰富起来。此前，为了对青年工人、童工进行再教育，文部省于 1892 年设立了实业补习学校，与 1926 年建立的青年训练所并立，这样做虽然扩大了教育对象的范围，但也带来了职能重叠的问题。1935 年 4 月，新成立的青年学校逐渐同上述校所合为一体，实现社会教育资源的整合。

与此同时，这个时期一些民间教化团体还掀起了社会教化活动的浪潮。诸如石门心学、报德教等各种小型民间教化团体，以实现各自团体目的为目标在全国各地举行了特有的教化活动。这样的教化活动也使当时的社会教育具有鲜明的乡土特征。这些民间教化团体以 1923 年的《戊申诏书》为契机结成教化团体联合会，并于 1928 年改称财团法人中央教化团体联合会，进而吸收更多的文化团体加入。1945 年 1 月，该组织被大日本教化报国会取代。教化团体联合会最初由内务省社会局社会部福利课管辖，1928 年被移交给文部省，并借 1929 年 9 月教化总动员的东风，产生了巨大的影响。1942 年 11 月，文部省设立教化局统管社会教育事务，暂时取代了成立 13 年之久的社会教育局，显示出教化活动浪潮的巨大影响。

二、日本社会教育的现代历程

（一）社会教育的民主化阶段

这一时期从 1945 年 8 月第二次世界大战结束，到 1949 年 6 月日本《社会教育法》的制定为止。第二次世界大战后的混乱时期，日本人对社会教育的热情前所未有。这种热情所释放出来的潜能，带动了当时日本社会教育的发展。其实，在《社会教育法》颁布之前，社会教育活动已经存在并呈现出多种多样的形态。1945年9月，文部省发布《新日本建设的教育方针》。该方针就社会教育问题谈道："正因为弘扬国民道义和提高国民教养，是建设新日本的基础，所以我们在全面振兴成人教育、工人教育、家庭教育，图书馆、博物馆等社会教育的同时，也正对美术、音乐、电影、戏剧及出版等国民文化的发展做具体规划，并且准备近期举办一次盛大的美术展览会。"另外，该方针还提到了由于学生队的解散而名存实亡的青少年组织，并明确指出要成立以乡土为中心的、"自发能动、共勉磋商"的新青少年团体。

1945年11月，文部省训令第12号发布，号召社会振兴社会教育事业。为此，号召大中小学校开展如下活动：开放图书馆等校内设施，由教职员进行积极的指导；向群众公开讲课，扩充听讲制度；举办公民讲座；举办文化讲座，开办暑期大学辅导班；举办有关家庭教育的讲习会和针对妇女的特别讲座；开办针对产业人士的指导班、辅导班；为普及专门知识而开放学校。与此同时，奖励地方长官开展下述活动：开设行政课程；成立青少年、妇女团体；开放学校设施，促使教职员积极开展社会教育活动；邀请主流媒体和宗教人士予以协助；修缮和增设展览设施；举办公民教育讲座等社会教育讲座；灵活运用町内会及部落的例会。此外，众议院为扶持上述政策，于1945年12月提出《关于强化和扩大社会教育的建议》，"鉴于道义颓废，不胜忧虑的现实"，呼吁就下述几个问题采取适当措施：学校面向社会教育发展；宗教人士对强化社会教育的活动予以配合；改进和加强町内会、部落会、邻组等基层组织建设。1946年4月，以乔治·斯特达特博士为团长的美国教育使节团提交的总结报告，也为这一时期社会教育的发展定了基调。该报告认为日本教育制度规定的模式，是高度中央集权的19世纪模式，强调新模式的确立必须以个人为出发点，揭示教育的根本目的应该是"通过个人的终生奋斗，逐步达到最完善的自我。只有取得这种效果，才是最理想的教育"。众议院督促政府赋予文部省"作为独立部门的权威"，并指出在发挥公立图书馆、博物馆职能的同时，倡导讲演会、讨论会、座谈会采用自由谈话的形式。

关于社会教育指导者。为彻底贯彻新教育方针，从教育界一扫"军国主义和极端狭隘的国家主义"之风，文部省接二连三地为教职员举办了中央讲习会及都道府县的讲习会，确保和储备能够理解民主主义精神的新指导者。由于学校外人员的配置极难确保，因此社会教育指导者在很多情况下要依赖现职的学校教职员。在这种背景下，1946 年 6 月，日本政府发布《关于大学、高等专科学校教职员协助学生的社会教育活动事宜》的通告。该通告要求因粮食问题而滞留乡里的在校学生，也要同教职员一起，担负起社会教育活动指导者的责任，这一决定影响深远。培训指导者的工作，通过文部省和民间情报教育局的共同努力，发展扩大为教育指导者讲习班，合计培训新的指导者 9347 名。可以说，日本战后社会教育的快速发展，这些从教育指导者讲习班毕业的指导者功不可没。特别是青少年指导者的讲习及第 6 期后期有关成人教育的讲习，对战后日本的青少年教育、社会教育主事的培训进修工作起到了参考作用。

关于社会教育设施。1946 年 7 月的文部次官通告《关于公民馆的设置及运营事宜》，迎来了日本公民馆时代的黎明。最初，公民馆的定位是集社会教育、社交娱乐、町村自治振兴、产业振兴、青年培训等多重目的于一身的综合性机构，与国民学校、青年学校平起平坐，经常出现青年学校职员同时兼职公民馆主任的情况。当时人们普遍认为，在町村之外的都市，凡有图书馆、博物馆、公会堂等设施的地方，就没有必要再另行设置公民馆。1948 年 4 月，日本教育改革委员会在发布的《关于振兴社会教育的方策》中提出要全面建设发展公民馆，建议公民馆以市町村的区域为单位设置，由市町村公民馆委员会进行管理；公民馆可以给予教职员一定的身份，负责和社会教育的相关团体进行业务联系与协调；公民馆是函授教育课程的面授教学场所，负责和图书馆、博物馆等机构进行合作与交流。之后，公民馆得到了迅速发展。

关于社会教育的内容。除了母亲班、文化讲座、专门讲座、暑期讲座、公民讲座、国民科学讲座、社会班讲座等所含内容外，这个时期的社会教育还包括一些其他主题的教学活动内容。例如，以 1945 年 12 月众议院选举制度改革及 1946 年 11 月公布的日本新宪法为契机，兴起了公民教育运动，随后劳动教育与科学普及活动由此展开。由日本内阁会议决定颁布的《适应总选举的公民教育实施纲要》中特别强调，"切望竭尽全力，千方百计地推进此次运动"。这次运动的最大特征是采取各种形式和方法，包括通过大日本教育会筹划主办的公民教育讲师讲习会、公民教育讲习会及部落会，借由拉洋片、幻灯、教育宣传画等方式，普及当时宣扬的民主主义思想。

关于社会教育的方法。以部落会形式举行的公民集会，对后来的社会教育实践也产生了影响。以青年公论会来看，会议规模一般为 50 人左右，讨论的议题通常限于两三个。为避免主持人独断专行，并提高与会者的关心程度，一般要事先向与会者散发小册子等，以便让他们及早准备并整理自己的意见。以民主方法进行的民主主义学习，是这一期间社会教育的主要目标，它与国民极高的学习热情一起，影响了日本社会教育发展的方向。

（二）社会教育法律的制定完善阶段

随着《日本国宪法》（1946 年 11 月颁布）、《教育基本法》（1947 年 3 月颁布）、《学校教育法》（1947 年颁布）、《地方自治法》（1947 年 4 月颁布）、《教育委员会法》（1948 年 7 月颁布）的先后出台，拉开了日本战后教育行政制度改革的序幕，但有关社会教育的法律制定，要稍晚一些。如前所述，日本教育改革委员会于 1948 年 4 月提出了《关于振兴社会教育的方策》，其中强烈要求国家应大幅度增加社会教育经费；迅速立法，整备物质、人员条件；以市町村区域为单位设立公民馆，由市町村公民委员会进行管理等。文部省立即采纳了这一建议，着手拟订《社会教育法》，并于 1949 年 4 月向国会提交了草案。拟订《社会教育法》为日本社会教育的发展铺平了道路。当时的文部大臣在说明提案理由时说到，"社会教育本来就是由国民相互进行的自主性自我教育"，同时也为社会教育下了一个初步的定义。

《社会教育法》在参众两院得到修正和通过，并于 1949 年 6 月颁布。

之后，还陆续颁布了《图书馆法》（1950 年 4 月）、《博物馆法》（1951 年 12 月），为日本社会教育的发展奠定了坚实的法律基础。这一阶段日本社会教育还可以再细分为三个时期，即从 1949 年《社会教育法》的制定，到 1959 年该法的修正为第一个时期；从 1959 年到 1971 年社会教育审议会提交《关于应对社会构造急剧变化的社会教育应有状态》的报告为止为第二个时期；社会教育审议会之后为第三个时期。

1949—1959 年，有关社会教育主事的法律规定逐渐明确。1956 年 6 月，颁布了《地方教育行政组织及运营法》，废止教育委员的公选制，社会教育主事的地位也发生了改变。此外，1959—1971 年的社会教育审议会答询，从制度上规定了市町村必须设立社会教育主事，从法律上承认他们对社会教育有关团体的辅助作用。同时，这期间也公布了设立、管理公民馆的基准等，为振兴社会教育制定了具体的准则，并以此为依据推进社会教育事业的发展。从社会教育审议会之后直到 20 世纪 80 年代的 10 多年里，前半期恰逢日本经济高速增长期，社会教育取得了异乎寻常的发展；后半期受经济低迷逆波影响，人们开始思考社会教育的原点与本质，尝试从新的视角推进社会教育的现代化。

关于社会教育职员。原《教育委员会法》施行令第十六条规定，社会教育主事接受上司命令，负责有关社会教育的视察、指导及其他事务。1951 年 3 月《社会教育法》修订，社会教育主事的职责又有了细微的变化，即"给予从事社会教育的人以专门的技术性建议和指导，但不得发号施令和进行监督"。为提高社会教育主事的素质，1951 年 7 月文部省开始举办社会教育主事讲习。第一次的讲习长达 3 个月之久，其讲习科目及日数如下：社会教育概论（3 天），社会教育史（4 天），教育社会学（3 天），教育心理学（4 天），社会教育行政及社会教育财政（7 天），社会教育和政治、经济（3 天），社会教育和科学、道德、艺术、宗教（4 天），职业教育及职业指导（3 天），参观（2 天），社会教育方法论（6 天），体育及娱乐（3 天），选修课程（10 天），工作现场研究（40 天），研究报告及讨论（5 天）。这充分反映了当时日本社会教育发展对社会教育主事的期待与要求之高。后来，文部省又修改了社会教育主事讲习等规程，缩短了讲习时间。1959 年 4 月，《社会教育法》又进行了大幅修订，其中明文规定市町村必须设立社会教育主事。不过，由于各市町村对修订法律后新法生效的时间规定不同，导致各地方当局对必须设立的热情锐减。对受市町村教育委员会委托的特定领域，从 1972 年开始，由国库资助设立了特勤社会教育指导员，从事直接指导、学习磋商及扶持社会教育有关团体的工作。这对充实社会教育审议会之后的社会教育内容，具有划时代的意义。关于这些社会教育指导员的培训和进修问题，1965 年 7 月由文部省设立的国立社会教育研修所负责，并保持同民间团体、市町村和都道府县的指导者培训和进修工作密切联系，以期取得协同效果。

关于社会教育设施。1959 年 12 月，文部省发布《关于公民馆的设置及运营基准》，揭开了社会教育规模扩大时代的序幕。人们期待社会教育设施的发展向远远超过公民馆规模的方向跃进，因此不难解释 1978 年日本国库开始资助修建县立综合社会教育设施（即社会教育中心）。此前 1958 年由国库出资修建的青年之家也与充实青年班、发展职业教育的理念有关，青年之家的目的在于通过让学生集体住宿，在相互教育中来提高职业和技术教育的水平。1972 年 4 月，文部省社会教育局发布《关于国立青年之家的管理经营事宜》的通知，教育目标更集中于精神、教养、情操、体力等方面的培养。与此同时，少年在日常生活中接触自然的机会也在变少。基于此，从 1970 年起，开始由国库资助修建少年自然之家，通过在大自然中集体寄宿生活来增加他们从大自然中获得教育的机会。青年之家、少年自然之家同儿童文化中心一样，是日本享誉世界的青少年社会教育设施。儿童文化中心是作为儿童的校外活动场所，以陶冶情操、普及科学知识、提供优良的文化资源为目的而设立的。这些青少年教育设施，作为家庭、学校、社会"三位一体"进行综合性教育活动的场所，对青少年的成长意义深远。

1977 年 7 月，文部省设立国立妇女教育会馆。以此为契机，从 1978 年起，国库拨专款支持 30 万人口以上的城市设立公立妇女教育会馆。此外，为真正发挥视听觉图书馆的职能、全面提供学习机会，从 1973 年起，由国库出资建成视听觉中心等机构。可以说，这个时期是加速充实壮大社会教育设施的时期。遗憾的是，由于过度重视规模建设而忽视了质量提升，因此在管理经营水平、服务区域、机构间的职能合作及担任领导职务的职员素质等方面，存在很多问题。

关于学习班与讲座。这个阶段，社会教育出现了多种多样的形式和风潮。第一个是国立大学等受命开设了三种讲座，即专门讲座、暑期讲座及文化讲座。专门讲座是由文部省委托国立大学开设的，目的在于通过对大学所在地区的民众传授专门知识和技术，从而促进地方文化的发展。授课时间在 40 小时以上，收取听课费。暑期讲座只限暑期开设，同样以提高民众的文化素养为目的。文化讲座由文部省委托国立大学及高级中学开设，以提高成人的基本文化素养为目的。在这三种讲座之中，暑期讲座和文化讲座于 1952 年因经费预算问题而被取消。专门讲座于 1961 年并入"学校开放等各种讲座"之中。起初，学校开放涉及大学、高中、初中、小学等各级学校，后来统一合并为大学开放讲座和高中开放讲座两种。后者于 1969 年被废止，前者从 1976 年起，转为在国立学校特别会计制度下实施。

第二个是母亲班风潮。母亲班的宗旨，正如 1945 年 11 月社会教育局发布《关于昭和 20 年度妇女教养的设置事宜》中所明示的那样，由于战争刚刚结束，国民生活面临诸多困难，为适应这一情况，应该在努力提升妇女人格和修养的同时，促进家庭生活的科学化。1966 年 7 月社会教育局公布了《关于委托开设昭和 41 年度妇女教养设施母亲班事宜》的规定，强调该设施"不应该仅仅是为母亲，而是为父母双亲的学习所用"。此后，设施名称也发生了一些变化，改为双亲班、市民学校、民众学校等。后来还发展成为家庭教育班，这种家庭教育班并不干涉家庭教育所具有的私人性，只是作为响应双亲教育发展要求而建立起来的学习组织。

第三个是成人班风潮。正如 1945 年 11 月社会教育局发布《关于对一般壮年进行社会教育的实施纲要》所明示的那样，这一潮流也是发生在战争结束后不久。成人班、成人学校的名称来源于市民教室、市民学校、兴趣教室等。1961 年，有关部门开始针对市町村居民开办成人学校。1971 年，这一活动中断，转而开展振兴成人教育事业的研究活动。其后，这一研究取得丰硕成果，1977 年又开设了成人大学讲座。

第四个是国民科学讲座风潮。国民科学讲座是以日本国民学习和掌握有关产业、生活的科学知识和技术，促使他们开展生活实践为目的而开设的。讲座场所指定为拥有产业教育设施的高中及拥有实验、实习设施的各种实验所、研究机构等。学习内容是科学教育，包括农业、牧业、渔业、商业的经营管理及一般教养等。国民科学讲座在 1961 年学校开放等各种讲座的开设背景下因技能审查被取消，再也没有恢复开设。

第五个是班级讲座潮流。班级讲座有如下几种形态：其一是青年班。1948 年前后，日本劳动青年自发开展了共同学习活动。青年们由于 1948 年 3 月青年学校被废止后产生了空虚感，伴随着教育民主化运动，转化为自主学习的活动。当时的初中毕业生中半数都不能升入高中，因而劳动青年非常多。1953 年 8 月的《青年学级振兴法》，就是以此为背景制定的。当时日本全国已经有 1100 个青年班，参加学习的青年多达 100 万人。1963 年，日本政府协助开设了以 15—18 岁青年为对象的劳动青年学校（1971 年被废止）。1970 年又开始协助开设青年教室，后来又推进以青少年为对象的学习活动，举办了形式多样的青少年班级讲座。其二是妇女班。妇女班始办于 1954 年，其雏形为文部省委托开办的指定研究社会班。1976 年，日本国库开始出资对"妇女志愿者活动促进事业"进行援助，让志愿者参加培训讲座，进行必要的学习。其三是老年班。各市町村受文部省委托开设的老年班始于 1965 年，直到 1971 年中止。此后，在《促进老年学习活动的方策》指导下，各地又开展了两年的研究活动，这一活动促使老年班再度开展起来。1978 年，文部省开始推进有效利用老年人力资源的事业发展，为学有专长的老年人开办讲座，以便提高他们充当社会教育指导者的素质。

关于社会教育的方法。社会函授教育最初是依据 1949 年颁布的《社会教育法》开展起来的。1949 年 10 月和 1950 年 6 月，分别制定了《函授教育认定规程》和《函授教育认定基准》，日本社会函授教育开始走上规范化的发展道路。1961 年 7 月，社会教育审议会以《关于扩充社会函授教育的种种方策》为题，回答了社会各界的问询，其中指出社会函授教育要扩充课题；完善教育内容和学习指导工作并赋予资格；改善实施机构的条件和经营管理水平；强化官方的援助与指导；各有关机构之间加强联系与合作等。1962 年文部省又修订了具体的规程与基准。此后，民众皆可随时接受社会函授教育。此外，1955 年各地图书馆开展了对劳动青少年的读书指导与知识普及工作。1959 年文部省又在社会教育审议会中设立了读书指导分科会，着手选定面向青少年的图书，并开展了面向青少年的制作、发行工作。

关于终身教育的新特征。日本中央教育审议会于 1981 年 6 月做了《关于终身教育》的报告，其影响之大出乎意料。如果从观念层面来看，1981 年是终身教育思想确立的元年，那么 1982 年就是终身教育行政工作的元年。其实，早在 1975 年时任首相的三木武夫就提出了以生命周期计划为名的教育终身设计的构想。在政府预算编制层面上，也已经出现了终身教育的名目。在文部省社会教育局编制的 1976 年教育财政预算中，就已经把促进社会教育事业发展预算列入终身教育事业的充实与终身教育情报的提供等名目中。此外，1976 年开始的青少年地区活动，以及母与子的公民馆活动，都是为顺应终身教育发展要求而开展的社会教育工作，这些活动成果开创了未来日本社会教育的新局面。

第二节　日本社会教育实践的现在

当前，日本学界普遍将社会教育定义为援助、组织地区居民进行自我教育活动的实践形式，其中自我教育活动有助于个体社会性及公共性的养成，是个体现代性人格形成的必由之路。因此，用历史的、发展的眼光把据日本社会教育概念的内涵，有助于我们深刻理解当今日本社会教育实践的定位及其特质。

一、日本地域性社会教育实践的构造

为了深入探究当前日本社会教育的实践构造，我们对此做过一个田野调查。此项调查①是由东京大学社会教育学·终身学习论研究室与长野县饭田市公民馆合作开展的。2010—2011 年的调查重点是公民馆主馆的功能、社会教育职员的专门性等问题，2011—2012 年为继续深入调查各地区公民馆的具体实施情况，将重点放在了与居民生活紧密关联的公民馆各分馆活动上，没有分馆的地区调查与分馆同规模的共同体活动。

选取饭田市作为社会教育研究的调查个案，基于以下缘由：其一，具备深厚的文化背景。饭田市位于日本列岛的中央，长野县的南部。历史上的饭田就是连接南北、贯穿东西的交通要塞，多山多水的自然条件孕育了浓郁的风土文化，自古就有"信州小京都"的美称。其二，日本少子老龄化社会的缩影。截至 2018 年 11 月 30 日，饭田市有 101868 人，40027 户。根据日本总务省统计局 2016 年公布的国势调查结果，饭田市人口总数比 5 年前减少了 3.6%，15 岁以下的人口占比 13.5%，15—64 岁的人口占比 55.2%，65 岁以上的人口占比 31.3%。其三，非常重视社会教育的发展。人口的少子老龄化首先带来的就是社会抚养负担的加重。据《高龄社会白皮书》(2011)，到 2055 年，1 个有工作能力的年轻人要负担 1.3 个老年人。近年来日本政府支出的社会保障费逐年增加约 1 兆日元，约 679.6116 亿元人民币。值得一提的是，即使是在这样的背景下，饭田市教育预算中社会教育费的比例一直很高，甚至有社会教育费（1998）占总教育费一半以上的情况，基本上维持着与学校教育费用持平的高标准。其四，积极应对

---

① 日本长野县饭田市的社会教育实践调查是日本东京大学大学院教育学研究科社会教育学·终身学习论研究室自2010年起实施的田野调查。笔者于2011—2012年也有幸参与其中，文中的相关资料和数据来源于整个调查小组的调查结果。

时代挑战与全力解决地域课题的姿态，受到了众多研究机构的关注。截至 2010 年，已经与 22 所大学合作开展调查研究，是 3 所大学的实习基地，饭田市长还亲自在东京大学举办过特别讲座。

以 2011 年的调查为例，这项调查主要采用了半结构式访谈，两条线同时进行。第一条线是由牧野笃教授、李教授及新藤老师带队，助教 1 名、大学院生（研究生）7 名，共 11 人，分别于 2011 年 6 月 23 日—6 月 25 日、10 月 13 日—10 月 16 日、10 月 26 日—10 月 29 日，对饭田市公民馆分馆活动及其他社会教育实践活动进行了为期 11 天的访谈。饭田市公民馆负责人一行也分别于 2011 年 5 月 16 日与 6 月 6 日、2012 年 1 月 10 日与 4 月 19 日来到东京大学参加了共同学习会，讨论前期调查活动的安排及后期报告书撰写的意见反馈。第二条线是于 2011 年 9 月 26 日—9 月 29 日，由牧野笃教授、李教授及新藤老师带队，大学院生 2 名、学部生（本科生）22 名共 27 人，赴饭田市进行了以学部生为主的社会教育调查实习活动。第一条线调研的针对性更强，第二条线跳出了公民馆的视野，从城市发展的大背景下思考，全面展现了饭田市的社会教育实践活动。

以笔者所参与第一条线第二次饭田市调查的访谈日程安排为例（见表1），访谈对象包括各地区分馆长及社会教育团体负责人。访谈主要思路：其一，访谈公民馆负责人及各部委员，内容主要集中于社会教育主事与职员的选出办法、公民馆的财政预算、公民馆与地区其他诸团体的关系、公民馆分馆的活动及其与主馆的关系等；其二，访谈其他社会教育组织、团体的负责人，内容有关于组织团体形成的历史机缘、组织内部相关事宜（诸如成员的构成、选出办法，职能的分担，活动的资金来源及分配）、活动的主要内容（诸如组织与其他团体的协作、与公民馆的关系、活动的频率）等。饭田市公民馆及各社会教育团体还提供了大量的文字材料用以补充访谈获得的语音资料。

表 3-1　饭田市社会教育调查访谈日程（2011 年第 2 回 A 组）

日程	场所	被访谈对象	主题
10月13日（星期四）			
14时—15时30分	切石分馆	夏目××（切石分馆长）	分馆活动情况
18时—19时30分	下山公民馆	村泽××（下山分馆长）	分馆活动情况，参观狮子舞练习
19时30分—21时	下茶屋公民馆	熊谷××（下茶分馆长）	分馆活动情况
10月14日（星期五）			
9时30分—11时30分	鼎公民馆	森本×××（妇女团体联络协议会代表）	妇女团体联络协议会活动及鼎地区女性地域活动参与情况
13时30分—15时	上乡公民馆	池田×××（上乡食生活改善推进协议会会长）	团体活动情况
15时30分—17时	上乡公民馆	小林×××（上乡妇女会会长）	团体活动情况
19时30分—21时	鼎公民馆	吉川××（中平分馆长）	分馆活动情况，参观狮子舞练习
10月15日（星期六）			
10时—11时30分	饭田市消防团第16分团本部	福泽××（饭田市消防团第16分团团长）	消防团活动情况
13时—14时15分	北条振兴中心	汤泽×（北条分馆长）	参观北条文化展，分馆活动情况
14时30分—15时45分	多世代交流广场	井坪×（下黑田南分馆长）	参观下黑田南文化展，分馆活动情况
16时15分—17时30分	丹保研修中心	矢泽××（丹保分馆长）	参观丹保文化展，分馆活动情况
19时—21时	今田人形剧馆		欣赏今田人形剧
10月16日（星期日）			
10时—11时30分	上黑田集落中心	北村××（上黑田分馆长）	参观上黑田文化展，分馆活动情况
11时45分—12时30分	下黑田东共同体消防中心	小平××（下黑田分馆长）	参观下黑田文化展等
12时30分—14时15分			参观狮子舞纪念活动
14时30分—15时45分	南条集落中心	高田××（南条分馆长）	分馆活动情况

资料来源：东京大学大学院教育学研究科社会教育学·终身学习论研究室调查日志（2011）

　　本调查的信息收集与分析主要分以下步骤：（1）调查小组成员与饭田市公民馆负责人全部列席参加共同学习会。会上听取饭田市公民馆馆长及各部委员关于饭田地区公民馆实践活动大体情况的介绍，并收集相关资料。（2）调查小组成员 11 人分成 A、B 两个小组，分别由牧野笃教授、李教授及新藤老师带队，同时走访饭田市各地区分馆收集材料及访谈分馆负责人与其他社会教育团体负责人，并对访谈内容进行了录音。（3）通过对录音文字转化及提炼分析，并经反复讨论修正，调查结果最终以报告书——《支撑自治的活力与公民馆：以饭田市公民馆分馆活动为例》的形式呈现，详细生动地反映了饭田市各地区以公民馆活动为代表的社会教育实践活动的面貌与现状。

　　通过调查，饭田市的社会教育实践活动根据实施主体大体可分为以下三类：一是作为非正规教育的公民馆活动。日本社会教育学者小川利夫曾断言，"公民馆的历史就是（日本）社会教育的历史"。因此，日本社会教育实践发展史中，公民馆的贡献功不可没。饭田市的公民馆活动，最大的特色就是地域自治及实践先行。经过昭和大合并与平成大合并的行政体制改革之后，目前饭田市拥有 20 个地域自治区。每个自治区都独立设立一个公民馆，根据居民的基本生活单位又设立分馆共 105 个，由此形成了饭田市的公民馆体制。各地区的公民馆都配置有一名专职负责人，与居民公选出来的兼职馆长、各部（文化部、体育部、宣传部等）委员共同承担公民馆事业的管理和运营。饭田市公民馆的主要功能有：联络和调整各地区公民馆事业；基于新的地域课题或者生活课题展开活动，并向各地区公民馆普及；培养社会教育事业的指导者等。依据 1973 年的公民馆运营基准，公民馆的定位主要基于以下四点：地域中心、并列配置、居民参加及组织自立。这种定位反映出，对于地区居民来说，与其说公民馆是一种社会教育设施，不如说它是社区居民生活的支撑、感情的寄托、活动的场所及社区精神的所在。比如，以往的饭田市文化馆仅做场地租赁之用，自 1996 年起发生了角色转变，开始与饭田市交响乐团及著名的戏剧家合作，号召饭田民众 7000 有余，共同上演了舞台剧——《风越公主和她的伙伴们》，开启了以市民为主体的戏剧创作活动。如今，文化馆已然变成了活动馆，每年都在积极主动地开展活动。特别是每年 8 月举办的饭田人形剧节，是日本最大的人形剧庆典。此外，各地区分馆的活动也很丰富，如仅鼎地区公民馆举办的文化、体育活动就有 10 余项。此外，还有馆报《鼎》一年 4 次的发行宣传活动等。

二是作为正规教育的社会教育机构的实践。饭田市龙丘地区有很多老年社团，但由于长期以来缺少有力的组织者及墨守成规，逐渐呈现衰退之象。基于此，当时的龙丘公民馆长以创设地方终身学习基地为出发点，招募了众多协助者（包括龙丘青年会的活动家、市民活动的热心者等），共同设立了龙丘老年学校。1995 年 7 月 16 日，龙丘地区的老年人有了自己可以进行"主体性学习的场所"。龙丘老年学校的入学年龄为 60 岁以上，与一般的老年人教室不同的是，老年学校没有修业年限，只要身体健康可以一直在学。目前共有学生 160 余名，被分为 24 个班，每 2 年根据实际情况重新编班。学校以每月一次的讲座为中心开展活动，从文娱性强的运动体验、艺术鉴赏到认知障碍等与老年人切身相关的健康知识普及，讲座内容全面广泛。此外，每年有 1—2 次远足和修学旅行。龙丘老年学校的社会教育活动最大的特征是全部由学校的老年人自发组织、自主管理，目前学校内有 15 个社团分别负责组织开展各自领域的活动。龙丘老年学校非常关注老年人学习方式和学习需求的差异。老年人有着独特的学习观与教育观，他们的学习需求与目标的落脚点在于人际关系的重构。因而，老年人的自身实践这种主体性活动本身就是龙丘老年学校的学习方式。

三是作为非正式教育的地缘、志缘组织的活动。饭田地区的地缘及志缘组织众多，如致力于宣传推广节约能源的非营利组织太阳新能源株式会社、致力于保存发展传统狮子舞表演文化的下山狮子舞保存会、致力于让儿童爱上阅读的童书研究会、致力于提高母亲的教养和素质的饭伊妇女文库等，其中最引人瞩目的当数伊那谷自然之友会。伊那谷自然之友会于 1985 年 11 月创立，是一个关心、热爱伊那谷自然风光的同好者组织，以伊那谷自然环境相关活动与美术博物馆活动为中心展开研究。会长、副会长、常任委员、干事等都是通过选举产生，其中常任委员制定一年的活动规划。

目前所属会员约1200人，一年举办约50次活动（几乎每周都有），一年发行6本会刊，是一个较大规模、高活跃度的志缘组织。一般而言，饭田的市民活动大多是通过公民馆进行的，而伊那谷自然之友会的事务局及活动场所是饭田市美术博物馆。也正因此，它体现出了与公民馆活动的相异点，甚至可以说伊那谷自然之友会其实是博物馆活动。活动内容主要涉及生物领域与地质领域两方面，活动形式主要是观光（屋外活动）和讲座（屋内活动）。此外，每年还会举办一次自然史报告会。

通过上述对饭田市社会教育实践活动的介绍，我们发现日本社会教育实践活动呈现出多层次、多侧面的构造，其中以作为非正规教育形式的公民馆实践活动为主线，涵盖了开放讲座、市民学校等正规教育及有关教养、运动、文化等志缘、地缘团体的学习活动等非正式教育。无论选择哪种教育形式，都离不开个体的自我教育，只有个体借助社会教育实践重新认识了自我及周围世界，并在此基础上能够运用理性来改造世界，才能真正实现社会教育的目的，成为一个教育自治的主体。因此，在参考北海道大学研究者铃木敏正关于日本地域性社会教育实践构造（见表3-2）的思想基础上，明确了日本社会教育实践的特点，即"为了地域社会""通过地域社会"及"与地域社会一起"。将地域社会的发展既看作是社会教育实践的目标，又将其视为手段，同时它还是过程本身。社会教育发展和人的发展及地域社会发展本应是一个统一的过程，是一个完全可以实现共赢的良性循环。

表3-2　日本地域性社会教育实践构造 ①

社会教育实践形式	人的发展和地域社会发展的融合过程				面向未来的教育规划
	开放的教育形式	为了地域社会的教育	通过地域社会的教育	与地域社会一起的教育	
正规教育（Formal Ed.）	市民大学·开放讲座	上门讲座	学习条件的改善	负责人养成的自治学习	制订自治体终身学习计划

① 铃木敏正. 新版生涯学習の教育学：学習ネットワークから地域生涯教育計画へ[M].東京：北樹出版，2008：202.

社会教育实践形式	人的发展和地域社会发展的融合过程				面向未来的教育规划
	开放的教育形式	为了地域社会的教育	通过地域社会的教育	与地域社会一起的教育	
非正规教育（Non-formal Ed.）	地区公民馆活动	移动图书馆、区域性福利活动	学习援助活动网	社区建设教育、社区发展计划	制订地区社会教育计划
非正式教育（Informal Ed.）	教养·运动·文化团体活动	生活·社会问题学习	自我成长史学习支援者	非营利组织社区建设、劳动·生产学习	制订各团体学习计划
自我教育过程	重新认识周围的世界（意识化）		重新理解自我的世界（自我意识化）	共同创造世界（理性的形成）	成为教育自治的主体（自我教育主体的形成）

具体而言，"为了地域社会的教育"具有强烈的目的性，社会教育中本应蕴含促进社会发展、协助社会治理的功能，是社会教育的应有之义。"通过地域社会的教育"体现的是路径、方法和手段，指向的是借助地域社会发展来实现居民的发展。"与地域社会一起的教育"反映的是过程性，体现了社会教育的过程就是居民和地域社会共同成长的过程。三者的统一很好地体现了日本社会教育的定位，即通过号召居民参与教养型的社会教育实践来激发民众的自我教育意识，从而实现基层社会建设的目的。

二、日本社会教育实践的定位

首先，日本社会教育是一种教养型的公民教育。通过对饭田市社会教育实践活动的全面了解，可以发现日本社会教育的定位是很明显的，体现在培养公民这一教育目的上。其实，战后初期第一任社会教育局长关口泰就曾提出战后日本的国家重建需要充分发挥社会教育的公民塑造功能。公民教育是为了培养好公民自不待言，但对于什么样的人才是真正的好公民这一问题，在不同时代、不同国家有不同的理解。东方社会大多受儒家文化影响，认为好公民应体现在责任的落实上，而日本的好公民培养体系倾向于责任伦理教育，强调共同体认同。也就是说，好的日本公民是一个有强烈社会责任感的人，具备他者立场，还要拥有能为他人、为社会分忧解难的素养。因此，日本社会教育侧重于提升公民教养，是教养型的公民教育。日本《社会教育法》第三条明文规定："国家及地方公共团体……必须努力创设环境促进与民众实际生活相匹配的文化素养的提升。"亦如冈本薰所言，日本的新社会教育不同于作为劳动者继续教育的经济发展型西欧模式，也不同于作为成人识字教育或基础职业教育的发展中国家模式，社会教育的日本模式是为了获得"心灵富足"与"生存意义"的一种"闲暇式学习活动"，是一种教养型教育。教养的概念设定很容易给人一种享乐的错觉，其实并非如此。它与以往知识积累式的社会教育理念不同，教养教育重在"把对知识的好奇作为学习的诱因"，更关注素质养成的连续性。近年来，也有将"教养"作为关键词，从教育史及近现代史的角度重新思考社会教育实践活动的研究趋势。当然，对教养的理解也应该有性别差异，如饭田市男性青年团活动就重在政治修养或行政素养的养成，女子青年团则更侧重兴趣的培养或妇德涵养的养成等，对教养的理解与重视也是饭田市社会教育实践兴盛，甚至成功的关键。可见，"不为经济、产业或就业，只为文化素养提升"的公民教育，一直是日本社会教育实践的思想根基及社会定位。

其次，日本社会教育强调居民的教育自治意识。公民素质也体现在社会实践自治中，通过自治性的社会教育实践，在相互教育的过程中激发民众自我教育的潜力，进而促成民众公民素质的养成及教养的提升是日本社会教育目标的实现路径。战后初期第二任社会教育课长寺中作雄就已提出了"自我教育、相互教育才是社会教育的本质"的社会教育观。岛田修一与藤冈贞彦在其编著的《社会教育概论》一书中将社会教育的研究对象明确为"社会教育实践"，将社会教育定义为"组织成人自我教育活动的行为"。因此，日本的社会教育实践通常都是自主办学、自我管理，并且非常强调民众的自我教育。饭田市的社会教育实践就鲜明地体现了战后日本将社会教育"作为居民权利"的宪法基本思想，以公民馆为中心的实践活动多是地区居民自己组织和实施的，居民一边了解与地区生活密切相关的知识和问题，一边逐渐成为学习的主人，对所要学习的内容进行甄别、选择和编制。以公民馆活动为例，不管是公民馆负责人提议、经过采集民众意见之后开展的活动，还是居民自己提议、修正，在取得共识的基础上共同组织的活动，最后都是要在居民自己组织的基础上共同运营管理的，并且没有性别和年龄的限制。通过运动会、文化展、赏花节或者祭祀仪式等社会教育实践活动，居民之间的亲密关系及新的个体自我会悄然生成。这种蕴含在社会教育过程中的学习，不只是知识或技术的习得，更是自我潜能的开发及重新认识和评价自我的有效路径。事实上，无论居民参与的社会教育实践是正规教育也好，非正规教育抑或非正式教育也罢，社会教育实践的过程都是居民自我教育的过程，是居民知、情、意、行养成及其整体提升的过程。

再次，日本社会教育的最终指向是地域社会的建设。日本的地域社会概念相当于费孝通所言的乡土社会，指的是在一定的土地上聚集起来的生活共同体，如传统的自然村落或者以町内会（相当于中国的居委会或街道办）为单位的地区，也可以形象地理解为"老人和孩子可以走到的范围"或者"寺庙钟声可以听到的范围"。地域概念本身蕴含了对文化和传统的尊重，而经历了行政体制改革之后的土地区划使得居民随时可能会面临对文化的遗忘、对传统的不屑及地缘关系的疏离。通过在现有区划基础上的社会教育实践活动的开展，能够帮助民众重新燃起对本土文化的热爱，并在此基础上重构居民对地域社会建设的共同体意识。与面向全社会或全体国民的发展指向性不同，日本社会教育更多指向的是地域性和文化性。基于此，日本社会教育实践既面向现实，又容易操作，并且具有鲜明的地区特色。它解决的是本地区的问题，促进的也是本地区的发展。随着经济的高度发展及工业化进程的加快，与人们的生存与生活密切相关的健康、环境等问题日益严峻。地域社会的可持续发展依赖于这些地域性课题的研究及解决。以饭田市为例，虽然它是个具有深厚文化传统的自治体，并且在社会教育实践方面拥有丰富的经验，但其同时也面临经济结构的调整、人口的大量减少、高龄人口的激增及地缘组织的解体等导致地域自治力低下的危机。在此背景下，饭田市要发挥地区居民的主动性和自立性，活用饭田的地区资源，培育自信独特的饭田人，以此作为饭田市社会教育实践活动的动力和目标，即所谓的地育力。作为基础自治体的饭田市町村各级政府通过奖励、支持居民主体的社会教育活动，从而实现了居民个体成长与地区发展的统一。社会教育实践活动的丰富及形式的多元，不仅可以为居民的自我教育活动创造条件，激励地区的每个民众积极参与社会事业及行政事务，发展出具有协同性、协动性及共同性的和谐学习共同体，而且在此基础上，可以促进区域社会的建设和发展，使得地方社会的可持续发展成为可能。

三、日本社会教育实践的特质

饭田市的社会教育实践活动也反映了日本地域性社会教育的特征，即基层治理性、依法治教性、全面参与性及独立自主性。基层治理性反映了日本地域性社会教育是日本基层社会治理的重要途径。依法治教性反映了日本地域性社会教育理论研究和实践开展严格按照法律实施，有着制度层面的保障。全面参与性体现了日本地域性社会教育全面开发、利用并整合全体社会资源用于教育实践的特质。独立自主性表现为日本地域性社会教育行政的独立性、机构设置的自立性、职员资质的专门性及组织活动的主动性等。

一是基层治理性。日本地域性社会教育是"以地方社会发展为导向"的社区治理型。它侧重地域性社会问题的解决，是日本基层社会治理的重要途径。随着经济的快速增长和城市化进程的加快，城市开始与周边的城镇、村庄合并。饭田市也以 2005 年的市町村合并为契机，在原有的地域自治基础上，尝试推进了地方自治分权型行政体制改革。合并改变了原有的行政区划方式，随之而来的是对教育资源整合及福利安全、保健卫生事业相关行政效率的更高要求。居民与自治体行政越来越疏离，对地区的向心力锐减，地缘共同体疲敝。居民与地域社会的联结越来越少，地域社会面临消解之势。因此，思考如何集地方自治之力重构地域社会成为社会教育实践的重心。可见，日本社会教育最终指向的是社会层面的重构与治理。

二是依法治教性。第二次世界大战后社会教育的飞速发展得力于日本政府对社会教育法制化建设的重视。依据新《日本国宪法》精神制定的《教育基本法》（1947）中关于社会教育（第七条）的规定和之后相继颁布的《社会教育法》《图书馆法》《博物馆法》及《社会教育法》1959 年的修订，都反映了行政上将社会教育"作为公民教育"的思想与积极实现"社会教育自由"的努力，为战后社会教育事业的发展提供了思想上的指导与决策上的保障。1971 年社会教育审议会的报告《关于应对社会构造急剧变化的社会教育应有状态》及中央教育审议会的报告《关于今后综合扩充与整顿学校教育的基本措施》，也为各地方政府指明了社会教育的发展方向。20 世纪 70 年代以后，日本将终身教育作为社会教育行政改革的指导原则，也体现了社会教育实践发展严格按照法律来实行的特质。

三是全面参与性。日本社会教育全面贯彻了公共参与理论，体现了其全面开发、利用并整合全体社会资源用于教育实践的特质。1963 年大阪府枚方市首先颁布了"社会教育面向全体市民"的《枚方宣言》。这一地域性社会教育行政方针的提出，标志着社会教育实践思想开始发生质的转变。社会教育不再是某些人的专利，而是所有人的教育权利。社会教育实践也开始由以往自上而下贯彻行政命令开始向地区居民自动自发地组织开展活动转变。全面参与首先是指参与主体的全面性。地区居民不论男女老少都有资格和权利参与其中，而且社会教育实践注重家庭、学校、企业及社区之间的通力协作。其次，参与不仅仅意味着参加，还要反映参与内容的全面性。比如，地区居民可以给予社会教育实践以资金的援助，也可以提供建议、贡献智慧；市民多元主体可以共同企划，还可以帮助收集情报、发布信息等。此外，民众自治团体还可以给予行政层面以一定支援。比如，前文提及的由市民出资兴办的太阳新能源株式会社，就是一个由多元主体共同参与、协同经营的社会教育事业，体现了鲜明的全面参与性。

四是独立自主性。日本社会教育具有鲜明的自立性，具体体现在教育行政的独立性、机构设置的自立性、职员资质的专门性及组织活动的主动性等方面。例如，饭田市于 2011 年在全日本率先提出了自立生活圈的构想，即《中心市宣言》，致力于创建"文化经济自立都市"。文化自立指的是创生具有地方特色的文化共同体，经济自立的含义是指通过区域内农工商的连携，实现地产地消，尽最大可能不依赖政府的财政体制。围绕这个发展目标展开社会教育实践也因此表现出强大的自立性，不仅其社会教育行政管理体制秉承一贯的相对独立性，而且作为"基于社会教育法的独立机构""居民自治的场所"的公民馆也体现了其自治组织的自立性。社会教育职员的培养、任命与选拔都有严格的标准和程序，参加者的主体性及活动的独立性都越来越高，有些组织团体（如龙丘老年学校）甚至为了保持自主、自立的活动精神而放弃申请政府的补助金。

第三节　日本社会教育实践的最新动向

当前日本已经进入超高龄高度消费社会，最明显的特征是人口结构的超高龄化及社会价值观念的多元化与即时性。社会发展促使其本身放弃了以连续性与一贯性为基础的自反性特质，以往工业社会的社会惯例与思维方式开始出现不适应。在这种社会里，人们的生活方式发生了变化，人的发展与社会教育的内涵也与以往有了很大不同，甚至人的存在本身也呈现出了新的特质，表现为一种非自反性的存在。为了顺应超高龄高度消费社会的发展，促进回归教育和终身学习的全面展开，日本社会教育实践方向有了一些新变化。在此，我们了解一下当前日本社会教育实践发展的时代背景。

一、日本社会教育实践的社会背景

日本社会教育发展的社会背景，我们可以从几个维度去展现。按照社会性质来分析，我们可以将当今日本社会定位为高度消费社会或者后工业社会。此外，"超高龄社会"及"超智慧社会"（Society5.0社会）通常也是形容日本当今社会背景的重要关键词。

（一）高度消费社会

日本已经进入了高度消费社会。工业社会中人们的行为是以生产、生活所依赖的时间性和场所性作为基本特征的，而消费社会中人们的行为是以价值消费的即时性与多元性作为基本特征。根据鲍德里亚的说法，生活在当今资本主义社会中的人们，因为"受到物的包围"而越来越成为一种"官能性的人"。鲍德里亚甚至断言："我们处在'消费'控制着整个生活的境地。"作为消费主体的人在消费结构中被控制和盘剥。"我们这个'消费社会'的特点:在空洞地、大量地了解符号的基础上，否定真相。"[1] 他认为，生产的社会已经让位于消费社会。在当今西方资本主义社会里，生产主人公的地位已经被消费主人公取代。因此，可以得出当代资本主义社会的根本结构和基础已经从生产主导转向消费主导的现实判断。

首先，今天消费社会中物质生产塑形的性质被颠倒了。由于生产与消费的关系被颠倒，生产塑形的目的不再是功能性的实用，而是为了使商品在消费中死亡。在今天的物质生产链条中，资本家会为创造出技术性缺陷及故意的技术性破坏使得生产永远是未完成状态，这是消费代替生产的根本办法。正如瓦纳格姆所言，"不成熟性是可消费物的法则"[2]。消费的真相在于它并非一种享受功能，而是一种生产功能。作为一种符号操控下的意识形态塑形，消费逻辑最大的问题是，其中缺乏创造物的象征价值和内在

---

① 　[法]鲍德里亚. 消费社会[M]. 刘成富，等译. 南京：南京大学出版社，2000：13.
② 　[法]鲁尔·瓦纳格姆. 日常生活的革命[M]. 张新木，等译. 南京：南京大学出版社，2008：114.

关系，它完全是外在的。物品丧失了其客观目标和功能，变成了一个物品特征的组合，丧失了其象征意义。换句话说，消费的虚伪和反动，恰恰在于它剥夺了物品和人存在的真实"象征价值"。消费是一种积极地构建关系的方式，是一种系统的行为和总体反应的方式。大型技术统治组织引起了人们无法克制的欲望，从而形成了用以取代旧的不同阶级区分的新的社会阶级。

正如马歇尔·萨林斯在《初级的丰盛社会》一文中所提到的那样，被不足所控制，特别是被市场经济特有的不足所控制的社会，就是与原始社会截然相反的、我们这个生产本位主义的工业社会。生产得越多，人们就越在大量生产的过程中强调必要性，因而我们离人类目的性的丰盛社会越远。原始社会中的人们虽然过着绝对贫困的生活，但是他们不为物所困。原始社会中特有的集体性缺乏远见和时间上的浪费是丰盛的象征，在我们这个物质富裕的社会里而丰盛早已不存在。当代人越来越少地将自己的生命用于生产劳动，而是越来越多地用于满足自身需求及体验。对烹饪、文化、科学、宗教等的普遍好奇，便是"娱乐道德"，其中充满了自娱的绝对命令，去深入开发那些能使自己兴奋、享受、满意的一切可能性。

作为新生产力的象征，消费是一种主动的集体行为，是一种约束，是一种道德，也是一种制度。它代表着一种价值体系，具备这个概念所必需的集团一体化及社会控制功能。消费社会也是进行消费培训、面向消费社会驯化的社会——也就是与新型生产力的出现及生产力高度发达的经济体系的垄断性调整相适应的一种新的、特定的社会化模式。关于消费的一切意识形态都让人们相信，他们已经进入了一个新纪元。一场决定性的人文革命把生产年代与消费年代划分开来，这个年代终于能正视人的欲望了。但事实根本不是这样，生产和消费是出自同样一个对生产力进行扩大再生产并对其进行控制的巨大逻辑程式中的。这个程式的诡异之处在于，它是以颠倒的形态渗入人们的思想、伦理及日常生活之中。这种形态表现为对需求、心理、享乐、身体等进行解放。其实，消费者的需求及其满足都是生产力，因而物质丰盛和消费并不是已经实现的乌托邦。这个社会越来越需要有人作为消费者。消费社会状态下的市民社会的深刻矛盾在于，该系统被越来越多地生产出消费者的个人主义，以至于它自己同时受到诱导，变得越来越难以控制。这个矛盾只有通过利他主义意识形态的某种附加才能得以解决。

此外，还有一种非常现代的反消费症候群，实际上也是一种消费变体，而且它发挥着阶级文化陈情者的作用。消费关系不仅表现在自我与他人的关系中，而且是一种自我与自我的关系。消费社会既是关切的社会，也是压制的社会；既是平静的社会，也是暴力的社会。平静的日常生活持续地吸食着被消费了的暴力。因为纠缠着丰盛文明的不再是物资匮乏的威胁，而是脆弱性的威胁。高度的消费社会甚至出现了对富裕的抵抗，揭示了消费社会深刻本性中的另一个方面，即消极性。里斯曼针对美国青年，参照玛格丽特·米德定义的文化模式，谈及夸休特勒风格和皮尤布罗风格。夸休特勒们崇尚暴力、爱攀比，具有竞争性及过着富裕的生活，并在礼物交换仪式中进行无度消费。皮尤布罗们温和、警醒、善良，要求很少且容易满足。由此消费社会可以被规定为一种支配性文化，是无度消费文化和与世无争亚文化之间的形式对立。"今后将会有一个世界性的疲劳问题"，鲍德里亚如是说。饥饿与传染性匮乏是前工业社会的主要问题，疲劳与消极性则是后工业社会的集体症候，成为一个世纪新病症。这种疲劳至少意味着一件事情，即这个自以为且自视为总是朝着取消努力、朝着解决紧张、朝着更多的简单和自主持续前进的社会，事实上是一个充满了应激、紧张、兴奋的社会。消费的主人公们终将疲劳。从社会心理学的角度来看，可以理解为高度消费社会中的消费程式并没有实现机会均等和社会竞争的缓和，相反却使各种形式的竞争变得更加激烈、尖锐。在如此多的逆反约束下，个体失去了平衡。需求和期望之间不平等的社会失调使得这个社会变成了一个不适的社会。疲劳导致的低欲望可以理解为日本当代年轻人对这种社会生活环境的消极应答。

著名的日本管理学家大前研一曾经出版过一部社会观察类畅销名作——《低欲望社会："丧失大志时代"的新国富论》，副标题明确指出日本已经进入了丧失雄伟大志的时代。书中针对日本当下社会经济的现状和特点，将其他相似发达国家尚未遇到的社会问题，概要性地归结为一个词，即"低欲望社会"，其特征就是人口减少、超高龄化、失去上进心和欲望的年轻人越来越多等。这其实就是高度消费社会的某种极端呈现状态。人们的物质欲望越来越少的同时，却又感受不到自己存在的价值，好像是一种很难逃脱的虚无感，会直接导致心理上及精神上的不满足与失落。人们应该怎样从疲劳感和虚无感中解脱出来呢？这是日本社会教育发展所面临的新问题。

（二）超高龄社会

虽然说社会发展过程中的高龄化问题已经成为世界共通的问题，但是东亚地区的急剧少子化和高龄化及其带来的影响是巨大的，甚至被认为是人类 21 世纪所面临的最严重的挑战之一。根据日本总务省 2020 年 9 月 15 日发布的数据显示，日本 65 岁以上群体在日本总人口中的占比是 28.4%。通常我们以 65 岁以上人口在总人口中的占比超过 7% 作为进入高龄化社会的标志，超过 14% 作为进入高龄社会的标志，而将是否超过 21% 作为区分高龄社会与超高龄社会的标准，因此上述数据意味着日本作为世界上高龄化率最高的国家，已经进入了超高龄社会。其实，日本在 1970 年就进入了高龄化社会，从高龄化社会发展到高龄社会大概用了 24 年，从高龄社会发展到超高龄社会却只用了 12 年。根据日本国立社会保障和人口问题研究所的推算数据显示，日本老龄人口的比例还会持续增加。这样的速度令人震惊，这是社会工业化催生的结果。

急剧的老龄化问题反映的是人口的长寿化和少子化互为表里而带来的高龄者在总人口中所占比率激增的社会现象。2016 年日本社会的老龄化率为 27.3%，世界最高。2016 年日本人的平均寿命男性为 81 岁，女性为 87 岁，也是世界最高。此外，日本人的平均寿命在最近的 25 年间又上升了 5 岁。与日本刚战败时相比，平均寿命延长了 35 岁，与 100 年以前相比，平均寿命已增加 2 倍。那么，所有人都长寿的社会是个好社会吗？再来看一下新生儿的情况。目前日本的婴儿死亡率大约是千分之二。可以说，日本的婴儿死亡率是世界上最低的国家之一。这一数字在 60 年前大约为千分之四十，再往前追溯大约 100 年，是近千分之二百。也就是说，在那个时候新生儿中将近 20% 的婴儿不到 1 岁就夭折了。在那样的社会里，人们自然要多生产来确保婴儿的存活率。当然，当医疗条件的提高使人们认识到婴儿不容易死亡时，就会出现少生的趋势。这也是少子化的原因。因此，在世界人口爆发的地区，联合国等组织都会采取并展开降低婴儿死亡率的尝试和努力。悲观和恐慌的原因并不只是表面上的人口减少和老龄化，而背后是将人视为劳动力和购买力的市场观，本质上是将人视为了手段和工具。这也是传统工业社会只将扩大再生产作为社会进步正面表现的价值观念导致的。人们还没有从过度依赖社会、政府、企业及家庭的传统工业社会的观念和习惯中摆脱出来。

老龄化和少子化相伴而生，出现了一系列的社会问题。比如，日本社会当前的育儿困难现象。少子老龄化成为社会问题时日已久，舆论也一直在呼吁政府加强育儿支持，但公立托幼机构的增设问题迟迟得不到改善，城市中无园可上的幼童急剧增加，日本变成了产儿育儿困难社会。还有人指出少子化的根本原因是未婚率激增的问题。其背后是年轻人就业困难所导致的自立不安。日本现在有个"7040 问题"，即 40 多岁的未婚子女依靠 70 多岁父母养老金生活的状态。日本政府也开始出台措施加强对独居群体的服务保障工作，给独居者提供各种社会上的服务。社会保障制度及税收政策的改革也加剧了代际间的敌对关系，从而导致整个社会普遍弥漫着悲观气息。表面上看是因为医疗体制的不断完善带来的老龄人口增加及结婚率下降带来的少子化造成了人们对未来社会的不安情绪，但深究其因是日本社会依旧囿于过去粗放式经济发展时代的大量生产、大量消费、大量废弃的成功经验，没有建立起新的社会发展模式，从而迎接全球化和信息化所带来的社会结构转变的挑战。因此，在面对新生人口急剧减少、老龄人口急剧增加这种前所未有的社会现象时，日本社会没有找到正确的出路。

在超高龄社会里，还有一个很大的问题，就是失智症患者的激增。统计数据表明，日本失智症患者将会激增，这是日本政府当前所面临的严峻现实。2010 年，日本患失智症的高龄者有 462 万人，65 岁以上的高龄者中有 15% 是失智症患者。2025 年这一数字会上升到 730 万人，65 岁以上的高龄者中失智症患者的占比将提高到 20.6%。到 2060 年，这一数字会增加到 1154 万人，65 岁以上的高龄者中失智症患者的占比将达 34.3%，占人口总数的 13%。患有失智症的高龄者是无法也无意识去与过去的自我建立联系的，他们的反应或反馈都是即时性的，并不具备反思性与一贯性。他们会把全部注意力放在当下的体验与过程中，集中精力关注且致力于第二次自我的产生，这也使得成功老化在个体意义上成为不可能。因为他们在任何意义上都不会再被视为"发展"的存在，所以他们的主体意识与自身存在的关系是需要被重新定义的。

在这样的社会背景下，完善各种社会保障制度，为高龄者提供全面的社会援助成为当务之急。这使得日本社会上出现了一种忧虑，一种基于高龄者生理、心理的局限性使得他们不但不能再创造价值，反而会成为整个社会负担的忧虑。实际上，这种观念亟须转变。为高龄者提供社会援助仅仅停留在医疗服务和社会救助层面是不够的，而是要为他们提供各种社会参与的机会和条件。基于 2012 年日本静冈县开展的对 14001 位高龄者所进行的一个追踪调查结果显示，有良好运动和饮食习惯的高龄者，特别是在此基础上还能够积极进行社会参与的高龄者，其死亡率明显下降。促进高龄者社会参与不仅对高龄者个人的健康生活有积极意义，而且对减轻财政负担也非常有利。

高龄者作为一种社会存在，是否还能够为整个社会贡献价值，抑或已经成为社会的巨大负担？为应对这一情况，日本政府于 2017 年组织了人生100 年时代构想会议，试图通过建立新的社会发展模式来探寻日本少子老龄化社会的出路。

（三）超智慧社会

所谓"超智慧社会"指的是技术飞速革新的社会，是 2016 年 1 月日本内阁会议在决定今后 5 年科学技术政策基本方针《第 5 期科学技术基本规划》中所使用的新词语。这是个通过最大限度应用信息与通信（ICT）技术，推进网络空间与物理空间（现实空间）融合与共享进而给人们带来幸福生活的社会。不论是德国的工业 4.0，还是日本的 5.0，都不过是技术进步速度的角力，而非标准的竞争。日本、德国的区别在于应用新技术的初衷与目的。德国通过信息技术的应用实现制造业尖端化，将当前社会与 18 世纪以后的三次科学技术革命齐名，称为第 4 次革命，即工业 4.0。日本则选择了不同的划分视角，着眼于社会构成，将狩猎社会视为日本社会发展的起点，进化过程经历了农耕社会、工业社会、信息社会。超智慧社会是继狩猎社会、农耕社会、工业社会、信息社会之后的第 5 个发展阶段，所以称其为 Society5.0。

某种程度上，Society5.0 就是实现超智慧社会的一系列策略。超智慧社会的优越性，简单说就是精准服务，它通过整合各个社会子系统，对人文、地理、交通等大数据进行横向应用，从而致力于建设一个充满活力的舒适化社会，使每个人都能接受高质量的服务。Society5.0 是日本向未来社会前进的标志，是日本政府寄予厚望的巨大项目，也是官民互动、共同推进社会发展的方针指向。对于日本政府而言，这是鼓励企业发展原创技术，推动舒适化社会建设的一种态度。在此，日本新型社会基础设施的输出被寄予希望。Society5.0 将物联网、机器人、人工智能、大数据等技术资源整合起来，解决少子高龄化、资源匮乏导致的能源危机、基础设施、极端集中等这些发达国家特有的难题。日本渴望再次进入社会高速发展的快车道。

超智慧社会的发展需求给日本带来了很大挑战，尤其是 AI（人工智能）和 IOT（物联网）等技术的迅猛发展对日本社会的职业结构影响非常之大。未来科学家凯西·戴维森认为，目前上小学的儿童到了他们大学毕业的时候，其中有近 65% 的学生从事现在还不存在的职业。还有学者指出到 2030 年，当前的职业中有近一半会变为自动化作业，不需要再雇佣劳动力。当前日本社会贫富差距越来越大，包括儿童贫困在内的贫困问题已成为社会问题。据统计，目前 0—14 岁的儿童中每 6 个人中就有 1 个人生活在贫困家庭。若是只统计单亲家庭，特别是母子家庭的话，贫困率将上升到 60%，在经济合作与发展组织成员国中处于最高水平。众所周知，贫困问题会通过受教育机会的差距造成下一代学力上的差距，进而继续加剧日本社会的两极分化。

这样的社会背景促使人们去反思并建立一种相互认可、支持、信赖的社会关系，共同营造关心他人的社会氛围，并在此基础上形成共同去做的责任感。在信息化社会里，容易丧失的是人们在互相信赖的关系中共同建设社区责任感和居民自治的意愿，但在这种社会里，个体偏偏又是不依赖他人的服务就无法生存。这种紧迫感使得作为消费者的居民开始呈现出保卫自己、惩罚他人的倾向，极易造成社会秩序的不稳定。失去了与别人和谐共处的意愿，只片面地要求他人提供服务。解决这个问题的不二法则就是鲍德里亚所说的利他主义。其实，这就是社会运行的基本原理。对他人的关心和信赖就是社会发展的基础。当前的日本社会，因为人与人之间缺乏利他关系，缺乏对别人的关心意愿和信任感，所以变成了冷漠的陌生人社会。自立不是孤立的别名。人们在互相批判、互相压制的关系中互相否定，只会造成社会的停滞。在 Society5.0 时代，可能人们需要做的就是营造一个互相认可、互相帮助的社会氛围。社会发展需要的不是与别人竞争得利的能力，而是与别人共同携手去创造新价值的能力；不是强者压制弱者，而是强者帮助弱者、弱势的个体互相协助，共同去创造价值，这样的社会才是一个好社会。所以，关键是要形成共情力，考虑到全体社会成员的情况与立场，支持每个人发展自己，以加强社会的革新能力，这就是所谓基于守护他者的社会发展新思想。

二、日本社会教育实践的观念更新

任何一个社会都有其当前阶段的利与弊，日本也不例外。日本学者普遍认为，关键在于不能单方面强调社会中的不安与问题，而应该想办法充分发挥目前优势。以目前日本的社会现状来分析，首先要做的就是转变观念。关于哪些观念需要更新或者已经发生改变的问题，笔者专门采访了日本社会教育学者牧野笃教授。[①]他特别提到日本应该改变以往那种将人视为工具的观念，转变为人即他本身、人即目的之观念。工业社会是以人口增加为发展的基本条件，以大多数人过同样的生活为目标。在这样的社会里，经济发展是以扩大再生产为基础实现的，因此扩大和发展成为社会的正面价值。在这样的社会里，人们想要享受幸福的生活，就必须拼命地学习，拼命地从事生产工作，获得相应的收入，国家得到更多的税收，最后由国家给国民提供各种生活保障。实际上，企业和家庭才是社会保障的关键。企业采取终身雇用和论资排辈的人事制度来扩充福利事业，家庭主妇承担了家务和孩子抚养及高龄者照护等福利工作。在这样的社会里，学历至上的观念束缚了人们的头脑，造成了激烈的升学竞争，人们将自己和他人视为敌对关系。这种对立关系的日益加剧伴随着整个社会结构从工业化社会转型为消费社会。在消费社会里，无论教育也好，医疗也好，都被视为服务。于是这种个体的自我要求、自己购买并自负责任的服务观念被强化，人们开始失去与他人共建社会的欲望。在这样的社会里，纳税者被视为公共消费者，以对政府部门提要求、发牢骚的形象而出现。这表明以往按照个人—家庭—公司—国家这样的社会资源分配方式保障居民生活的社会面临瓦解。人们各自孤立地生活，造成个人失去生活安定感和社会存在感。根据牧野笃的观点，日本长久以来强迫人们自负责任的社会观念正发生变革，倡导与别人建立互相尊重的关系并在此基础上创建真正意义上的自立生活的社会观念正逐渐形成。这样的观念反映在教育层面，则具体表现为对以下概念内涵的重新认识：

（一）个人的学习与发展

面对社会形态的升级，日本民众关于教育和学习是个体责任的观念开

---

① 马丽华，娜仁高娃. 如何应对少子老龄化："小型社会"的构建与"学习"的再概念化——访日本东京大学牧野笃教授[J]. 开放教育研究，2019（6）：4-11.

始有了些许松动。消费社会很容易让人们觉得学习需求是个体的选择与自我责任，这就自然而然地形成了对学习机会的市场化和个别化的包容。教育市场导致人们获取知识信息与学习资源的机会不平等，造成社会阶层之间的鸿沟。很多学者已经意识到了这个问题，2013 年第 2 期《教育振兴基本计划》中也反映了这个问题。这个计划的出台，一方面，说明日本政府已经看到了社会正发生转型，以往工业化社会正在解体，新的消费社会已经到来；另一方面，它依旧将人们的需求视为个人的私有物，将获得学习机会和善用学习成果视为个人行为。它的逻辑在于，在价值观念多样化的社会中，政府通过市场为民众提供学习机会，个人应该在自我责任的基础上自愿挑选和购买学习机会，通过学习提高自我价值，从而获得在社会上的存在感和价值感。其实，人们的需求是在与他人的关系中产生的，政府保障的学习机会与社会公正的实现息息相关，必须保障学习机会与资源的公正才能解决贫富差距问题。所以，学习概念本身正脱离原有的思维框架，不再是简单的知识获得和技术习得。它是在人们日常的生活现场，通过不断改造人与人之间的关系，创造出新社会价值的一种方式。政府需要保障所有人的学习机会，在此基础上，人们形成各种各样的人际关系，认识到自我需求，并将学习成果反馈给社会。只有这样的学习才是社会基础建设的基石，才能促进社会的自我革新。日本民众也渐渐意识到只有国家和政府不再把学习视为个体责任，保障所有人的学习机会，并阻止由教育市场化带来的贫富差距的继续扩大，才有可能实现真正的社会公平。

其实，促进自我教育及终身学习永远是社会教育的应有之义。学习需求无论何时都将是促进人终身发展的内源性动力。终身教育理念下高龄者学习需求与潜能的激发也是横亘在世界各国政府面前的一大难题。以中国为例，自 20 世纪 80 年代建立第一所老年大学以来，各省、市、县（区）老年大学、老年学校普遍建立，社区老年教育快速发展。在我国政府自上而下的引领下，多力合一共同推进，初步构建了多元体制、四级网络和"五位一体"的办学模式，但是发展不平衡、不充分，师资力量薄弱，课程设置单一，经费、教育资源不足，缺少法律保障等问题依然横亘在我们面前。

众所周知，老龄化已经成为 21 世纪不可逆转的世界性趋势。中国已经步入老龄化社会，并将快速进入超高龄社会。据中国国家统计局发布的人口统计数据显示，2018 年末，中国 60 周岁及以上人口 24949 万人，占总人口的 17.9%。经济快速发展及社会迅速转型，使得中国也会面临相似的问题。庞大数量的高龄者在当下及未来社会中应该如何存在，是我们无法回避的问题。因此，日本的典型经验和教育应对会给我们提供很好的借鉴。当下，我们应该用一种顺应时代与社会发展的新型学习与发展观来看待终身教育和老年教育问题，只有如此，才能真正实现人的终身发展，进而促进社会全面进步。

当前，中国社会也在面临转型。因此，基于日本的经验，除了法律保障、财政支持、师资课程等这些世界共通的改革痛点之外，还特别需要认识层面的提升。因为随着社会变革和老龄化的急剧发展，老年学习和老年教育的外延还会进一步扩大，甚至可以说，高龄者参与社会的过程就是老年学习。社会参与式学习通过人与人之间的相处，将继续在与他人的相互关系中理解并赋予人存在的意义，并建立起对所有人都开放的社会。因此，通过高龄者的学习活动才能真正将终身发展视野下的学习理念落到实处。

与学习概念相呼应，发展的观念也在发生变化。随着时代和社会的进步，人们的认识水平也在不断提高，对发展与衰老的理解加深。提到发展，我们很自然地就会想到终身发展心理学，想到其中最有影响力的哈维赫斯特的发展课题论及艾里克森的发展阶段论。他们的共同点在于，都主张不同的年龄阶段需要完成不同的课题与任务，高龄期也有其特有的难题需要克服；不同点在于，哈维赫斯特主张高龄者的发展是对老化、丧失等问题的接纳与克服，埃里克森则更重视人的发展阶段性与多样性。他们都在提醒我们要正视发展的真正内涵，它是一个持续终身的连续性概念。如果从终身发展的视角去看待人的衰老，那么衰老依旧意味着发展。如何将衰老纳入发展的范畴呢？有学者认为唯一的方法就是加强对美好生活等主观感受的体验。将多元发展观和肯定性价值观结合起来的媒介是人们对美好生活的向往。通过每一次反思自己的过去从而获得成功、美好等自我价值感，这件事本身就是人的发展。这种发展观也确实将所有人都自动划归为可持续发展的存在。发展的单一性或划一性特质开始消解，同时也意味着发展的时间性开始消失。发展的价值不再是标准的、唯一的或持续性的，而变成即时性的、多元化的、生成性的及变化不息的。在这个意义上，自我也就失去了其形成的过程性或时间性，而成了一种瞬时性或生成性的存在。前提是每个人都具有自反性，以及社会对人的发展的理解不再拘泥于知识的扩增和能力的提升等这些社会层面的客观标准。在这个终身发展的过程中，每个人都有各自的发展形态，也都能通过自反性保证自我的一贯与连续。因此，自反性老化是终身发展成为可能的依据，也是高龄者内涵重塑的核心。最终是为了转变人的发展观念，使发展摆脱过去的那种直线且单向的延伸模式，变成以多样性和主观性为基础的螺旋式上升模式。

（二）高龄者的发展观

当前，日本已经完全进入后工业社会，以往工业社会的社会惯例和思维方式开始不适应社会的发展。与后工业社会，尤其是高度消费社会的发展相对应，多元化的价值观念及多样化的生活方式开始显现。在这种新的消费社会里，高龄者存在本身也呈现出不同特质。

为了应对高龄化社会给人类带来的挑战，各国政府从社会保障制度建设、社区环境无障碍化创设、医疗和看护条件的改善等层面施力。比如，《中共中央、国务院关于加强老龄工作的决定》（2000）中明确要求基本实现"老有所养、老有所医、老有所教、老有所学、老有所为、老有所乐"等目标，《"十三五"国家老龄事业发展和养老体系建设规划》（2017）中要求"牢固树立和贯彻落实创新、协调、绿色、开放、共享的发展理念"，反映了我国老龄事业政策的发力点是将高龄者视为被照顾的对象。时代的发展呼唤高龄者新形象的出现。高龄者虽处于人生暮年，但他们依然可以继续发展。

日本社会对高龄者的认知经历了一个变化的过程。这个过程可以总结为三个模式的递进，即从生理模式到社会模式，最后发展为心理模式。生理模式是最初的高龄者观，高龄化的不断发展让人们最先意识到的是人老之后所显现出的生理局限性。比如，高龄者身体自理状况的变化。随着年龄的增长，基本的日常生活援助需求呈上升趋势。数据显示，70.1% 的男性及 87.9% 的女性到了 78—80 岁的时候，日常生活援助开始变得必要，而其中只有 10.9% 的男性能够做到一生完全自立，直至死亡都无须生活援助。基于此，能够突破生理局限的高龄者就自然而然地被认为是有存在价值的高龄者。生理模式高龄者观肯定的是对社会起积极作用和良好影响的高龄者，鼓励高龄者通过继续就业参与社会活动，在减轻社会负担的基础上继续为社会做贡献。这显然是一种积极老化论或者成功老化论。对于现在的中国社会而言，同样是被普遍提倡的高龄者观。这样的观念极大地影响着中国老年教育的实践方向。具体而言，中国的老年教育在从物质养老型向精神养老型转变的过程中，已从过去基于老年人的物质需求为出发点的思维模式，转变为现在以维护老年人学习与社会参与等权利为主的模式。这一转变或许也从侧面证明了观念形成发展的社会形态制约性。工业社会与消费社会思维方式的不同，自然影响了对社会中的个体，特别是高龄者存在价值的认识。

　　基于生理模式的高龄者观，日本政府的举措是根据高龄者所处的不同年龄阶段给予相应的援助。根据对全日本 5715 名高龄者长达 20 年的追踪调查结果显示，对于 78 岁之前生活完全自理的高龄者而言，他们需要的是社会参与及预防老化的援助；对于 78 岁之后无法独立生活的高龄者来说，他们需要的是政府提供便利舒适的日常生活援助；对于 85 岁以上生活完全无法自理的超高龄者则需要政府提供看护者（包括认知症的看护）等在家生活援助。当然，随着生活环境的改善，高龄者的身体健康状况正向着积极良好的方向发展。以高龄者 10 年步行速度的变化为例，2001 年每一阶段的高龄者都比 1992 年同一年龄阶段的高龄者在步行速度上年轻 10 岁。虽然高龄者的认知能力，尤其是短期记忆能力随着年龄的增加而衰弱的趋势不可改变，但是运用语言的能力及解决生活问题的能力是随着年龄的增长而提高的。基于此，政府在正确认识高龄者认知能力发展趋势的基础上，提倡建设一种高龄者可根据自己的实际情况终身进行社会参与的社区，而丰四季台地区开展的再就业项目对应的就是成功老化及积极老化理念在实践层面上的落实。

从生理模式发展而来的社会模式的高龄者观与生理模式相比，其最大的进步在于它可以容纳成功老化理念所无法容纳的那些不积极参与社会价值创造的高龄者。当然，它同样支持高龄者对现实社会的参与，但是它更加重视的是通过活动建立起来的联结及关系。根据高龄者死亡率影响因素的社会调查结果显示，社会关系要比生理因素对高龄者身心健康有更强大的影响力，因而这一模式倡导的是以联结、关系这种社会性要素作为重新认识高龄者的基础。随后发展起来的心理模式依据的则是高龄者的死亡率与孤独感这一心理要素有密切关系的研究结论。高龄者的主观感受越孤独，对身心健康越不利。反过来说，提高主观幸福感对高龄者身心健康就有积极作用。这一观点同时也说明了为什么社会参与及社会关系会影响高龄者的生活质量。因此，心理模式不仅很好地论证了社会模式和生理模式的逻辑，而且它可容纳的高龄者范围最为广泛，包括了不进行社会劳动、不参与经济价值的创造，甚至是不积极建立社会关系的高龄者。基于心理模式的高龄者观，只要高龄者主观上产生了积极或肯定的变化，就可以被认为是进行了某种社会参与。虽然这三种模式各有其侧重，但本质上都存在某种价值定向性，即发展。因此，如何看待发展就成了高龄者内涵重塑的根本。

基于终身发展心理学的视角，为了确保高龄者依旧可以发展，日本学术界有以下四种理论：一是活动理论。这一理论认为高龄者虽然不得不接受老化，但是完全可以一如既往地通过参与现有生活中的活动，保持自己稳定的自我意识和自我同一性。二是脱离理论。这一理论认为虽然高龄者不得不接受自己的老化，但是也没必要一直活在否定性的情感之中。为了保障心理上的安定，应该适当地离开造成负面情绪的人际关系；三是超越理论。这一理论倡导高龄者要学会在否定性的状况中发现肯定性的超越点，以克服高龄期的丧失问题。四是选择性最优化理论。这一理论倡导高龄者在不得不面对丧失问题的同时，尽量发挥剩余的能力并选择利用社会力量来弥补老化带来的副作用，通过把自己在高龄期的每一次调整都做到最适化来维持自我意识的稳定。超越理论主张改变以往悲观的想法，积极应对老年期的问题，在适应自身衰老及变化的基础上努力在现有社会中争取适当位置。这其实也可以算作一种选择性最优化，即正面接纳衰老的问题，适当地选择其他能力弥补缺失点，尽可能地使老化这种否定性的变化具有肯定性的价值。

（三）高龄者的社会参与

在工业社会里，社会参与主要指参与生产性质的经济活动或志愿活动等，我们习惯从促进物质生产的角度来把握包括高龄者在内所有人的存在，这样的想法体现的是工业社会的思维方式；在新的消费社会里，劳动形式不仅开始变得多样化，而且劳动本身也已不再意味着社会参与。所以，我们不能再单纯地把能否继续创造经济价值作为衡量社会存在意义的唯一标准，消费社会里我们需要用新的标准来把握高龄者的存在。社会参与并不单纯地意味着经济价值的创造，活动理论、连续性理论、社会交换理论、社会资本论从不同角度阐释了老年人的社会参与，但目前对其内涵还没有较为一致的认识。不过，社会的价值观念随着社会发展的消费化而急剧地多元化，人生道路的选择也随之多样化，甚至在人的一生中完全可以有多个阶段的设计及多条道路的选择。老年人通过社会参与，在社会互动的过程中实现自身的社会价值。这或许也是世界各国一直提倡并贯彻终身学习和终身发展理念的缘由之一。

高龄者能做到社会参与吗？高龄者参与社会不仅是可能的，而且也是必要的。高龄者的社会参与可以表现为很多种形式，如参与社区育人活动、参与学校改革和社区建设、参与社会公益活动等。任何个体及群体的力量都不应该被忽视，因为不论是于社会的发展而言，还是于个体的发展而言，高龄者的社会参与都是百利而无一害的事情。但是，我们应该注意到，高龄者参与的社会已经不是既存状态下的经济社会，而是他们本身参与创造的人与人之间的动态关系社会。所以，唯一的困难可能在于社会要包容和认同价值生成方式的多元呈现。这就又回到了观念革新的问题上。高龄者的社会参与不能简单地理解为高龄者的再就业，只关注其是否能创造经济价值。高龄者的社会参与可能更多地体现在创造社会价值、生态价值、人际关系价值等方面。从这个意义上来说，他们是可以并且应该参与社会的。参与社会就意味着创造和建设社会。那么，如何促进高龄者进行社会参与呢？起点在于重新建立与社会、与他人的联系，可以从参与社区开始。很多高龄者由于老化、退休、不能创造经济价值等原因被放逐到正常社会关系之外。当然，考虑到身体、心理等因素，他们的社会参与方式固然会有一些局限，但是同样也会催生出一些新的可能性，一些老化之前从未考虑过的可能性。这方面，日本已经有了一些经验。比如，举世闻名的长寿县——长野县饭田市的社区营造活动，高龄者逐渐从参加公民馆活动转变为建设公民馆活动，这种身份的转变是真正将自己的生活和公民馆的终身学习活动融为一体，成为社区建设的主人。饭田市公民馆还非常重视下一代的培养，积极让高龄者与当地高中建立合作关系，开展社区育人项目。无独有偶，千叶县柏市的居民区也在推进多代际交流型社区建设项目，鼓励高龄者参与下一代的教育，以社区主体的姿态培育未来社会的接班人等。

（四）自反性老化与非自反性存在 ①

自反性是社会学中一个非常重要的概念，它与自主性、主体性等概念有相似的地方。德国社会学家贝克最先提出了自反性的概念，指的是工业社会后的现代性所呈现出的一种内在冲突与自我反思。法国学者拉什将自反性延伸到了日常生活情境中进行阐释，挖掘出了体现于个体日常生存中的自反性，即个体所具备的对自身行动的意义及归属问题的自我反思意识。正因为自反性的存在，自我及社会的形成与发展才有了方向。自我的形成与世界的建构是个互为因果、相辅相成的过程。我们在改造世界的过程中会不断地形成对自我及世界的认识和理解，这种认识会指导我们进行下一

① 娜仁高娃，马丽华，牧野笃. "高龄者"内涵的重塑：基于非自反性存在的终身学习——娜仁高娃、马丽华与牧野笃的对话[J]. 华东师范大学学报（教育科学版），2020（10）：101-109.

步的探究与创造，这样的经验反过来又会修正我们的认识，从而无限循环下去。这种自反性使得发展的每一刻都体现了主体与客体的彼此协商与相互影响。

自反性是工业社会中人们对社会、生活、自我的一种反思性体现，它是工业社会背景下人类的一种主要思维方式和生活方式。即便如此，自反性还是与社会的价值趋向，特别是和发展这一工业社会的主导价值有着密切的联系。发展一直被视为一种方向、一个过程，甚至是一种目的。工业社会一直被认为是永远发展着的、未完成的社会。这样的一种自反性与高龄者的老化相结合，使得自反性老化成为了解并探讨高龄者内涵的核心问题。自反性老化侧重的是对老化的反思性、一贯性与继承性理解，并根据自反性价值及发展突破老化的局限性。现在的发展要和过去的自我结合起来，将人的发展高质量地延续下去。一般而言，人的发展指的是随着年龄增长身心所发生的积极变化。自反性老化提倡将发展的多样性和老化的肯定性相结合。也就是说，在老化的过程中不断地贯穿对自我、世界的反思，体会到自我发展的连续性与一贯性，使得老化也能成为一种肯定性的发展，这才是理解并贯彻自反性老化的关键。这种对高龄者发展的理解是以教育老年学与终身发展心理学作为其理论基础的。需要特别说明的是，教育老年学中教育学和老年学相结合的媒介是自反性，是对自我同一性及发展一贯性与连续性的反思，因而这不是我们经常提到的老年教育学。它们的区别在于，老年教育学是教育学的分支学科，是以老年人为研究对象，揭示老年教育现象与规律的学科；教育老年学是社会老年学和成人教育学的交叉学科，是老年学的下位研究范畴。教育老年学是 1970 年由密歇根大学教育学院教授霍华德·麦克劳斯基提出而发展起来的。它专门研究高龄者的发展（老化）问题，主要聚焦高龄者的教育支援，面向一般民众的老化教育及高龄者相关工作人员培养等三个方面。老年学本来是以人的老化为研究对象，探讨其发展逻辑及老化问题对策的一门学科，其中最重要的是老化如何与人的存在价值相结合并塑造老化的社会价值。教育学是以人的发展为研究对象的学科领域，主要针对的是处于发展过程的儿童和青年，其最重要的价值是将发展作为教育实践的目的与核心。基于此，教育老年学将教育学与老年学相结合，将高龄者视为有社会价值的存在，发展是人的社会价值的体现。当然，这里面价值的含义与经济学意义上的价值是不同的。那么，人又是如何意识到自己的社会价值的呢？答案是通过自反性思维。以自反性为媒介可以将老化与发展联系起来，将老化纳入发展这一工业社会的价值取向范畴之内。所以，教育老年学的基本立场是促成个体及群体的成功老化。当然，无论是教育老年学，还是老年教育学，都有利于推动老年教育实践的发展，但教育老年学更侧重于成人老化现象的社会支援与教育应对。

此外，牧野笃教授团队一直持续地关注非自反性的高龄者。在对高龄者即兴表演剧团的实践研究中，发现包括失智症患者在内的所有人，无论他们是主动还是被迫身处虚无感空间，抑或面对其他有虚无感的高龄者，都能通过即兴表演来获得自我满足感，没有一个人觉得自己是"不应该存在"的。这甚至可以作为反驳高龄期超越理论的例证。即兴表演本身并不需要提前准备，也允许甚至欢迎失败的存在。失败不仅可以成为新创作的素材，而且还能够带给观众快乐。教育学中常常回避失败，根本原因在于我们习惯基于人的自反性来认识失败，总是想着去避免失败，但是舞台上的演员及即兴表演呈现的是非自反性。当他们站上舞台，无论他们对演出的逻辑理解与否，观众和演员在当下共享了时间和空间，共同创造了属于他们自己的故事。他们不会反问自己："我是谁？我在做什么？"他们也不会表现出那种想要寻求或改善自我的意图和动摇。此时的观众和演员都变成了自发的存在。这种临场的、生成中的及互动着的自我，就是对老化及对人生的新理解与新体验。他们每一次与周围世界建立联系，那个对当下关系感兴趣的自我就进入了世界之中，自然而然地形成了一种呈现为关系态的自我。这个不断被生成的高龄者自我，虽然不具备自我同一性所要求的自反性、一贯性和连续性，却是一种不断感受自己作为行为主体的状态，

同样应该被认可。^①

　　除了失智症患者这个特殊的高龄者群体之外，或许不久的将来我们人人都是非自反性的存在。就日本而言，进入信息化社会和高度消费社会时日已久，信息技术的发展日新月异，如面部、指纹等生物特征识别技术及日常生活中虚拟化技术的发展都超乎想象。据预测，到 2040 年左右，日本的日常生活与生产劳动在技术层面上能够基本实现虚拟化。在这样的背景下，自我在这个社会中的存在将会不由人本身决定，而是由个体被放置其中的关系来决定，甚至由生物识别信息技术等机制来决定。这样的结果就使每个人都变成了不需要自反的，即非自反性的存在。这或许意味着一个并不需要人们特别维持自我同一性的未来社会即将到来。否定了人的自反性，或者说非自反性自我的形成其实是解构了现代产业社会所需要的人格，即主体概念的存在依据。因此，当前的任务是将自我和主体概念融合起来作为建设未来社会的理论基础。

　　以往对高龄者自我的研究，都是基于自反性的。通过高龄者的语言来了解他们的自我，高龄者也通过反省自己过去的经验并塑造着新的自我。听取一口述这样的研究方法重视的是"已完成的故事"，而这种自我的生成伴随着社会经济的转型开始获得了新的形态。前述高龄者的非自反性老化或许就可以被认为是社会转型发展带来的新自我的萌芽。我们看到的是高龄者所呈现出的自我意识从社会的约束中摆脱出来并逐渐恢复了本来的面貌。高龄者的社会参与也可以说是高龄者每次与周围世界之间形成关系态的过程，这同样是一个不断构建社会的过程。基于此，高龄者拥有了全新的存在方式。高龄者的自反性老化及非自反性的存在样态都是高龄者被时代重塑后产生的新形象。

---

① 園部友里恵. インプロ実践がもたらす高齢者の〈老い〉のイメージの変容：高齢者インプロ集団「くるる即興劇団」を事例として[D]. 東京：東京大学.

三、日本社会教育实践的政策措施

基于社会发展及思想观念的变化，国家公共政策层面随之也发生了变化。其实，日本于 20 世纪 80 年代中期，基于应对社会与时代的发展需求，基本上就完成了从终身教育向终身学习的概念转变，并且把建设终身学习社会作为国家层面的政策确立下来。当前，日本进入了超高龄高度消费社会，自然对社会教育提出了更高的要求。

（一）关于小型社会的构建计划

牧野笃认为通过社会上学习与发展等观念的更新，通过政府提供学习机会的保障，就非常有可能在"清晰看到邻居的脸"的范围内建立互相信赖且相对自立的小型社会。这种小型社会建立的指导理念不再是过去的国家即社会，而是市场即社会。市场即社会的基本性质是社会的范围不再以国家为界，而是以学区为主的日常生活范围，即社区世界。在这个小型社会里，社会运作及从事经济活动的主体不是大企业和劳动者，而是当地居民。当地居民不仅承担消费者的角色，而且也承担生产者和流通者的角色，他们是社区经济的主体。市场的价值观也不是单一的，而是多元的。市场里所流通的价值异质性所导致的冲突矛盾，会不断地建立对话关系，进而不断地创造出新的价值。社会资源也会不断地重新组合生成新的社会资源。这种市场即社会的观念使得社会的经济结构从静态的扩大再生产模式转变为动态循环的多样化模式，进而人的存在方式也从原来社区中的静态主体转变为关系式的动态主体。在这样的社会里，全体居民都会成为主体，否则社会上的价值无法实现不断转化。总之，当前日本面临将老龄化的大型社会改造为"人人皆是主体"的小型社会的挑战。

这样的小型社会相对于传统的大社会，其魅力体现于其所有的举措都可以先从小处着手，再由点到面地发展壮大。比如，位于岛根县海士町的隐岐岛前高中的学校魅力化实践改革这是基于这样的理念。这个生源稀缺到即将面临停止办学的高中，尝试设置了一些与社区营造有关的专业，并得到了当地社区的全面支援。当地政府还创办了许多公立补习班，用以强化高中的教育力量，迎接全日本范围内的留学生。渐渐地，该高中成为一个与当地社区居民共同携手保障学生获得丰富社会经验的场所，一个实行特色化教育实践富有魅力的学校。当地政府把这一学校改革实践称为社区魅力化实践，通过吸引移居者来应对人口急剧减少的问题。这一改革尝试已经被岛根县在全县范围内推广。再比如，同样轰动全日本的长野县饭田市的公民馆活动。地区居民以公民馆这一终身学习设施为核心开展各种各样的社区营造活动，经过半个多世纪，他们已成功地创建了以居民为中心的地方社会。在这一过程中，居民慢慢地从参加公民馆活动转变为做公民馆，真正地将自己的生活和公民馆的终身学习活动一体化，成为地方社会的主人。在这一实践推进过程中，饭田市的行政人员作为公民馆馆员被派到当地社区中去，在当地社区积累实践经验后回到市政府，再根据当地社区居民的需求执行政府行政事务。这是一种良性循环。饭田市在开展活跃的公民馆活动基础上还非常重视下一代的培养，积极与当地的高中建立合作关系，组织地域公民教育项目。通过这些活动，高中生也开始成为社区建设的主体。未来小型化社会建设将成为焦点。

当前，日本其他地方政府也在致力于小型社会的建构。北海道教育厅在北海道内 14 个振兴局里所开展的中小学 12 年一贯制的故乡职业生涯教育项目，主要内容是将当地的职业高中和小学、初中相结合，促进学生之间的交流，并加强学生和当地居民之间的关系；号召当地居民在学生成长的 12 年里要一直关心培育他们，使他们成为地域社会的接班人；加强学生对故乡的了解与感恩。整个教育主要由关怀孩子项目和喜爱故乡项目组成，其中富良野市立小学和初中还与北海道公立职业高中建立了连携关系，当地居民组织的富良野未来实验室也与学生共同携手参与富良野地区的社区营造活动。研究结果表明，在 15 岁以前受到当地居民浓厚关怀的孩子会更加热爱自己的故乡，并能感受到自己存在的价值，将来为自己的故乡做出贡献的意志也会更强。另外，利用废弃建筑建设社区居民活动场所的尝试、以高龄者为主要对象的系列讲座的开展，以及其他促进高龄者社会参与活动的创办等各种各样的小型社会建设尝试也在居民的生活场所中进行着。

　　青年在小型社会的建构过程中扮演着当事者角色。在爱知县丰田市的山村所展开的名为"青年们，上山下乡吧"的活动，就是以青年为主体所推动的少子老龄化山村活性化实践。这一项目的初衷是通过鼓励青年们移居到急速老龄化和少子化的山村，利用农业打好生活的经济基础，将当地高龄者所积累下来的文化和技巧与青年们的都市文化相融合，将农村和都市无障碍地连接，以创造新的农村生活模式。在作为实验基地的农村里，青年们一方面向当地高龄者学习他们所积累下来的文化，作为自己的生活基础；另一方面他们自发组织小型事业研究会，企划各种新的产业项目，开展各种有关小型社会建构的创新尝试。例如，间伐木材的活性化利用、用有机栽培的小麦粉做原料开烘焙房、给都市居民提供农耕作业的现场体验、接受世界各地大学生的实习项目，以及构想能源自立圈计划等，各种各样的尝试正有条不紊地在进行着。最初，该实验村落里只有 30 多户人家，村民也只有 50 人左右，老龄化率近 50%。推动这一项目后，该村增加到 50 多户，人口近 100 人，老龄化率下降为 30% 左右，转变为一个充满活力的社区。青年们还利用废弃的校舍创办社区生活文化创意中心，在这里他们践行"生活即劳动""劳动即生活"的理念。①

　　日本这种社会变革的动向，除了各地方政府积极推进改革之外，国家政策层面上也重视支援小型社会建设。例如，日本中央政府民政部的地区经营组织和地区生活综合支援服务、卫生部的地区福祉服务、交通部的地区防灾系统建设，还有文部省的社区学校建设及社区和学校合作项目等，都是这一新改革在国家意志层面上的具体体现。此外，作为思想革新前沿阵地的高校也积极参与其中。比如，东京大学终身学习论研究室在千叶县柏市的一个居民区所推进的多代际交流型社区建设项目。本项目以处于急剧少子老龄化状态的柏市中一居民区为示范基地，将实验范围扩大到小学

---

① 牧野篤. 農的な生活がおもしろい：年収200万円で豊かに暮らす[M]. 東京：さくら舎，2014.

区，鼓励高龄者多与下一代进行交流，以社区主体的姿态共同积极培育未来社会的接班人。这也是一种建设小型社会的尝试。项目围绕当地高龄者所组织的多代际交流型社区建设委员会及由他们经营的促进居民交流的社区咖啡厅开展活动。包括儿童在内的当地居民时常在咖啡厅里互相交流，每天可达 100 人次左右。通过这一活动，当地社区的人际关系有了明显的改善，形成了互相关心、互相认可的社会氛围。多代际交流型社区建设委员会还与当地中小学及残疾儿童学校建立联系，组织高龄者开展关怀和守护下一代活动，当地居民亲切地称呼他们为"社区爷爷奶奶"。他们已经成为小型社会建设的又一重要主体。[①] 此外，多代际交流型社区建设委员会还组织开展过人生 100 年时代社会资源中转站项目，试图改变以往企事业单位和行政部门在老龄化社会里的作用。以往的企事业单位和行政部门的做法是自上而下的领导模式，但是日本的老龄化社会是工业社会的那种扩大再生产模式已经无法起作用的社会，因此企事业单位和行政部门需要转变角色，从将民众视为消费者并给他们提供服务转变为将民众视为伙伴并与他们建立平等的关系，支持人们成为社会的主体。这就可以实现从服务提供与享受关系转变为共同携手建设社区协作关系的转移。比如，在急剧老龄化的居民区，开发商和当地居民建立伙伴关系，共同建设社区生活服务基地。再比如，开发商支援居民组织新的团体以促进居民区内的多代际交流，创建可持续发展的住宅区等。这种新动向的关键词是"当事者""自下而上""协助"和"自治"，小型社会的建构目标是社会的可持续发展。

（二）关于人生百年社会的建构计划

据预测，2007 年出生的日本人平均寿命将达到 107 岁。也就是说，日本已经进入百年人生的长寿型社会。与此同时，当前日本高龄群体的就业

---

① 牧野篤. 過疎化·高齢化対応コミュニティの構想：3つの試みより[A]. 学習社会研究·調査モノグラフ 1[C]. 東京：東京大学大学院教育学研究科社会教育学·生涯学習論研究室，2010. 牧野篤. 社会づくりとしての学び：信頼を贈りあい、当事者性を復活する運動[M]. 東京：東京大学出版会，2018.

人口占总劳动人口上升到了 12.9%，这也是有史以来的最高水平。积极老龄化已经成为应对 21 世纪人口老龄化的政策框架，肯定老年人的社会价值可以使老龄化对社会经济的压力转化为促进可持续发展的动力。可以说，老年人参与社会已经成为国际社会解决人口老龄化问题的普遍共识。我国在未富先老、未备先老的双重挑战下，2017 年国务院印发了《"十三五"国家老龄事业发展和养老体系建设规划》，其中就鲜明地提出要加强老年人力资源开发，扩大老年人的社会参与度，为其搭建参与社会的平台。加强老年人力资源开发，将是中国积极应对老龄化问题的一条必要举措。在人口急剧减少的日本，高龄者今后也将是社会建设的主体。

以往总是被悲观地谈论着的少子超高龄消费社会为什么就不能变成充满希望的百年人生幸福社会呢？基于这样的诉求，日本政府于 2017 年举办了人生 100 年时代构想会议，并于 2018 年形成报告，提倡多种路线、多个阶段的人生设计，全面推进回归教育和终身学习，培养人们能够持续学习的能力，以确保每个人终身可持续发展，并以此作为探索日本少子老龄化社会出路的尝试。

人生百年幸福社会的设计与推进是日本政府基于当前超老龄化社会现状，推动回归教育和终身学习的发展，鼓励每个国民通过学习积极参与社会各个领域的活动，关怀下一代的发展，培养社会的接班人，从而提高全社会的可持续发展。此外，倡导多元式的人生道路观，通过政府保障下随时随地参与学习的机会和条件，更新自己的知识技能以拓宽多元人生舞台。换句话说，解决少子老龄化社会问题的焦点开始从解决高龄者如何存在的问题转移到培育包括青少年和高龄者在内的全体国民的主体性问题。这种社会观念的变革会直接促使社会资源整合和分配方式革新，从而改变作为社会基层建设的社区结构及市场结构。在以往重视量产的时代，市场基本上是以个体为消费单位的，社会需求是个体欲望的总和。因此，在这种社会里，市场是以陆续而无限地增加人口为基础的，在其不断扩大规模的同时也绝对化了人与人之间的买卖关系，但是少子老龄化社会的到来否定了这种以量为发展基轴的经济发展模式，迫使社会寻找以质为基础、追求质的多元化及异质价值共存并不断产生新价值的经济发展模式或社会发展模式。在这样的社会里，每个人都可以获得来自社会的认可和尊重，每个具体的人都是目的。人们已经开始在这样的社会里过日常的生活了。在人生百年的幸福社会里，每个人都可以创造自己的价值，并在人与人之间实现这一生活。① 随着观念的转变，高龄者本身也从被照顾的对象转变为肩负培养时代新人责任的主体。②

可以预见，从超高龄社会悲观论到人生 100 年社会希望论的转变是一定的。无论是政策层面，还是实践层面，社区或者小型社会将会成为焦点。这个小型社会不仅是人们具体生活的场地，而且是居民重新建立自治关系，并通过对下一代的培育，提升社会可持续发展的实践场所。因此，日本政府主导的人生 100 年时代构想，重视回归教育并期待高龄者积极参与社会活动。日本民政部也非常重视居民自治，倡导小型社会试点建设，鼓励地区经营组织开展地区生活综合支援服务。日本卫生部要求各地区包括福利系统建立初级中学区域范围内的居民互助关系。日本交通部提倡地区防灾活动，也要求居民互助关系的建立。居民互助和自治关系形成的主要途径就是学习关系的建立及在此基础上的社区建设活动和社区问题解决实践。因此，社会教育和终身学习在具体社区相关的建设政府措施中处于极为重要的位置。③

（三）关于新时代社区创新计划

人生百年社会教育改革更像是一个新时代的学校和社区创新计划，和

---

① 在日本政府组织的人生100年时代构想会议和日本神奈川县政府组织的人生100岁社会网络的讨论和活动中，我们可以管窥这一新社会的样貌。

② 日本神奈川县组织的人生100岁社会网络活动报告书，即《迈向可持续的"人生100岁社会"报告书》（2018年3月刊）中，载有多个培养小孩子成为社会主体的活跃的阿爸阿妈项目、高龄者本身成为社会建设主体的案例。

③ 例如，在小田切德美和牧野笃的对谈中就曾指出，公民馆在发挥总务部地区经营组织的基础功能方面很有成效。小田切德美，牧野笃. 对谈公民馆与地方創生の舞台に[J]. 月刊公民馆，2017（8）.

以往的以学校教育为中心的教育体系相比，有本质的变化。第二次世界大战后的日本社会，随着制造业的迅速发展，人们开始从乡村流动到城市，并在那里形成两代人组成的核心家庭，而这样的家庭被认为是脱离当地社区之外的封闭空间。因此，在这种以核心家庭教育为基础的社会中就形成了以学校为媒介的个人—家庭—工作单位直线式的人生观，进而为人生阶段论社会观念的形成埋下了伏笔。久而久之，整个社会都认为受教育期间的儿童及退休之后的老人都是对社会生产没有价值的，是社会的负担，而所谓有价值的中青年劳动力也只是被视为推动经济发展的手段或工具而已，并且还肩挑儿童抚养和赡养老人的重担。这种观念在 Society5.0 中只会继续造成社会阶层的割裂与不公平问题，有损社会的可持续发展。因此，负责教学课程行政的日本中央教育审议会教学课程规划特别部于 2015 年 8 月发布了《关于学校教育改革的"论点整理"》，并基于社会变化提出了划时代的应对方案——对社会开放教学课程，主要内容是：为了儿童的健康成长及生存能力的获得，改变以往学校只提供平等划一教学活动的状况，将对社会开放教学课程，与社会力量一起为儿童提供保质保量、内容丰富的教育。因而，教育开始从重视学历获取转变为重视学力培育。儿童的学力结构包括学习的动力、知识和技能、思考力、判断力及表达力。学习的动力指的是儿童认识自己与社会或世界的关系及在此基础上确定自己的人生方向。知识和技能指的是使儿童能够掌握自己所习得的认识和经验。思考力、判断力及表达力指的是使儿童认识到如何运用知识和技能表达自己及与别人建立关系。这三者所形成的联系就是学力。在这种学力结构的基础上，进一步要明确的是学什么、如何学及能做什么。因此，教育关系也从原来的侧重知识、技术和文化上传下效的静态师生关系转变为"共同探索知识，共同创造价值"的动态伙伴关系。方法上也需要革新，转变为主动的、对话式的、创造式的教学法，即活动式教学法。今后，日本将致力于以实现这一活动式教学法为基础，探索教育政策与行政改革的方向。

日本政府为了在实践中贯彻活动式教学法，中央教育审议会在 2015 年 12 月提出了三个报告，分别是《师资提高报告》《学校支援团队报告》及

《社区学校合作报告》。这三个报告互相支撑，共同支持儿童在活动式教学实践中去探索知识并创造价值，其中《师资提高报告》提出了新的教师形象及培养能够胜任活动式教学法师资的若干方法。新的教师形象应该是除了给儿童传授知识和文化等外，还能与儿童形成伙伴关系，特别是与儿童一起去探索知识、创造价值，也能与儿童形成平等的对话关系，并成为儿童创造活动的陪伴者。为了培养这种新的师资，报告建议在师资培养课程中要重视教学实习等实践性强的教学内容安排及强化教师的在职培训。《学校支援团队报告》提出要组织支援学校的专家团队以加强学校的教学力量。这一报告要求学校为了实现对社会开放教学课程的理念，领导部门要与学校所在地的社区相联系，开展日常性的教学活动，并且要求组织学校支援团队来协助教师的教学实践。学校支援团队的成员由学校心理咨询员、学校福祉咨询员、课外活动指导员等专家，以及与社区取得联系并进行教学活动的社区学校联络员等组成。《社区学校合作报告》提出为了实现对社会开放教学课程的理念，强化学校和当地社区居民的联系并将学校改造成为社区学校，组织学校管理协议会，邀请当地居民参与学校的管理。这就要求当地居民也要负责学校的管理，把学校的事务当作居民自己的事情来协助学校教学活动的开展。在以往的社会里，学校是与现实社会相隔离的空间，但是报告要求学校和社区以儿童为中心建立平等的协助关系，共同培育下一代。此外，报告还要求当地社区组织建设居民社区学校合作平台，运用活动式教学法为儿童提供体验社会的机会。在当地居民的关怀中培育儿童，培养出能在变化不息的社会中生存下去且具备建设新社会学力的接班人。统合这三个报告教育政策的是文部省 2016 年 2 月发布的《新时代的"学校和社区"创新计划》。该计划的核心是建设社区学校，以儿童的成长为基轴，以学校为中心辐射社区，通过所有社区居民参与教学活动，从而保障每个儿童的健康成长，进而培养肩负社会责任的新一代，以加强社会的可持续发展。当前，这一改革计划已通过相关法律的修订并进入了实施阶段。

　　当前，日本基于少子老龄化这一前所未有的社会背景，为了建设可持续发展的社会，致力于实现人生百年幸福社会的目标。政策核心是从以往以国家为界建构大型社会向以社区为界建构小型社会的构想转变。基于此，不仅需要改变社会资源的结构与分配方式，而且还需要每个居民肩负起当地社区改造的责任，从而减轻财政负担，创建新的社会。因此，最关键的还是居民自治。在探索居民自治方式的过程中，引起重视的是居民自身的学习意识及通过学习形成良好的社区人际关系与共同改造社区的责任感。《新时代的"学校和社区"创新计划》虽然结构上仍以学校教育为中心，但是其内容更加强调社区与学校协调关系的建立，志在共同培养儿童成为社会建设的主体。《社区学校合作报告》更是期望当地居民能通过社区学校合作活动，开展学习实践，使每个居民都能成为社区建设的主体。因此，以往社区里支持居民学习活动的社会教育和终身学习的实践及作为其载体的公民馆等社会教育设施的建设被重新重视。为了培养当地社区的建设主体，教育行政需要加强与一般行政的联系，并强化一般行政层面的居民自治实践。基于此，组织学习实践的专门人才的培育和配置就成了重中之重。这与社区学校合作活动中的协调人员及学校里的社区学校联络员的培育直接相关。社会教育主事培养制度的改革依旧在进行。以往社会教育主事被配置在第一级地方政府的教育委员会中，其主要任务是对下级政府的社会教育行政和实践加以指导，而今社会教育主事必须配备到当地居民中间，与当地居民一起活动，听取他们的声音，与居民组织建立对话关系，促进居民的学习，与居民共同建设并解决社区中存在的问题。如果出现居民自身无法解决的问题，则需要社会教育主事用行政手段去解决。文部省已经结束有关法令的修订工作，对社会教育主事的培养课程也进行了修改，特别增加了现场实习等新的课程，对修完社会教育主事课程的人员给予社会教育士的称号。此外，社会教育和终身学习行政改革也在逐步推进。系列教育改革旨在通过上述社区学校合作活动等实践，加强居民自治，从而实现所有居民成为社会建设的主体，其中重点是居民通过学习改造自己生活的场所即社区，开展富有当事者性质的生活实践，从而实现个体的发展与幸福。在这种实践中，居民所建设的就是小型社会。无数的小型社会以社区为基础形成，并组成全体社会。在这种社会里，所有居民都是社区的主体，都能不断地开展探索和创造新价值，建构全面可持续发展的社会。

第四节　日本社会教育实践的制度效应

教育是一项权利。这不只意味着从制度上保障国民享有同等的受教育机会，也同时意味着国民从知识上、人格上都能获得成长，全面发展。为此，日本战后从宪法上保障公民的受教育权。人们也渐渐有了这样的自觉，教育是"人权中的人权"，教育权是一种不可让渡的权利。《教育基本法》第二条规定"教育的目的，必须利用任何机会与场所实现"。学校教育以外的社会教育场所也必须有所准备。《教育基本法》第一条也规定了"基于教育目的的教育事业，是通过儿童、青年、成人，遍及学校、职场、地域的，作为国民教育的总体去组织与创造的活动"。因此，这是指向日本公共教育制度化发展的严肃课题。

一、日本社会教育相关法律与制度

社会教育相关法，从《日本国宪法》基础上制定并颁布的《教育基本法》开始，陆续颁布了《社会教育法》、《图书馆法》、《博物馆法》、《青年学级振兴法》、《体育运动振兴法》（1961）等与社会教育直接相关的重要法律。此外，还颁布了《地方自治法》、《文部省设置法》（1949）、《教育公务员特例法》（1949）、《文化财保护法》（1950）、《儿童福利法》（1947）、《儿童宪章》（1951）、《儿童权利宣言》（1959）、《地方教育行政组织及运营法》（1956）、《老人福利法》（1963）、《劳动青少年福利法》（1970）、《劳动妇女福利法》（1972）、《身心障碍者对策基本法》（1970）、《消除对妇女一切形式歧视公约》（1979）、《关于整备振兴终身学习措施推进体制的法律》（1990）等其他相关重要法律。对日本社会教育相关法律和制度的解读，是我们深入了解日本社会教育实践发展的重要抓手。

（一）《日本国宪法》

《日本国宪法》于1946年11月3日颁布。日本民众社会教育自由与权利得到保障，《日本国宪法》与《教育基本法》功不可没。《日本国宪法》中和社会教育直接相关的条目如下：

【基本人权的享有】

第十一条　国民享有的一切基本人权不受妨碍。本宪法所保障的国民的基本人权，作为不可侵犯的永久权利，现在及将来均赋予国民。

【保持自由、权利的责任，禁止滥用自由、权利】

第十二条　受本宪法保障的国民的自由与权利，国民必须以不断的努力保持之。又，国民不得滥用此种自由与权利，而应经常负起用以增进公共福利的责任。

【尊重个人，追求幸福权、公共福利】

第十三条　全体国民作为个人而受到尊重。对于谋求生存、自由及幸福的国民权利，只要不违反公共福利，在立法及其他国政上都必须受到最大的尊重。

【受教育的权利，教育的义务】

第二十六条　1. 全体国民，按照法律规定，都有依其能力所及接受同等教育的权利。

2. 全体国民，按照法律规定，都有使受其保护的子女接受普通教育的义务。义务教育免费。

【基本人权的本质】

第九十七条　本宪法对日本国民所保障的基本人权，是人类为争取自由经过多年努力的结果，这种权利已于过去几经考验，被确信为现在及将来国民之不可侵犯之永久权利。

从上述条目可知，《日本国宪法》中被频繁提到的是：尊重基本人权、国民主权（主权在民）。此外，还有没直接提到的和平主义（放弃战争）。日本政治以这三大原则为基调运行，在三大原则中，尊重基本人权是最根本的原则。为使个人权利得到最大限度的尊重，故需要在政治上保障国民主权。个人权利被尊重是以建立和平的国家及社会为前提的，因此和平主义的原则也被采用了。尊重基本人权的背后是自由主义，国民主权的背后是民主主义。两个主义的融合，也称为自由民主主义。其中尊重基本人权，被视为根本法理。这些理念被视为不容否定的共识。当教育被认可为一种基本人权的时候，社会教育自然也就受到了宪法的保障。

（二）《教育基本法》

《教育基本法》是于 1947 年 3 月 31 日颁布的有关日本教育的根本大法，主要包括教育方针、目的及教育机会均等、义务教育、男女同校、学校教育、社会教育、政治教育和宗教教育等内容，而后在其所确立的教育基本原则指导下，制定了《学校教育法》与《社会教育法》。此外，大学、短期大学、研究生院和专修学校的设立标准及有关图书馆、博物馆等机构制定的一系列法律和法规也是以此法为基础。其中关于社会教育的条目如下：

【社会教育】

第七条　1. 家庭教育及在劳动场所等其他社会上举办的教育，国家及地方公共团体必须奖励。

2. 国家及地方公共团体必须通过设置图书馆、博物馆及公民馆等设施，利用学校设施及其他适当的方法，为实现教育目的而努力。

2006 年 12 月 15 日，日本第 165 届国会临时会议审议通过了新的《教育基本法》。这部法律是在对 1947 年《教育基本法》进行全面修订的基础上形成的，并于 2006 年 12 月 22 日颁布实施。修订后的《教育基本法》增加的与社会教育相关的条目如下：

【终身学习】

第三条 每个国民为了能够磨炼自己的人格、度过丰富的人生，必须在一生中，利用一切可能的机会，在所有可能的场所进行学习，谋求实现能适当发挥其学习成果的社会。

【学校、家庭和社区居民等的相互协作】

第十三条 学校、家庭和社区居民及其他有关人员要在认识各自在教育上的作用和责任的同时，致力于相互联合与合作。①

（三）《社会教育法》

《社会教育法》颁布于 1949 年 6 月 10 日，是有关社会教育的专门法。该法共七章、一个附则：第一章《总则》；第二章《社会教育主事与社会教育主事助理》；第三章《社会教育有关团体》；第四章《社会教育委员》；第五章《公民馆》；第六章《学校设施的利用》；第七章《函授教育》；最后是《附则》。该法的基本特点是：（1）从法律层面界定了社会教育的概念，强调社会教育是国民的自主性教育活动，其活动的主体性应得到保障。（2）国家及地方公共团体的任务是对各种形式的社会教育进行奖励、援助，为其创造适切的环境。（3）国家和地方公共团体对社会教育有关团体的活动坚持不干涉、不控制的原则。（4）设立教育委员会、公民馆运营审议会等能够直接反映国民对社会教育行政意见的制度。（5）明确了作为战后社会教育综合设施公民馆的法律基础，奠定了公民馆在社会教育中的重要地位等。

【社会教育的定义】

第二条 本法律中所谓的"社会教育"是基于《学校教育法》

---

① 日本新《教育基本法》（全文）[J]. 张德伟，译. 外国教育研究，2009（3）：95-96.

（1947 年，法律第 26 号），作为学校教育课程所实施的教育活动之外的，主要对青少年及成人所进行的有组织的教育活动（含体育和文娱活动）。

【公民馆的目的】

第二十条　公民馆以面向市町村及其他特定区域内的居民开展各种实际生活相关的教育、学术及文化活动，从而提高居民教养，增进其健康，陶冶其情操，振兴文化生活及增进社会福利为目的。

【学校设施的利用】

第四十四条　1. 学校的管理机关，在确认不影响学校教育的情况下，必须尽力将其管理的学校设施提供给社会教育利用。

2. 前项中的所谓"学校的管理机关"，国立学校的系指文部大臣，公立大学的系指其地方公共团体的长官，大学以外公立学校的系指其地方公共团体里设置的教育委员会。

总的来说，《社会教育法》从两个方面保障了国民教育与学习活动的自由发展。第一，明令禁止了教育行政对社会教育不正当的权力控制与支配；第二，规定了作为国民自主活动培育场所的教育设施（公民馆、图书馆、博物馆等）的设置。在此基础上，无论是行政机关，还是教育机构，都遵循了民众自愿参加的原则，试图实现与国民意愿直接联系的社会教育行政。《社会教育法》至今经历了 20 余次修订，其总的趋向是扩大地方教育行政权限，保障国民自主的相互教育与学习活动。当前，《社会教育法》作为规范日本实施终身教育事业发展的一部重要法律，发挥了重要的引领作用。

（四）《图书馆法》

《图书馆法》于 1950 年 4 月 30 日颁布，根据《社会教育法》精神规定了有关图书馆设置和运营的必要事项，谋求其健全发展，从而为发展国民的教育和文化事业做出贡献。本法中的图书馆，是指收集、整理和保存图书、记录及其他必要资料，供一般公众利用，以促进其品德修养、调查研究和文娱活动为目的的设施，主要由地方公共团体、红十字会或民法第三十四条所规定的法人设置（附属学校的图书馆或图书室除外）。由地方公共团体设置的图书馆称为公立图书馆，而由红十字会或民法第三十四条规定的法人设置的图书馆称为私立图书馆。

【图书馆服务】

第三条　为更好地开展服务工作，图书馆必须根据当地的情况和一般公众的希望，进而注意可以支援学校教育，努力实施大致如下各款所列事项：

（1）充分注意收集乡土资料、地方行政资料、美术品、唱片、电影胶片，收集图书、记录、视听教育资料及其他必要资料供一般公众利用。

（2）把图书馆资料进行适当分类排列，并编制其目录。

（3）图书馆职员对图书馆资料应充分熟知，并为公众提供咨询服务。

（4）与其他图书馆、国立国会图书馆、地方公共团体议会附设的图书室及学校附属的图书馆或图书室密切联系、协作，相互出借图书馆资料。

（5）设置分馆、阅览所、预约发行所，以及巡回开展汽车文库、出借文库活动。

（6）主办读书会、研究会、鉴赏会、放映会、资料展览会等，以及对其进行奖励。

（7）介绍和提供有关时事的信息和参考资料。

（8）与学校、博物馆、公民馆、研究所等进行密切的联系和协作。

（五）《博物馆法》

《博物馆法》颁布于 1951 年，根据《社会教育法》精神规定了有关博物馆设置和运营的必要事项，谋求其健全发展，从而为发展国民的教育、学术和文化事业做出贡献。本法中的博物馆，是指收集、保管、展出有关历史、艺术、民俗、产业、自然科学等方面的资料，并基于教育目的供一般公众利用，为促进其品德修养、调查研究和文化娱乐开展必要事业的设施。

【博物馆事业】

第三条　1. 博物馆为实现《博物馆法》的目的，大致开展下列事业：

（1）大量收集、保管和展览实物、标本、摹本、模型、文献、图表、照片、电影胶片、录音唱片等博物馆资料。

（2）设置分馆或在该博物馆以外的地方展出博物馆资料。

（3）对一般公众，就博物馆资料的利用进行必要的说明、建议、指导等，或设置研究室、实验室、工作室、图书室等供其利用。

（4）进行有关博物馆资料的专门性、技术性调查研究。

（5）进行有关博物馆资料的保管和展览等方面的技术研究。

（6）编辑和发布有关博物馆资料的指南书、解说书、目录、年报、调查研究报告书等。

（7）主办有关博物馆资料的讲演会、讲习会、电影会、研究会等，以及对其举办进行支援。

（8）对博物馆所在地或其周围地区适用于《文化财保护法》的文化遗产，编辑解说书或目录等，以图一般公众利用该文化遗产之便利。

（9）与其他博物馆、博物馆性质的国家设施等密切联系，密切协作，交换出版物和信息，相互出借博物馆资料。

（10）与学校、图书馆、研究所、公民馆等教育、学术或文化的各有关设施协作，对其活动进行支援。

2. 博物馆在开展其事业时，必须考虑当地的实际情况，促进国民实际生活水平的提高，还要注意能够支援学校教育。

（六）《青年学级振兴法》

《青年学级振兴法》于1953年8月14日颁布，主要是鉴于劳动青年有利于振兴国家产业，并且是建设民主文化国家的主力，所以根据《社会教育法》精神规定了有关青年学级设置与管理的必要事项，力求其健全发展，从而为培养对国家和社会有用的建设者做出贡献。本法中的青年学级，是指由市町村根据本法规定，面向从事劳动或即将从事劳动的青年开办的、以教授有关实际生活所需要的职业或家务方面的知识与技能，并提高一般文化素养为目的的事业。

【青年学级的基本方针】
第三条　青年学级必须尊重劳动青年的自主性，且根据劳动青年的生活实际及当地实情进行设置和管理。
【提供接受青年学级教育的机会】
第四条　对要求接受青年学级教育的劳动青年，必须尽可能地为其提供机会。

（七）《体育运动振兴法》

《体育运动振兴法》于1961年6月16日颁布，以明确有关体育运动振兴政策为根本，从而为实现国民的身心健康和明快充实的国民生活做出贡献。规定不得在运用此法时，强制国民进行体育运动或将体育运动为规定之外的目的所用。本法中的体育运动，是指为谋求身心健康发展而进行的竞技运动及健身运动（含野营活动及其他户外活动）。其中关于振兴体育运动的措施包括：开展体育日例行活动；举办国民体育大会；规范并奖励体育活动的实施；振兴青少年体育运动；奖励职工文体活动；奖励户外活动；充实指导者队伍；增设公共体育设施；充分利用学校设施；提高国家体育运动发展水平；促进相关科学研究等。

【实施措施的方针】

第三条　1. 国家及地方公共团体在实施有关体育运动的振兴措施时，必须努力协助国民开展有关体育运动的自发性活动，同时整备各项条件，以便使广大国民可以利用一切机会，在任何可能的场所自主地根据其适应性及健康状态开展体育运动。

2. 本法律中所规定的有关体育运动的振兴措施，不是为了振兴营利性质的体育运动。

（八）《关于整备振兴终身学习措施推进体制的法律》

《关于整备振兴终身学习措施推进体制的法律》是于 1990 年 6 月 29 日颁布的有关终身学习政策如何推进的法律，习惯上称之为《终身学习振兴法》。本法是继美国之后世界上第二个国家出台的有关终身学习的成文法律，内容共 11 条，目的是促进都道府县振兴终身学习事业。为此，要健全该项事业的推进体制和其他必要事项，以便为国民提供充分的终身学习机会。同时，法律规定通过设立终身学习审议会调查审议终身学习发展情况，并提出实施方案，进而为振兴终身学习事业做出贡献。

【促进终身学习振兴的都道府县事业】

第三条　国家及地方公共团体根据本法律规定实施振兴终身学习措施时，既应该注意尊重国民对于学习的自发意愿，也应使之与职业能力的开发与提高，以及在社会福利等方面制定的有益于终身学习的政策相配合，努力有效地推进。

【终身学习审议会】

第十条　1. 文部省设置终身学习审议会。

2. 审议会除了根据本法律和《社会教育法》的规定，调查审议属于其权限的事项之外，还根据文部大臣的咨询，调查审议下列事项：

（1）有关振兴学校教育、社会教育和文化及促进终身学习措施的重要事项。

（2）有关社会教育的一般事项及有关利用学校教育中视听教育媒体的事项。

本法强调援助并支持地方社会教育及文化机构和团体的相互合作，举办社会教育方面的讲座及其他为居民提供学习机会的必要事业；规定都道府县委员会要努力与社会教育有关团体、与从事地方终身学习事业的机关团体合作。此外，对都道府县在建立终身学习社会中的作用也都做了具体规定，理论上对建构自下而上的终身教育体系是非常有利的。事实上，本法出台后受到的批评较多，主要集中在其立法宗旨上，企图以终身学习振兴产业的功利主义导向取代或否定既有的《社会教育法》等相关法律中的民主主义精神，不仅忽视了对日本传统文化的继承，而且也缺少基层社会教育事业开展方式的具体规定，可操作性非常低。之后，本法于2002年进行了修订。与1990年的法律相比，其只是在部分条文、措施的细节上做了些修正，基本原则和整体框架并没有改变。[①]

日本的社会教育相关法律制度从20世纪80年代开始，就已经向着发展终身教育、终身学习及建构学习型社会的方向过渡。进入21世纪以后，

① 吴遵民，黄欣编著. 实践终身教育论：上海市推进终身教育的路径与机制研究[M]. 上海：上海教育出版社，2008：127-130.

很多学者积极呼吁国家政策层面上社会教育的回归。

二、日本社会教育制度的理论基础

如前所述，日本社会教育以第二次世界大战的结束为其转折点，发生了翻天覆地的变化，这主要得益于战后迅速实施的教育改革及社会教育法制化进程的加快。当然，日本在第二次世界大战前也有社会教育方面的制度规定。比如，早在 1925 年 12 月 14 日，文部省就发布了《地方社会教育职员制（敕令第 324 号）》，规定了各府县社会教育主事和辅助人员的数量及财政支出的来源，逐渐确立了专任社会教育职员的体制。这个制度是基于 1917 年临时教育会议召开的总会中提到的通俗教育事务担当者养成这一迫切性问题的考虑而制定的。虽然当时制度制定得还不完善，但它的颁布反映了当时思想理论研究的倾向性，即着重于社会教育问题的解决及教育民主的实现。[1] 也就是说，理论和制度之间是存在某种互涉关系的。一方面，理论的发展得益于制度的推行；另一方面，制度的制定也离不开理论的支撑。

社会教育相关法律主要是在第二次世界大战后颁布并实施的，因此我们以此一时期日本社会教育相关法律的颁布及修订为主线，考察一下日本社会教育制度演进的理论基础。

（一）战后初期的公民教育论

战后初期社会教育的发展得益于当时文部省官员所主张的公民教育及启蒙主义社会教育思想。根据《日本国宪法》精神制定的《教育基本法》

---

① 小川利夫将第二次世界大战前日本社会教育的思想演进史划分为：作为社会问题存在社会教育思想的萌芽时期（1860—1907）、作为教育民主社会教育思想的生成时期（1907—1929）及作为民众教化社会教育思想的危机时期（1930—1945）。小川利夫.现代社会教育思想の生成日本社会教育思想史序説[A].（講座　現代社会教育Ⅰ）現代社会教育の理論[M].東京：亜紀書房，1977：94.

中关于社会教育（第七条）的规定及之后相继颁布的《社会教育法》《图书馆法》《博物馆法》，都是以上述思想为基础的。比如，战后第一任学校教育局长田中耕太郎提出社会教育是"政治与狭义教育的中间性存在"[①]之观点；战后第一任社会教育局长关口泰呼吁重视社会教育的公民塑造功能对国家重建的重要意义；战后第二任社会教育课长寺中作雄对战前"作为国民教化"的社会教育观进行了强烈批判，并在此基础上提出了"自我教育、相互教育才是社会教育的本质"的新社会教育观。他们的思想及致力于实现社会教育自由的努力，为战后初期社会教育法制化的发展，提供了思想上的指导与决策上的保障。此外，宫原诚一丰富的研究成果也印证了这个阶段社会教育理论研究的蓬勃发展。宫原诚一是"日本教育学者中把社会教育研究从边缘带入正轨的第一人"，他是基于计划性的公民教育思想，以成人的自我教育为主线进行社会教育理论及实践思考的先驱。他提出了"社会教育是下层民众与权力支配阶层的共同要求"的社会教育本质论。他的思想不仅是日本第二次世界大战前社会教育理论成果的集大成，而且也是战后日本社会教育研究的出发点。

（二）20 世纪 60 年代的国民权利论

1959 年《社会教育法》进行了一次大幅度修订，内容主要是关于社会教育主事、社会教育相关团体的辅助金及公民馆的设置和运营等问题。学者们批判这次的修订强化了文部省对社会教育相关团体、社会教育主事及公民馆的意志渗透，国家教育公权力的扩张违背了社会教育的地方分权原则，损害了社会教育的民主发展。与此同时，20 世纪 60 年代经济的高速增长及工业化进程的加快，使得与人们生存与生活密切相关的健康、环境等问题日益严峻。随着致力于解决地域性问题的住民运动的开展，创立了众多以住民为主体的社会教育实践理论，诸如以东京·三多摩的公民馆活动为背景创立的公民馆三阶段论（即《三多摩宣言（1973—1974）》的雏

---

① 田中耕太郎. 教育と政治[M]. 東京：好学社，1946：328-338.

形）等，作为国民权利的社会教育思想应运而生。此外，以小川利夫为代表的社会教育研究者们在继承和发展宫原诚一社会教育本质论的基础上，积极关注社会教育发展的内外矛盾，热衷于进行社会教育的制度分析及历史研究，着重从社会教育原理的角度探讨社会教育实践课题。在此背景下，1963 年大阪府枚方市颁布了"社会教育面向全体市民"的《枚方宣言》。这一社会教育行政方针的提出标志着社会教育主导思想开始发生转变。1965年，饭田下伊那主事会颁布了有关"公民馆主事的特质与职能"的《下伊那宣言》。前述两个宣言，体现了社会教育作为住民权利的宪法基本思想，呼吁住民也应该在公民馆中一边学习与地区生活问题息息相关的住民运动思想，一边逐渐成为学习的主人，在不断的学习过程中实现对学习内容的整合与内化。同时，还强调了社会教育职员具有保障住民学习权的职能。

（三）20 世纪 70 年代的终身教育论

20 世纪 70 年代以后，日本经济高速增长造成的破坏式影响开始显现，激发了人们对于生存与生活问题的关注。1965 年，国际成人教育会议在巴黎召开，出席会议的日本代表、御茶水女子大学原校长波多野完治回到日本后将会议报告翻译为《社会教育新方向》，并于 1967 年由联合国教科文组织日本国内委员会出版发行，激发了日本学术界对终身教育的研究热情。随着终身教育思想的深入人心，如何在终身教育思想的指导下解决人们的实际生活问题是这个时期学者们的主要关注点。日本政府也开始以终身教育作为指导思想来解决新自由主义、市场化改革背景下所滋生的各种复杂社会问题。1971 年，社会教育审议会的报告《关于应对社会构造急剧变化的社会教育应有状态》提出了将终身教育作为重构教育体系的主导理念。同年 6 月的中央教育审议会报告《关于今后综合扩充与整顿学校教育的基本措施》，更是将终身教育作为 70 年代社会教育行政改革的指导方针，指明了各地社会教育发展的新方向。这个时期日本的终身教育论中，理念型占主导地位，研究中涉及学校制度、教育计划、教育财政等方面的具体实施建议极少，尚未关注实践层面。1977 年终身教育委员会成立，并应文部省要求开始调查审议终身教育问题，才使得日本终身教育有了实质性的进展。1979 年日本终身教育学会成立，其众多调查结论为终身教育作为政府教育工作的方针和目标，提供了理论上的支持，推动了日本终身教育事业的发展。1981 年中央教育审议会发布了《关于终身教育》的报告，这是"终身教育"一词首次出现在日本的官方文件中。1987 年临时教育审议会发布的《关于教育改革》的报告中明确提出，教育改革的最终目标是要实现"向终身学习体系的转变"。

（四）20 世纪 90 年代的社会教育消亡论

随着 20 世纪八九十年代终身学习相关法律的确立，使得日本在教育政策制定上出现了从终身教育向终身学习的观念性转变。在此之前，日本学者松下圭一就曾断言，21 世纪社会教育没有存在的必要，"社会教育的优越性正逐渐被终身学习取代，'社会教育的末日'已经来临"①。1990 年颁布的《关于整备振兴终身学习措施推进体制的法律》，更是加速了这一进程，社会教育概念因而面临被解构的严峻局面。在这一背景下，1999 年、2001 年和 2003 年《社会教育法》《关于公民馆的设置及运营基准》等法案的修订，2006 年《教育基本法》的修订，2008 年《图书馆法》及《博物馆法》的修订，特别是其中有关终身学习的内容，使得社会教育失去了以往在法治层面上的优势。国家公权力对社会教育的诸多干涉，诸如明确规定社会教育要辅助、支援家庭教育及学校教育等法律条款，使得进入 21 世纪后的日本社会教育面临倒退回第二次世界大战前学校中心自治民育的艰难处境，引起了学者们的广泛关注与热烈讨论。学者们一方面对终身学习理念指导下的日本社会教育发展寄予厚望，另一方面又对政府将终身学习作为个体责任，放在宪法所规定的国民教育权保障体系之外的政治意图深感忧虑。日本社会教育面临重组、转折和再生的复杂局面。

---

① 松下圭一. 社会教育の終焉[M]. 東京：筑摩書房，1986：3.

三、日本社会教育理论的制度效应

日本社会教育的发展鲜明地反映了理论和制度之间的互涉关系，即制度的确立需要理论的支撑，而理论的发展又得益于制度的推行。当然，制度的停滞或倒退自然也会刺激理论发挥其促进制度发展的催化剂作用。基于此，考虑到现有日本社会教育制度的倒退现状，日本社会教育理论创生将会发生新的转向，即从重新定位和理解社会教育入手深化社会教育理论研究，以促成社会教育制度的创新与发展。

纵观日本社会教育制度的演变史，其受理论研究影响的程度可见一斑，而这只是制度和理论互涉关系的一个侧面。制度形成之后，转而开始对理论研究发挥作用，我们可以将其称为制度效应。一般意义上，效应指的是在有限的环境下，某个或某些因素与另外的某个或某些结果构成的一种因果现象。但现在"效应"一词使用的范围较广，并不仅限于严格的科学定理、定律中的因果关系，也多用于对某种自然现象或社会现象的描述。我们谈论的制度效应是指与制度的建立和运行直接相关的社会领域内所发生的变化，即在国家推行一种新制度后，人们根据这种制度的规定从事各项工作，由此产生的社会（包括政治、经济、文化、军事等领域）变化。如果从社会学视角来理解，那么这种社会变化的产生其实就是制度社会功能的实现。其主要体现在三个方面，即强化共同体意识、维持社会秩序及实现社会目标。进而言之，社会教育的制度效应体现在：通过制度的建立强化教育场域内共同体主体意识；通过制度的运行调控研究活动的方向，维持社会秩序的稳定；通过制度的修正创新实践，最终促进社会目标的实现。

其一，制度的建立强化了社会教育场域内共同体的学术主体性意识。日本的学术研究，在明治维新之后的一段时间内采用的是欧—亚二元对立的学术研究范式，可以说这是全盘西化的副作用，但日本民族性格中有强烈的反思批判意识，以教育学研究为例，这种反思批判意识使得日本在引进欧美教育学的同时就开启了反思、构建本土教育学的研究历程。《日本国宪法》《教育基本法》《社会教育法》等法律的相继颁布，使得日本研究者的学术主体性被强化，逐渐形成了日本国家—国民的学术研究范式。国家和政府鼓励并资助教育研究者的研究活动，呼吁他们积极地为教育改革出谋划策。国家政策上的支持使得日本本土教育研究者逐渐增多，涌现出诸如宫原诚一、小川利夫、海后宗臣、宫坂广作、新海英行、小林文人、佐藤一子等杰出的社会教育研究者，致力于日本本土化教育理论的研究。特别是 1971 年《关于应对社会构造急剧变化的社会教育应有状态》发布之后，日本学术界就开展了对社会教育、终身教育等概念的热烈讨论。这也体现了日本学者为颠覆西方文化霸权、反对民族精神被殖民化，拒绝用西方欧—亚二元对立的思维范式来框定和分析日本文化及教育的主体性意识，体现了理论研究者高度的学术主体性。通过梳理第二次世界大战后日本社会教育思想史不难发现，日本社会教育是有其独特领域、内容及特质的日本本土化概念，与成人教育、终身学习等概念既有区别，又有联系。对此，宫原诚一在半个多世纪前就曾反复强调社会教育（在日本）是一个历史性的概念，要用历史的眼光来理解社会教育。

　　其二，制度的运行调控了社会教育研究活动的方向，起到了维持社会秩序稳定的作用。日本社会教育，特别是第二次世界大战后社会教育的发展，很大程度上取决于制度与理论的互涉关系。可以说，理论研究促成了制度的衍生，制度运行又制约了理论研究的方向。我们虽然不能否认日本社会教育理论研究在制度论、计划论、实践论等方面的高水平，但是第二次世界大战后日本社会教育研究总体上还是侧重制度分析及民众运动，相对缺乏系统性的理论体系建构研究，主要是因日本的学术研究倾向受政策影响大。举例来说，社会教育思想启蒙期关于社会教育概念、本质的讨论热潮就源于战后一系列教育制度的建立。《社会教育法》第二条就是对社会教育的明确界定，即社会教育是基于《学校教育法》，作为学校教育课程所实施的教育活动之外的，主要对青少年及成人所进行的有组织的教育活动（含体育与文娱活动）。基于这样的法律界定，图书馆、博物馆等文化设施就被当作社会教育机构确立下来。这之后，引发了对社会教育本质的争论。在社会教育法制化的过程中，日本社会教育的内涵和外延渐渐被明确下来。

1971 年 6 月中央教育审议会《关于今后综合扩充与整顿学校教育的基本措施》的发布，为此后社会教育研究中多谈终身教育、少提社会教育的学术现象埋下了伏笔。20 世纪八九十年代关于社会教育终结的讨论也鲜明地反映了当时的学术研究受到了一系列终身学习政策的影响。当然，任何制度的实施及其功能的发挥，都需要借助一定的代理实体，即政党、社会团体、企业等组织来实现。

其三，制度的修正创新了社会教育实践，最终促进了日本公民社会建设目标的实现。受第二次世界大战后民主主义制度的影响，社会教育的实践特征也从战前官府主导的民众教化性、非设施主义·团体中心性、农村地区中心性及青年中心性转变为战后的政策性、地域性与设施中心性。与德国社会教育研究具有的浓重思辨色彩不同，社会教育实践活动是日本社会教育理论发展的重要根基。日本社会教育理论来源于实践，在实践中升华，又反哺实践。岛田修一与藤冈贞彦在其编著的《社会教育概论》一书中就将社会教育的研究对象明确为"社会教育实践"，将社会教育定义为"组织成人自我教育活动的行为"。日本社会教育的政策性反映了日本社会教育理论和实践严格按照政策导向实施，地域性贯彻了日本地方分权的教育管理体制，设施中心性表现为日本社会教育在实践上几乎可以等同于公民馆活动。小川利夫也曾断言："公民馆的历史就是（日本）社会教育的历史。"按照著名公民馆研究者小林文人的观点，日本的公民馆从诞生到现在共经历了五个发展阶段，分别是初期公民馆阶段、公民馆现代化阶段、居民参加型公民馆阶段、终身学习及行政改革下的公民馆阶段和地域创造型公民馆阶段。公民馆的转型发展也对应了社会教育理论的阶段性发展。比如，20 世纪五六十年代的职场生活记录运动及共同学习运动的开展，就极大地激发了青年们的学习权利意识，萌生了倡导自由与自主学习的社会教育思想。20 世纪 60 年代以后，集体上京就职的青年们参加了名为"生活与学习主体性交锋地带"的三鹰市勤劳青年学级，这不仅是共同学习理论指导社会教育实践的典型事例，而且通过青年们的主体性实践也推动了社会教育理论研究。这些优秀的社会教育实践活动以公民馆为依托，渐渐地公民馆利用者们开始参与公民馆管理，自治的、创造性的社会教育实践活动不断萌发，最终促进了公民社会创建目标的实现。

如前所述，虽然制度的产生会受到政治、经济、文化、技术等诸多社会因素的综合作用和影响，但是所有的社会因素都会借助人的思维活动发挥作用，并通过理论形态表征出来。也就是说，看似制度的建立直接影响了社会、秩序及社会实践，但这些影响其实要通过理论的中介作用才可以实现。教育理论作为人类实践理性的一种体现，通过作用于制度理性，从而影响制度的落实与存废。制度效应是以现实性为基础，其本身只有自我强化的机制，并不具有自我修正和完善的功能。也就是说，制度一旦形成，就会为固守自身而控制理论研究的方向、深度与广度，从而限制理论创新的可能性，这就是我们通常所说的路径依赖问题。正是由于制度本身的惰性，所以才需要制度代理人（相当于韦伯笔下的官员）及时采纳理论研究者的建议，并结合当前实际及未来愿景，不断地对制度进行修正，使之能反映民众的真正诉求，否则制度一旦进入锁定状态，创新制度就会变得十分艰难。那么，这是不是就意味着制度难以摆脱路径依赖呢？事实并非如此。多重路径依赖程度的差异会导致制度偏离自身的发展路径，当这种偏离程度累积到一定值时，便会汇聚成打破原有路径依赖并实现路径创造的动力。[①] 也就是说，制度变迁的路径如果呈现出复杂化状态，那么也就意味着制度在其惯性发展过程中同时也孕育了路径偏离或创造的可能性。当制度效应发挥到极致，就有可能摆脱对历史传统的过度依赖，通过主体行为的改变来影响制度变迁的路径，而造成制度变迁的诱因就是主体意识萌发基础上的理论创新。学术界一直强调和呼吁理论创新的缘由就在于此。

任何时代、任何地域产生的理论都不可避免地带有当下社会的特征。也就是说，制度形态作为一种理论形式受限于人们的社会认知，并反映社会的发展需求。就存在状态而言，制度不是孤立的规则和条例，它是一个系统，有其内在的秩序并存在于特定的文化情境中。制度运行过程中产生

---

① 时晓虹，耿刚德，李怀.“路径依赖”理论新解[J]. 经济学家，2014（6）：53-64.

的路径依赖及制度的自我增强机制会不断获得人们的普遍认同，变成维持制度存在的理由，任由这种制度发挥作用也会导致社会发展进入停滞或倒退状态。因此，政府主导的制度修正就显得非常重要。任何一个国家遇到社会危机和发展瓶颈的时候，政府都会通过改革来重新设计制度。

考虑到当前制度背景下理论的可为之处，可以推测未来日本社会教育理论研究会表现出新的学术倾向性，即基于制度效应来重新定位社会教育的价值，深化社会教育理论研究，具体表现在以下三个方面：其一，立足日本社会实际，接轨国际理论前沿，在社会问题解决与个体自我实现之间寻求理论生长点。若深层次地思考第二次世界大战后的日本社会教育，可能恰如牧野笃所言，"在近代国家形成的过程中，伴随着义务教育的普及发展起来的、与学校教育并驾齐驱构成日本教育双轨的社会教育，是作为消解民众升学及就业压力，为将民众培养成平等均质的国民而诞生的教育发展战略……社会教育通过将人们生活中的欲望从学校里倒卖出来进行回收来维持既存的社会秩序，巩固社会的基础建设。表面上这对学校中心型社会起到了支撑作用，事实上它也在不断地溶解着学校中心型社会的根基"①。的确，战后很长一段时间内日本社会教育作为学校教育的补充，发挥着辅助与协作的功能。历史证明，社会教育在社会问题解决及国民素质养成等方面的功能与作用不可小觑。它减轻了民众的升学压力，缓解了就业的急迫性，维持着现有的社会秩序，保障了社会的安定，实际上削弱了学校在社会中的中心性地位。日本的社会教育与学校教育在实施方式上也有着本质的区别。第二次世界大战后，特别是 20 世纪 80 年代后的日本社会教育被公认为是一种个体主动通过相互教育实现自我教育的方式，追求的是"教育的中立与自由"及"公民学习权利的保障"。遗憾的是，旧《社会教育法》指导下的第二次世界大战后初期社会教育实践中的确依旧残留着行政主导与教化主义特质，使国民的社会教育主体地位一直停留在理念层面。为了

---

① 牧野篤. 認められたい欲望と過剰な自分語り：そして居合わせた他者・過去とともにある私へ[M]. 東京：東京大学出版会，2011：7-8.

顺应国际终身学习思潮而颁布的《终身学习振兴法》所反映的，是政府基于学习概念本身的自主性、自发性理由将学习个体的责任放在宪法所规定的国民教育权保障体系之外的意图与倾向，使公民的学习权利陷入毫无保障的境地。目前世界范围内社会教育研究的趋向是拓宽对社会教育内涵的理解，转换教育研究范式，更新传统理论框架，构建新社会教育理论体系。比如，北欧的自我教育论、生活史成人教育论、陪跑者论等，都意味着社会教育者内涵的拓宽，他们作为陪跑者和支援者在大学、职场、福利、医疗、农业等各个领域中广泛存在。社会教育研究终将突破学校教育学的研究范式与理论框架。显然，在本土发展与国际动向之间、社会问题解决与个体权利保障之间找到理论生长点是走出日本社会教育发展困境的突破口。

其二，关注改革的制度效应，创新地方性实践理论，探索论证社会教育在新时代的存在根基与社会价值。前述提到，20世纪80年代之后的日本社会教育受新自由主义理念下市场规则的引入、机构裁员、权力下放等政策规定的影响，导致努力实现了制度化的日本社会教育开始出现发展乏力的倾向。与此同时，教育委员会制度改革及社会教育行政向一般行政靠拢，也使一直以来不受一般行政约束的日本社会教育陷入了解体的危机。特别是终身教育、终身学习概念的引入，使得社会教育在国家政策层面开始退居幕后。在这些政策变动的背景下，绝大多数研究者还是对公民馆在今后社会教育发展进程中所起的作用寄予了深切期望。此外，地方自治体管理者们也在积极呼吁公民馆的重组与革新。正因为目前的政策动向有着弱化社会教育的倾向，我们才更应该重新追问社会教育的必要性，作为社会教育机构的公民馆有必要主动承担起其特有的职责与任务。公民馆处于社会教育体系的中心位置，自然需担负起联合各相关组织，共同兴办社会教育活动的责任。事实上，在日本社会教育中，即便是讲座等形式的知识技术普及活动，也是要在社区与国家协商达成一致的前提下，再通过具备自治意识的社会组织参与来实现。因此，社会教育的价值就体现在国家与社区之间的功能协调上。社区是一定空间范围内具有直接互动关系的人类个体和群体组织联合而成的地域性共同体，是社会成员从事生产生活的直接地域载体、资源场域和运作环境。[①]作为基础自治体的市町村政府一方面奖励支援居民的社会教育活动，另一方面为居民的个体成长与自我实现提供必要的环境和条件。在此基础上居民的社会教育实践，客观上会促进社区建设，从而实现居民个体成长与社区发展的统一。也就是说，国家通过财政拨款创建良好的地域社会文化环境，行政政策上鼓励居民积极参与社会教育，就可以使社区建设进入不断完善提高的良性循环。因为居民在参与社会教育的过程中会逐步完善自身，建立良好的地域人际关系及学习共同体，进而创建新型良好的地方社会，而这又为居民积极主动的自我教育活动提供了愈加良好的环境。社会教育在其中的重要意义在于能够组织居民通过共同学习形成具有协同·协动·共同的和谐关系（铃木敏正），使地方社会的可持续发展成为可能。因而，如何在学习共同体基础上创新居民自治实践活动，或许就是新时期日本社会教育研究的另一方向所在。

其三，注重批判性反思，颠覆西方文化霸权，构建日本本土化社会教育理论体系。战后日本从动员型到参加型，从参与计划型再到协作共建型居民自治的社会教育实践指向，本质上是日本政府希望通过社会教育来达成"创造公民社会"之远大愿景的国家策略。问题是在这个过程中，不单是研究范式被西方化，甚至思维方式也在被西方化。以往的日本社会教育理论与实践一直强调的是西方所倡导的理性、自由和平等的（当然通过学校教育也一直在强化）主智主义思维方式，而我们东方民族所重视的审美意识、主体的自我感受及与他者之间共情、宽容的主意主义思维却被冷落，甚至受到压制。研究者们越来越意识到制约社会教育发展的原因之一在于西方理论与本土实践之间的冲突。毋庸置疑，文化是一个民族教育发展的根基，社会教育的发展始终不能脱离文化土壤。基于此，不少学者认为应该从明晰日本社会教育的内涵入手建构日本本土化的社会教育理论体系。不同于第二次世界大战前的国家主义、军国主义特征，不同于战后初期的

---

① 傅松涛，傅林婉. 教育权利的社会保障[J]. 河北大学学报（哲学社会科学版），2013（4）：11-21.

官府主导与民众教化性质，新时期日本社会教育研究的重要任务应该致力
于建构日本新社会教育（冈本薰）。不同于为经济发展而关注劳动者继续教
育的西欧模式，也不同于为了应对基础教育升学率低而开展成人识字教育
或基础职业教育的发展中国家模式，日本模式的新社会教育是为了获得"心
灵富足"与"生存意义"的一种"闲暇式学习活动"①，是一种教养型教育。
日本《社会教育法》第三条明文规定："国家及地方公共团体……必须努力
创设环境促进与民众实际生活相匹配的文化素养的提升。"可见，教养教育
一直是战后日本社会教育事业的努力方向。不为经济、产业或就业，只为
文化素养的提升，将会是日本未来社会教育理论体系建构的思想根基。从
教育与社会关系的视野来审视社会教育实践永远是正确评价社会教育发展
水平的不二法则。至于理论建构的方法论问题，梨本雄太郎的建议可算作
一种尝试，即重读日本社会教育学经典，与经典投射出的理论初心与学术
志向相遇，从中生发出新的时代意义，并在这个过程中不断反思日本社会
教育的未来发展方向。日本战后几十年的社会教育改革实践中，制度和理
论的互相渗透，让我们看到了日本社会教育制度变迁的方向和逻辑，同时
也让我们感受到了日本民众学习需求的不断提升对本土化理论创生的迫切
需要。现代社会普遍强调制度建设，不仅仅是因为制度建设是社会进步的
直接表征，而更为根本的原因是社会的现代化依赖于正式制度对社会生活
的有效重塑。②社会生活的重塑，一方面要求制度及其代理人能更为主动地
正视民众诉求，并将其制度化予以落实；另一方面则需要民众作为生活的
主体能更为积极地对制度进行反思并提出要求，这将成为制度修正的动力，
而这两个方面的同时展开，恰恰就是制度和理论理想的互动关系。

---

① 冈本薫. 日本型生涯学習支援論[A]. 鈴木眞理，松岡廣路編著. 生涯学習と社会教育[M].
学文社，2003：166-167.
② 肖瑛. 从"国家与社会"到"制度与生活"：中国社会变迁研究的视角转换[J]. 中国社会
科学，2014（9）：88-104，204-205.

四、日本社会教育实践发展的启示

综上所述，我们发现第二次世界大战后日本的地域性社会教育与作为我国社会教育重要一环的社区教育有很多相似点。首先，二者都是社会变革的产物及经济发展的必然要求。源于20世纪80年代的中国社区教育是改革开放以后国家政治、经济和文化发展的必然结果，是实现教育社会化的必然要求。二战后发展起来的日本社会教育，同样也是基于通过塑造公民加快构建民主社会的改革初衷。其次，二者在概念内涵及表现形式上也大致重合，都有建构现代大教育的实践倾向。中国社区教育的内涵丰富，一开始就包括了社区内的一切教育形式，诸如家庭教育、学校教育、成人教育、老年教育等。日本社会教育虽然确立之初定位为学校外教育，但是随着其理论发展与实践创新，当前日本社会教育在内涵与形式上也得到了极大的拓展。再次，二者都表现出强烈的社会治理指向性，致力于将社会建设与教育发展统一起来。日本社会教育侧重参与型地域社会的建设[①]，中国社区教育旨在构建学习型社区，都反映了在终身学习国际思潮的影响下，国家对社会变迁及时代发展所带来挑战的一种积极应对。

当然，由于两国在社会发展、经济体制、文化观念等方面存在差异，因此二者在具体的操作层面上也存在明显的相异之处。其一，立法保障力度不同。日本社会教育自确立以来，就一直得到国家立法的支持。《社会教育法》的颁布及其之后的多次修订和完善，为日本社会教育的顺利发展提供了坚强的法律后盾，而我国社区教育的发展更多依赖于规划、意见层面的指导。其二，目的及实现方式不同。日本社会教育的目的是以小成大，通过举办区域性的社会教育活动，着眼于地域性课题的具体化解决。比如，饭田市建构经济文化自立都市的理念，以及号召居民参与保护区域内濒临灭绝植物的举措，都是着力将区域社会发展的责任具体到每个地区居民的

---

① ［日］新保敦子. 全球化下日本公民馆的发展及其社会影响[J]. 现代远程教育研究，2011（2）：52–58.

身上。因而，其实现方式是由下而上的。也就是说，主要依靠民众的自发组织及自我管理，政府的作用是监督、支持并提供一切便利条件与资源。中国社区教育虽立足于社区，但更强调由上而下的政府主导，凸显宏观布局与筹划。因而，更侧重于以大促小，在对整个社会出现的普遍问题给予关注的基础上发展社区，如基于国家构建学习型社会的要求而发展出来的学习型社区建设。其三，培养人才与整合资源的模式不同。中国社区教育聚焦适应性，更关注培养适应社会的人才。日本社会教育聚焦发展性，更关注个体的主观生活体验与感受，培养个体主动参与社会发展的意识。此外，在整合资源的方式上，中国侧重社会资源对教育的参与与投入，日本则更侧重各种教育资源，特别是学校教育资源对区域社会的开放。其四，实践活动的关注点不同。虽然都同样关注区域内人的发展，日本的社会教育更关注人与自然、人与人的关系重建，尤其重视环境教育、防灾教育、地域爱的教育，这当然与其多火山、地震的生存环境及经济高速发展带来的生态破坏、人情冷漠等环境与社会问题密切相关，中国社区教育则更关注民众知识与文化素养的提升。

通过比较分析，我们发现日本社会教育可以对我国当前社区教育的发展提供以下几点启示：

（一）继续推进终身学习体系的全面建设与制度安排

加快社区教育立法进程无疑是社区教育发展的催化剂。日本战后就迅速颁布了《社会教育法》，之后又有几次修订与完善。20世纪80年代以后，日本社会教育逐渐有被纳入终身学习体系的趋势，主要表现为与社会教育相关的政策法规逐渐减少，与终身教育和终身学习相关的法律法规逐步增加，甚至有日本学者断言，"社会教育的末日"已经来临，当然更多的学者依旧坚定地认为不是社会教育消亡了，而是变成了作为社会教育的终身学习，这是时代发展对社会教育提出的更高要求。特别是在2006年修订的《教育基本法》中增加了有关终身学习的相关规定，巩固了日本终身学习制度的法律基础。之后，中央教育审议会分别于2008年和2013年，发布了《关于探索新时代的终身学习振兴计划：指向知识循环型社会》《第六届中央教育审议会终身学习小组讨论整理》，其中提到知识经济时代需要"具备能够灵活运用自身知识和技术解决复杂课题的能力及能够与他人建立良好关系的能力等彰显丰富人性、拥有综合知识的自立的人"。因而，推进社区教育立法，建立健全终身学习体系势在必行。这里的终身学习并不是在学校中的终身学习。正如牧野笃所言，诸如制造产业的社会化、振兴农村的支援活动、跨代际交流社区的建设，以及人际关系的重建与可持续区域发展等，人们参与这些活动本质上就是学习。因此，通过参加社区活动或劳动发现新的自我，并有意识地建构新的自我，形成新的生活共同体，从而促进基层社区的发展，这个良性循环本身就是个体不断学习与成长的过程。

（二）全面加强社区教育发展的顶层设计与理论研究

日本社会教育事业的蓬勃发展，首先得益于其理论研究的不断推进，特别是能够用历史的、发展的眼光来定位社会教育。定位指的是目标实现过程中应该遵循的主要原则与基本理念，这需要通过考量许多外部因素的综合作用之后加以明确。对社会教育的不同定位自然会导致不同的发展方向。日本社会教育从战后初期的公民教育定位到 20 世纪 60 年代的国民权利定位，从 20 世纪六七十年代的终身教育定位再到八九十年代的终身学习定位，其定位随着时代的发展在不断变化，而国家和政府对社会教育的关注一直未变。饭田市社会教育实践的发展史也从侧面反映了日本战后社会教育从广泛动员到主动参与，从单向参与计划再到全面协作自治的社会教育指导方针的变化。社区教育的本质应该是民众的自我教育与相互教育。通过一系列自觉自发的居民自治活动，将居民的成长与基层社区的发展结合起来，才能在维持旧有地缘关系的基础上形成新的人际关系网络，建构起能够随时应对时代挑战的社区。当前日本的社会教育实践以协助建构自立型市民社区为目标定位，国家和地方政府也给予了相应的制度保障与财政支持，确保其目标的区域性落实，最大限度地发挥社区教育的基层社会治理功能。这也为我国社区教育的发展提供了非常重要的经验，即我国社区教育发展需要加强本土社区教育理论研究，并在依据现阶段基本国情及把握社会发展的阶段性特征基础上，对当前社区教育给予准确定位并指导实践。

（三）不断强化社区教育实践的资源整合与区域创新

在明确定位的基础上，接下来要做的就是整合资源去创新与完善社会教育实践形式与内容。不论是正规的教育形式也好，还是非正规的教育形式也罢，重要的是充分整合和利用社会资源，呼吁多元主体的组织参与，特别是学校教育资源的开放，将社区教育实践渗透到生活的各个方面。2016 年，在中央教育审议会《关于幼儿园、小学、中学、大学及特殊支援学校学习指导要领等的改进及必要对策》的报告中，就特别强调各级各类学校要致力于开发对社会开放的教育课程。如前文所述，日本社会教育实践其设施中心性很明显，以公民馆活动为主，辅以其他社会教育组织及地缘、志缘团体的活动。即便如此，以饭田市公民馆为例，除了馆内活动之外，也非常重视和其他社会教育机构及地区中小学的协作，配合龙丘小学的大正自由教育及饭田东中学的防灾教育，将地域爱渗透到每个饭田人的心中，凸显了其社会教育活动的地域特色及充分利用整个地域社会资源开展活动的全面参与性。我国社区教育实践目前缺少的就是这种区域创新的意识及资源整合的能力，当前我国社区发展的不平衡性和差异性使得我们无法用统一的模式来发展社区教育，亟须各地在努力争取政府资助的基础上，因地制宜地充分整合及利用地区资源，创新开展凸显地区特色的社区教育实践，为各地区提供多样化的具备区域特点的学习方式和学习机会。因此，政府层面要完善社会教育机构的设置，重视社会教育职员的专业性培养，使我们有条件也有能力去整合地区的政治、经济、社会、文化资源，从而创新社区教育实践。

（四）高度重视社区教育工作人员养成体系的建构

日本政府一直以来非常重视社会教育职员专业性养成问题。在 2013 年发布的第 7 届中央教育审议会《关于讨论社会教育推进体制应有状态的工作小组审议整理》报告中，特别强调建构能够有效确保社会教育活动开展的组织者、协助者及引导者通用性与可信赖性的人才培养体系的重要性。文部省内部也在讨论是否应该再增加一些有关社会教育工作人员的新的专业资格认证，诸如社会教育资格师、地域教育资格师等。此外，诸如御茶水女子大学研发的基于实践与省察的社会教育职员讲习、北翔大学提供的社会教育职员养成课程、静冈大学设置的社会教育职员任用资格课程等，众多的高等院校在积极地开展社会教育职员培训工作，为加强社会教育工作者职业化献计献策。截至 2018 年，提供社会教育相关课程的大学共 175 所，其中 4 年制大学 155 所（国立大学 40 所、公立大学 7 所、私立大学 108 所）、短期大学（部）20 所。在大学中培养社会教育职员也存在比较突出的问题，主要表现为即便是修完了文部省设定的社会教育相关课程[①]，也取得了社会教育职员的任用资格，但其被专职录用的可能性依旧非常低，而且很难找得到适用社会教育职员资格的其他工作。因此，在 2017 年 8 月文部省颁布的《关于重新思考社会教育职员养成基本观点的修正》中，提出将会重新思考社会教育职员讲习及社会教育职员养成课程的科目构成。与此同时，今后社会教育相关课程的合格者将会被授予社会教育资格师（拟称）的称号。2020 年，文部省将这一称号认定为社会教育士。社会教育士可以在社会上的任何领域里发挥作用，帮助居民实现学习质量的提升。上述关于社会教育职员养成体系的建构尝试，完全可以为我国今后社区教育工作者的培养提供一些有益的参考与启示。

---

① 文部省设定的社会教育相关课程与学分如下：终身学习概论（4 学分）；社会教育计划（4 学分）；从社会教育演习、社会教育实习、社会教育课题研究中任选一个以上科目（4 学分）；社会教育特别讲义（12 学分），主要包括社会教育特讲Ⅰ（现代社会与社会教育）、社会教育特讲Ⅱ（社会教育活动、事业与设施）、社会教育特讲Ⅲ（其他必修科目）。

　　当前我国社区教育发展中存在的问题主要表现在：法制化进程缓慢、社会关注度不够、缺乏顶层设计与理论指导、社区工作人员素质参差不齐等。日本社会教育思想的先进性及实践的先行性恰好能为我国当前社区教育的发展提供正面引导，有助于改变我国当前社区教育的边缘化处境，促进社区教育向规范化、秩序化的轨道前进。

第四章　我国社会教育实践发展的未来走向

　　一个国家和民族要发展，就必须敏锐地抓住发展机遇。改革开放以来，中国社会迅速发展，就赢在我们善于分析国情、世情和时代特征的基础上，反复强调要抓住机遇开拓创新，不断推进改革开放和社会主义现代化建设。进入 21 世纪，党的十六大在深刻分析国际国内形势的基础上，明确提出，21 世纪头 20 年，对我国来说，是一个必须紧紧抓住并且可以大有作为的重要战略机遇期。2020 年 10 月 26 日召开的党的十九届五中全会强调："当前和今后一个时期，我国发展仍然处于重要战略机遇期，但机遇和挑战都有新的发展变化。"因此，在全面建设社会主义现代化国家新征程的战略机遇期，我们要深刻理解和把握我国社会教育发展的当前语境。

第一节　我国社会教育实践发展的当前语境

　　汉语言文化表达强调精练，因此经常出现省略主语或宾语的情况。这对有东亚文化背景的人来说非常自然，很大一部分原因在于中国属于高语境文化的国家。日常沟通中，大家会默认彼此间处于同一语境下"你知道我想表达什么，我也知道你知道这一点"，一切对话都基于这个前提进行。因此，许多意思不必说出口，就能自然依赖语境进行补充理解。所以，语境更多指代语言表述的背景环境。社会语境指的是在某个特定的社会阶段和时期，社会上的一种主流价值观、态度、舆论氛围及环境，代表的是一种社会倾向性，它会影响特定人群对某些特定语言、行为的理解与判断。一般来说，我们在对社会教育实践发展困境进行归因分析的时候，总会从法律保障、财政支持、资源配置等方面入手，这些社会支持系统中存在的问题，就涉及社会语境。社会语境包括制度语境与事实语境。中国特色社会主义和谐社会的建设是我们的制度语境，社会各个层面不平衡发展的现实与人民追求美好生活的向往是我们的事实语境。思考我国当前社会教育发展的困境突破，不从具体的语境入手是很难得出真正的解决方案的。因此，明确我国当前社会的制度语境与事实语境是发展的前提。

一、制度语境：中国特色社会主义的制度优势

制度的好坏，实际上是基于由相应制度所规约形成的社会秩序对其中的个体产生的作用而言的。面对社会竞争与博弈，制度对处于弱势地位的个体更倾向于同情。因此，制度的好坏就不仅仅是一个社会学问题，它还是一个伦理学问题。人们把制度看成是确保社会公正和正义的工具，用心目中的理想追求来衡量制度，其中的价值期待与实践意图是明显的。

（一）当代中国特色的社会主义制度

当代中国的政治制度，主要包括两大基本制度：国体层面是人民民主，实行共产党领导下的多党合作和政治协商制度；政体层面是人民代表大会制度，是我国的根本政治制度。这两大政治制度的实质是人民当家做主。在人民这个政治联合体当中，党和人民群众彼此支撑、相互融合的关系具有根本性。在国家结构形式层面，当代中国实行的是单一制。共产党领导下的行政主导目前仍是中国国家权力结构的主要特征。在计划经济时代，中国的单位制度是党的领导制度和中央集权制度得以落实和贯彻的最有力保障和基础。直到20世纪80年代以后，随着市场经济的建立，单位制度开始弱化并趋于瓦解，基层群众自治实践渐趋活跃，市场经济基础上的基层群众自治制度开始建立。这样的制度发展具有鲜明的中国特色。

党的十八大以来，以习近平同志为核心的党中央基于理论和实践相结合的理念，系统回答了新时代坚持和发展什么样的中国特色社会主义、怎样坚持和发展中国特色社会主义等一系列重大时代课题，形成了习近平新

时代中国特色社会主义思想。党的十九大报告的最大亮点，就是站在中国特色社会主义进入新时代且实现强起来的新的历史方位和历史起点上，提出并确立了习近平新时代中国特色社会主义思想的指导思想地位。报告中特别明确了中国特色社会主义最本质的特征就是坚持中国共产党的领导，中国特色社会主义制度的最大优势也是中国共产党的领导。中国共产党是我国的最高政治领导力量，而新时代党的建设总要求是突出政治建设在党的建设中的重要地位。

此外，十九大报告还明确了坚持和发展中国特色社会主义的总任务是实现社会主义现代化和中华民族伟大复兴，在全面建成小康社会的基础上分两步走，在21世纪中叶建成富强、民主、文明、和谐、美丽的社会主义现代化强国；明确了新时代我国社会主要矛盾是人民日益增长的美好生活需要和不平衡、不充分的发展之间的矛盾，因此必须坚持以人民为中心的发展思想，不断促进人的全面发展、全体人民共同富裕；明确了中国特色社会主义事业总体布局是"五位一体"、战略布局是"四个全面"，强调坚定道路自信、理论自信、制度自信、文化自信；明确了全面深化改革总目标是完善和发展中国特色社会主义制度、推进国家治理体系和治理能力的现代化。

（二）中国特色社会主义制度的优势

2019年10月31日，中国共产党第十九届中央委员会第四次全体会议通过《中共中央关于坚持和完善中国特色社会主义制度 推进国家治理体系和治理能力现代化若干重大问题的决定》。强调中国特色社会主义制度是党和人民在长期实践探索中形成的科学制度体系，我国国家治理一切工作和活动都依照中国特色社会主义制度展开，我国国家治理体系和治理能力是中国特色社会主义制度及其执行能力的集中体现。新中国成立以来，党领导人民创造了世所罕见的经济快速发展奇迹和社会长期稳定奇迹，国家治理体系和治理能力现代化水平明显提高，为政治稳定、经济发展、文化繁荣、民族团结、人民幸福、社会安宁、国家统一提供了有力保障。

我国国家制度和国家治理体系的显著优势，主要体现在以下几个方面：坚持党的集中统一领导、坚持党的科学理论、保持政治稳定，确保国家始终沿着社会主义方向前进的显著优势；坚持人民当家做主、发展人民民主、密切联系群众，紧紧依靠人民推动国家发展的显著优势；坚持全面依法治国、建设社会主义法治国家，切实保障社会公平正义和人民权利的显著优势；坚持全国一盘棋、调动各方面积极性，集中力量办大事的显著优势；坚持各民族一律平等，铸牢中华民族共同体意识，实现共同团结奋斗、共同繁荣发展的显著优势；坚持公有制为主体、多种所有制经济共同发展和按劳分配为主体、多种分配方式并存，把社会主义制度和市场经济有机结合起来，不断解放和发展社会生产力的显著优势；坚持共同的理想信念、价值理念、道德观念，弘扬中华优秀传统文化、革命文化、社会主义先进文化，促进全体人民在思想上、精神上紧紧团结在一起的显著优势；坚持以人民为中心的发展思想，不断保障和改善民生、增进人民福祉，走共同富裕道路的显著优势；坚持改革创新、与时俱进，善于自我完善、自我发展，使社会始终充满生机活力的显著优势；坚持德才兼备、选贤任能，聚天下英才而用之，培养造就更多、更优秀人才的显著优势；坚持党指挥枪，确保人民军队绝对忠诚于党和人民，有力保障国家主权、安全、发展利益的显著优势；坚持"一国两制"，保持香港、澳门长期繁荣稳定，促进祖国和平统一的显著优势；坚持独立自主和对外开放相统一，积极参与全球治理，为构建人类命运共同体不断做出贡献的显著优势。这些显著优势，是我们坚定中国特色社会主义道路自信、理论自信、制度自信、文化自信的根本依据。

当今世界正经历百年未有之大变局，我国正处于实现中华民族伟大复兴的关键时期。当前新时代中国特色社会主义制度语境下，党和政府追求的是在此基础上建构更公正、更和谐的社会秩序。新的语境需要新的变化，这个"新"体现在历史新变革、历史新方位、矛盾新转化、历史新使命、时代新课题和成果新拓展等方面，很大程度上取决于系统理论体系的形成与发展，并在此基础上加以全面落实。顺应时代潮流，适应我国社会主要矛盾的变化，不断满足人民对美好生活的新期待，战胜前进道路上的各种风险挑战，必须在坚持和完善中国特色社会主义制度、推进国家治理体系和治理能力现代化上下功夫。坚持改革创新，突出坚持和完善支撑中国特色社会主义制度的根本制度、基本制度、重要制度，构建系统完备、科学规范、运行有效的制度体系，加强系统治理、依法治理、综合治理、源头治理，把我国的制度优势转化为国家治理效能，为实现"两个一百年"奋斗目标、实现中华民族伟大复兴中国梦提供有力保证。争取到2035年，各方面制度更加完善，基本实现国家治理体系和治理能力现代化；到新中国成立100年时，全面实现国家治理体系和治理能力现代化，使中国特色社会主义制度更加巩固、优越性得以充分展现。

二、事实语境：转型期中国基层社会生存样态

如前所述，中国特色社会主义在经济、政治、文化和社会等各个领域形成了一整套相互衔接、相互联系的制度体系，根本制度、基本制度、重要制度得到确立和巩固，制度优势进一步彰显。中国特色社会主义文化事业和文化产业繁荣发展，国家文化软实力和中华文化的国际影响力大幅提升，文化自信得到彰显。坚持走中国特色社会主义道路，其理论、制度和文化层面的发展都更加成熟，为我们开启新征程提供了实现途径、行动指南及制度保障和精神动力。当前我国经济正由高速增长阶段转向高质量发展阶段迈进，治理效能提升、发展韧性强劲、社会大局稳定，为持续发展提供了多方面的条件和机遇。与此同时，我国社会主要矛盾发生变化，发展不平衡、不充分的问题仍然突出，人民对美好生活的需求更加强烈，改革、发展、稳定等方面，既面临前所未有的新机遇，也迎来了新挑战。

（一）城市基层社会整合难度大

自1978年改革开放以来的40余年里，据国家统计数据显示，中国的城市化率经历了一个由前20年缓慢提高，到后20年快速提高的过程。改革开放前，中国城镇化尚处于探索发展阶段。至1978年末，中国常住人

口城市化率为 17.92%，比 1949 年末提高了 7.28 个百分点。总的来说，改革开放前 30 年中国的城镇化率提升幅度并不快，30 年提高了约 10 个百分点。改革开放以来，中国城镇化进程不断加速，1990 年末常住人口城镇化率达到 26.41%，比 1978 年提高了 8.49 个百分点，年均提高 0.71 个百分点；1990—2000 年，年均提高 0.98 个百分点；2000—2010 年，年均提高 1.37 个百分点；近 10 年，年均提高 1.39 个百分点[①]。2021 年 2 月 28 日国家统计局发布《中华人民共和国 2020 年国民经济和社会发展统计公报》。公报显示，2020 年末，我国常住人口城镇化率超过 60%。可以说，这 10 年是中国城镇化发展最快的 10 年。城市化率之所以受到特别重视，是因为它反映了城乡关系结构的变化及其对社会发展带来的挑战与压力，主要表现在：城镇化进程逐渐加快，导致城乡二元结构凸显，城市基层生态发生变化，基层社会整合难度加大。

城市化是 20 世纪上半期西方国家发生的最显著的社会空间形态变化，这种变化一直延伸至 20 世纪后半期的发展中国家。这个变化过程与工业化、科层化、现代交通、通信技术进步和资本主义的扩展过程相伴而生。这个过程中同时也呈现出了人们社会生活方面的新变化。比如，民族—国家控制的愈发加强伴随着地方社区低水平的自治与团结；全球化的推进伴随着地方社区基层发展的不确定性增加，并推动劳工迁移到有更好工作机会的地方；工具性的科层制发展把社区支持关系引向契约化和更狭窄的交易关系；大城市中利益群体的多元化使人口和组织渐趋多元化；人口各部分互动的高度异质性造成了各种组织和群体的复杂性；在流动性提高的条件下都市人互相联络的方式也渐趋多元化；交通、通信网的发展使人们方便联络住在远处的朋友，多元化的社会网络得以维持。[②]西方社会学者认为这些特征改变了城市人的生活方式和人际关系。

---

① 李晓超. 近十年中国城镇化率提升最快，面临诸多新挑战[DB/OL]. http://finance.sina.com.cn/jjxw/2021-11-11/doc-iktzqtyu6654425.shtml.

② 黎熙元，陈福平，童晓频. 社区的转型与重构：中国城市基层社会的再整合[M]. 北京：商务印书馆，2011：13-14.

　　自 20 世纪 90 年代以后，我国城市社会结构随着改革开放的政策推进及城市化进程的加快而发生变化。改革开放以来，我国的社会结构随着工业化和城市化制度改革的日益深入而发生了深刻的变化，学术界多把这个时期的中国社会称为转型期社会。孙立平认为改革之前的中国社会是一个分化程度很低、分化速度缓慢及同质性很强的社会，社会结构的一个主要特征是在资源和权力的控制上国家与社会合二为一，国家具有很强的动员和组织能力，人民则通过与所属行政单位受国家直接控制；所有组织都从属于国家行政或政治体系，由政府控制及管理，按不同的从属关系和社会地位从政府获得按计划分配的资源，没有真正意义上的非政府组织。另外一个结构特征是公民分为城乡两大身份群体和城市内干部、工人、知识分子等身份群体，不同身份与不同的政治地位、组织关系、收入水平和福利待遇相联系，不同身份成员之间异质性很强，但同时相同身份成员之间同质性和平等性水平很高。[①] 改革开放虽然促成了社会结构全面、持续和深刻的分化，但新的结构整合机制发育缓慢。

　　这种改变使我国城市基层社会结构与居民福利制度也发生了变化，具体表现在两方面：其一，单位制福利作为一个过渡性制度虽然继续沿用，但由于单位的存在状况差别很大而导致居民福利苦乐不均，相当部分的居民由于原单位解散而完全失去福利保障，构成城市社会的弱势群体。其二，由于旧城改造、居民收入提高、城乡人口流动加快等原因，居民原有的邻舍关系及亲友关系被破坏，"都市村庄"消失，原来以家庭和亲友等私人网络为基础的福利支持系统瓦解；在新建成的住宅区里，邻里之间互相陌生、家庭背景差异大，关系疏离且呈现原子态。尤其是中国迈入现代化进程之后，经济繁荣、社会富裕，家庭邻里之间在经济上的相互依赖不如以往。另外，社会流动性增加、个人视野的拓展、价值观的多元都在削弱基层群体成员之间的凝聚力。当前时代，家庭的凝聚力只限于父母在内的核心家

---

① 孙立平. 转型与断裂：改革以来中国社会结构的变迁[M]. 北京：清华大学出版社，2004：5-6.

庭成员之间。家庭群体之外很少参与社会活动，志愿团体的活动也主要集中在社会文化领域，具有强烈的地域色彩。当前的基层社会缺乏强大的中介将零散的基层群体组织起来，民众很少有意愿去主动参与社会事务，彼此的关系大多通过经济行为联结。此外，户籍制度改革的滞后性及城市管理体制的排斥性都对基层社会整合不利。在城市外来人口的管理上，往往是强制性多、服务性少，这与构建互信互助的社区人际关系的本质相去甚远，这成为建设开放、多元、和谐社区的障碍。在这样的社会背景下，道德习俗的约束力被削弱，只在面对面的乡土社会才能发挥比较大的作用。

（二）乡村基层社会发展的相对缓慢

一直以来，城乡关系的失衡，特别是乡村发展的相对滞后几乎成为中国改革所面临问题的最集中体现。旧中国给新中国留下了一个极具挑战性的城乡关系：从经济上看，乡村经济凋敝，城市经济繁荣，城乡经济发展极端不平衡；从政治上看，城乡二元对立，城市挤压乡村。虽然乡村发展一直处于劣势，但是中国的乡村社会对国家整体的发展起到的作用却是巨大的。其实，虽然中国历史上的专制统治一直强大，但是在中国的广大乡村，士绅社会存在且起很大的作用。专制统治虽然强大，但是来自金字塔顶端的命令要迅速地得到贯彻，必然借助社会力量。西方大多数国家的统治依赖于数目并不庞大的家族，中国社会则依赖于士绅。这些士绅来自民间，通过科举制度进行乡村文化传统的承袭。他们在中国乡村拥有极其强大的影响力，也决定着当地社会的生态。专制统治通过他们来执行，而当地民间的传统又左右着他们的行动。因此，国家政权与基层社会在古代中国是通过士绅阶层实现互动的，乡土社会存在且起独特作用。

当前关于城乡关系的讨论同样激烈，很多学者认为乡村建设的困难体现在乡土社会相较于城市社会的滞后发展，改变中国乡村的落后现状才是解决城乡发展不均衡的关键。乡村社会相对于城市社会具备明显的血缘性、宗族性及封闭性等特征，在这种相对封闭的共同体内部，因生活的需要，逐渐形成了一整套社会生活规范，这种规范对共同体成员的行动具有强烈的制约性，但是封闭的交往形式也使得共同体成员主要依靠自身积累经验来维持生存，因此发展意识淡薄、自我封闭且安于现状，这也使得乡村社会共同体由于其地域边界过于明显而极易发展成为独占体而常被诟病。正如费孝通所言，中国的乡土社会基本上是一个低度整合的社会，自然村落之间很少联系，一个村落一个世界，自给自足。如果说儒家思想根植于小农社会的话，那么法家思想便是大都市精神状况的反映。春秋战国之后，社会经历急剧变迁，庄园解体，商业勃兴，城市壮大。生活中的许多问题，沿用前人的成法已无法解决，传统习俗或许已不再灵验，众人对之的敬畏之情已大不如前。因此，要人循规蹈矩，还得依赖外在强硬的约束，而刑罚的实施，就成为确保社会秩序的重要手段。小农社会是一个又一个的具体世界，事物是具体的，经验是个别的，因此抽象的普遍原则有时并不适用。费孝通也这样说："我读《论语》时，看到孔子在不同人面前说着不同的话来解释'孝'的意义时，我感觉到这乡土社会的特性了。"[①] 基于此，民国时期梁漱溟的新乡村组织设想及其在山东邹平县开办的乡村建设研究院，就鲜明地反映了乡村建设学派希望"从乡村入手"，通过改良乡村社会进而融合城乡发展的理念。新乡村组织是一种政治和教化合一的自治组织，倡导从办乡学、村学开始，通过乡学、村学改造乡约、村约，进而从乡村学校中分化出乡村的监督教育、行政和立法的自治组织，以取代原有的乡公所、区公所，从而成为新的社会制度的基础。

梁漱溟在阐述乡村建设与社会教育的关系时，曾提到乡村建设和社会教育像两道河流，上游不是一个源头，而在下游彼此汇合为一流了，不仅社会教育将汇归于乡村建设，而且乡村建设之所归趋，亦终不能外乎社会教育。他进一步指出，中国的民众多在乡村，故民众教育，即乡村民众教育。中国是乡村教育，故社会教育即乡村社会教育。此种教育，是很活的、很实际的教育；此教育即乡村建设。[②] 之后，如晏阳初的定县平民教育

---

① 费孝通. 乡土中国（修订本）[M]. 上海：上海人民出版社，2013：10.

② 马秋帆编. 梁漱溟教育论著选[M]. 北京：人民教育出版社，1994：186-188.

促进会、李景汉的定县调查和试验等，都在实践层面推动了乡村建设的发展。即便之前有很多历史经验，当前中国乡村建设还是困难重重，因为乡村社会的特点决定了它与当今市场经济的大格局存在冲突。改革开放以后，一部分农民走出封闭的村落涌向城市，以至于原有的自然村落出现了空心化现象。由此可见，要建设一个和谐的社会，基层社会整合的重新探讨已迫在眉睫。十八大明确提出要积极稳妥地推进城镇化进程的战略任务，主要目的是减少，甚至消除城乡之间及工农之间的差别，最终实现城乡一体化，而农村社区化就是实现新型城镇化的重要一环。这样既可以使村一级的干部班子职位和人数精简，又可以节省开支，减轻民众和国家负担，更为重要的是能够推动中国农村由村民自治迈入社区化管理，这对促进农村基层社会的整合与发展意义重大。

（三）基层社会公共价值有所衰弱

人口流动、城市改造、福利制度改革及社会政策缺失都加剧了我国城乡关系的失衡发展，进而造成基层社会生活呈现出了工具理性的倾向。如果任由其发展，工具理性的泛滥会产生很多流弊，主要表现为利益至上的目标取向及极端的自我中心与个人主义，基层社会将会失去人与人之间的凝聚力量。因而，在社会发展转型期，社会规范是不可或缺的。正如荀子在《礼论》中所言："人生而有欲，欲而不得，则不能无求；求而无度量分界，则不能不争；争则乱，乱则穷。先王恶其乱也，故制礼义以分之，以养人之欲，给人之求。"任何社会都需要一套准则，否则秩序无法建立，社会将会陷入解体。规范不仅可以节制欲望和行为，而且还可以赋予生活以意义。就像一年四季，春华秋实，二十四节气，总有各种习俗，这些都构成了朴素生活的意义。就像我们在日常生活中，总要强调各种节日的仪式感一样，人失去了规范，也就失去了生活的章法。这足以解释儒家的礼仪规范为何可以安定中国社会几千年，也足以说明规范触及人类社会最核心的道德价值，如生命、亲情等才足以稳定社会。当然，并不是所有的困难和挑战都让人担忧，但是某个问题一旦动摇了社会秩序的基础，就必须引起足够的重视。

　　维持社会秩序，除了沿袭乡土社会的道德习俗之外，还有其他两个整合机制：一是法律，二是市场。艾朗逊将遵循规范的动力归为三种：一是就范，专指在威逼或利诱情况下的遵循；二是认同，个人认同某人或某群体，从而遵循其所信守的规范；三是植入，通过教化过程，将社会的规范内植于个人心中。三种遵循动力之中，植入最为持久有效，因为规范已经变成了个人之所欲，动力发自内心。反观就范的动力，完全是外来的，要在别人的监督下方可生效。认同并不像就范那样，要以赏罚作为后盾，然其对象毕竟存在于身外，故其效力介于植入与就范之间。在儿童及青少年时期，通过认同而遵循规范是常见的现象；成人之后，则不普遍。所以，对成年人来说，植入和就范是遵循规范的两大动力。遵循规范有自发和被迫两大来源。被迫的压力来源：一是国家机器的威慑，二是民间约束，如常见的闲话和讥笑。

　　社群主义希望通过宏观政策的修订与完善，在个人权益和社会福祉之间取得平衡。正如行为学派的理论是基于动物实验一样，法家也假定人性与动物相差无几。韩非子有言："若如臣者，犹兽鹿也，唯荐草而就。"① 有饵则至，无饵另择良主而栖。行为学派的学者认为，无论是人还是动物，其行为主要受两种力量的驱使：一是追求报酬，二是逃避惩罚，两者互为表里，一体两面。这与法家对人性的理解，可谓不谋而合。所以，在韩非子眼中，利是一切价值的泉源，主宰人的所有行动。因此在他看来，没有所谓爱情的奉献、道德的自觉、理想的追求，人与人的交往纯然是利益的交换。这种思想只有在商业社会才会孕育出来。法家对社会秩序根源的诊断，大概等同于现代社会学中的强制论，即力主强制服从，务令不得为非。由于大多数中国人所表现出来的顺从性格，一些西方学者认为中国社会的文化属于耻感文化，有别于西方社会的罪感文化。按照本尼迪克特的说法，耻的文化依赖外来制裁以达到良好行为，耻是对他人批评的一种反应，而

---

① 梁启雄. 韩子浅解（上）[M]. 北京：中华书局，1982：239.

罪的文化强调良好行为源于内心的罪恶感。

　　然而，无论哪种文化下，政策和法律都是外在于个人的。要解决现代社会的秩序问题，特别是工具理性泛滥所引起的种种弊端，最终还是要回到个人，回到个人对道德价值的主动服膺，这也是儒家思想的精髓所在。儒家一向认为，要建立秩序或移风易俗必须从个人入手。制度建设只是一方面，如果社会上的人都缺乏道德自觉，那么制度也不过是困兽的围栏而已。前有代表汉儒思想的《大学》和《中庸》，反复申明诚之重要；后有宋代之理学，程颐力言"敬畏"，朱熹将之阐析为"居敬穷理"。[①]古代圣贤都深知如果礼只是存在于社会的规范，而不是内植于个人心中，它对社会秩序的作用就非常有限。所以，孔子非常重视规范内置，重视个人的修养。个人与社会之间是辩证的依存关系，没有无数个循规蹈矩的个人，就没有稳定的社会秩序。因而，孔子主张秩序的建立依赖个人的道德教化，也就是现代社会学所指的价值共识。社会要求社会成员都要主动遵守社会规范，这一方面突出了社会教育的功能发挥，另一方面则要靠个人提升道德修养。

　　儒家思想对社会秩序的关怀，不仅可以面对工具理性的挑战，抑制极端的个人主义，而且还能够平衡利益至上的倾向，协调社会各个单位之间的关系。虽然儒家自始至终更重视社会，把个人视为社会不可分割的一部分，但是这种观点或许会导致只见社会不见个人的结构性偏弊，从而忽视了个人权益。对当前工具理性过度膨胀不受控制的发展状态，现代社会所面临的问题不是个人权益太少，而是缺乏对公共利益的考量。所以，制度建立之后，假若人人都能遵守规则，那么秩序自然浑然天成。修养品格、提高素质，本身就是个人内在价值的实现。反求诸己、关怀社会，义大于利、学习做人，不违背道德原则，维持和谐的人际关系等，这些优秀品质在充满功利思想的现代社会，又岂不是一股清流。面对工具理性的挑战，人是没有选择自由的。因为每个人身处务求生存的处境中，自然就会以追求最大的利益或效益作为行动目标。如果和他信守的社会道德准则有冲突

---

① 柏杨. 中国人史纲（下）[M]. 台北：星光出版社，1979：672.

的时候，那么他很大程度上会舍义取利。但是即便在现代社会中，我们依然能够看到宁死不屈、舍生取义、见利不取的英雄，所以要摆脱工具理性的笼罩，实现真正的自由，还是要靠教育，特别是社会公德教育。由此，社会教育的秩序价值便不证自明。

第二节　作为公共利益的社会教育实践发展

中国改革开放 40 多年的历史证明，促使中国走向开放的力量并不是来自民间，而是来自有一定觉悟的政治家。波普尔在其《开放社会及其敌人》中如是说，开放社会并不仅仅限于对外开放，更重要的是对内开放。这种开放性主要表现在：政治权力和政府公共职位不分党派、阶层、民族、出身、性别向社会公众开放；物质财富通过自由产权和市场交换，并经由货币媒介向不分高低贵贱的所有社会公民开放；社会舆论、文化价值观念、科学发现和技术发明等创造性成果向全体社会成员开放；劳动就业、迁徙、居住在不分地区和城乡的社区间向所有居民开放等。开放的本质是对公众权益的认可与尊重，是对公共利益的维护与保障。

一、公共利益的内涵与实现条件

公共利益是一个经济学概念。根据经济学家的定义，不能排除地使用的利益就是公共利益。《牛津高阶英汉双解词典》中就将公共利益界定为"公众的，与公众有关的或成为公众的、共同的利益"。一般来说，公共利益是指属于国家、社会和公众公共拥有的利益或福利，如教育、卫生、医疗、社会保障等。公共利益的多样性是由公共物品的多样性决定的，同一层次的公共物品也不是单一的。公共利益虽是与个人利益相对的概念，但二者是相互沟通、相互支撑的关系。公共利益虽是民众的集体利益，但它建立在承认个人利益的基础之上。一个促进共同善、共同财富和共同事业的自由国家，是一个必须遵循其公民共同利益的宽容国家。① 此外，公共利益与社会利益、国家利益、集体利益概念虽有相容性，却又不完全相同，后者突出的是社会、国家、集体的利益，而前者聚焦于公共性的表达。公共利益的实现需要满足一些前提条件。

首先，公共权利的存在与维护是基础。公共利益不是私人利益的简单相加，是共同体存在和发展的融合剂。共同体或公共组织是作为一个群体自我而存在的，而公共权利是群体自我得以存在和发展的基础。公共权利不同于其他种类的私人权利，如财产权、生命权等，是必须在公共领域内公开运用理性的权利。公共权利和私人权利是互为条件、相互依赖的，我们虽然都是个体人，但是无法单独存在，即便身处公共组织之中，也不是单个人的叠加。因而，我们每个人身上都体现了个体性与公共性的统一。公共利益的概念提醒我们，作为公共管理者要尽力实现并维护公众的公共权利。

其次，公正平等的程序正义是原则。公共利益涉及的是公共资源或者具有公共性的其他资源的配置与分配问题。其中既包括质量问题，也包括数量问题；既包括物质资源，也包括精神资源。比如，政府提供的竞争规则、公共秩序、公共设施及公共制度等。公共利益虽然能为私人利益寻求社会制度和物质基础的保障，但是公共利益和私人利益是相对独立的概念。根据古典政治经济学的理论，个人天生没有追求公共利益的动力，因此公共利益是共享价值对话的结果。公共利益可以通过公民的公共参与，如协商、对话和公共讨论来创造和获得。罗尔斯提出，正义就是"所有的社会基本善都被平等地分配，每个人都有同样的权利和义务，收入和财富被平等地分享"②。这里的"社会基本善"就是所有的社会价值，如自由、权利、机会、收入、财富、自尊的基础，都是公共利益。公共利益的分配涉及程序正义的

① [澳]菲利普·佩迪特. 共和主义：一种关于自由与政府的理论[M]. 刘训练，译. 南京：江苏人民出版社，2006：378.
② [美]罗尔斯. 正义论[M]. 何怀宏，何包钢，廖申白，译. 北京：中国社会科学出版社，1988：62.

问题。程序正义是"看得见的正义"，为的是保障目标实现过程与程序的公平。"公平"，"公"即为公共、公众、公正合理，"平"即为平等存在。基于此，公共利益对于政府的决策来说，是一种道德或伦理标准。也就是说，相对于那些只对部分公众有益的东西来说，对所有公众有益的东西是一种更高水平的善。公共利益必须公正平等地为所有民众享有。

再次，公共治理是公共利益实现的保障。社会是一个复杂的公共领域，保障一个稳定的公共秩序对民众来说是最大的公共利益。因为只有这样，不同身份、立场、种族、职业的人们才能和平共处，才有追求美好生活的动力。亚里士多德是最早从社会治理的角度来定义公民的哲学家，他认为公民是持久地参与正义治理和公职责任的人。也就是说，公民在社会生活中持久地拥有两种身份：参与治理与接受治理。因此，公共治理的基本途径有二：教育与法治。立法控制是公共利益实现的前提，通过责任政府、创造合作机会、发展多种机制，共同促进公共利益。但公共治理不是统治，治理是可以不必通过压制、强迫或镇压等手段，而是通过相互教育与自我教育来实现的。因而，凸显教育意味的治理才是公共治理的最佳方式。教育是一个美好的字眼，它与美好的生活紧密联系。它教会我们何以为生、以何为生。它帮助人们变得更有智慧，更具有自我治理的能力。在古希腊的雅典，维护美好生活的教育与社会治理是同义的。公元前5世纪，雅典城邦里虽然几乎还没有正规的教育，但普通雅典人在青少年时期就已经学会了基本的读书识字，受过体育训练和美感教育。他们从城邦里学到的东西要远远超过学校。教育不只是获得知识，而是学习如何成为公民。日常社会生活是教育的载体，生活中蕴含着教育的契机和内容。从这个意义上来说，教育既是实现公共治理的手段和途径，又代表了广大民众的共同利益。

最后，公共利益的实现指向的是公民美德的提升。韦伯认为现代文明受到资本主义的洗礼之后，理性的计算、科技工具的运用及计划性的社会变迁无一不扩大了官僚化的影响范围，现代政治、经济、社会组织无不趋向于形式理性的运作原则。现代西方世界一个最基本、最明显的现实就是形式的合理性、实质的非合理性。简单来说，就是"极端的理性化导致了非理性的生活方式"。在资本主义社会中，形式理性或目的理性正逐渐凌驾于实质理性或价值理性之上。这种理性化渗透到政治领域就导致了法理型统治的推行和科层制在政治生活中的主导地位。韦伯的以上观点其实与哈贝马斯的"生活世界的殖民化"有相同之处。随着经济在社会生活中的作用越来越突出，原本属于私人领域的活动及公共领域非市场、非商品化的活动逐渐被市场机制和科层化的权力所侵蚀，人们之间的交往也变得像交易一样，长于算计，缺少感情的投入。

　　基于西方社会发展过程中存在的突出问题，我们必须未雨绸缪，防微杜渐，避免工具理性的泛滥影响我们社会秩序的稳定。通过社会教育实践促进公民美德的发展，提升全社会增进公共利益的意识与能力，就是一种必然的选择。我们追求美好的公共生活，但美好的公共生活不只是一种信念，它更是一种实践。美好的公共生活存在于社会中的多数人意见能够被讨论，少数人的权利能够被保障的时候；美好的公共生活不是不加干涉、无立场的中立，而是基于民主立场的中立；美好的公共生活需要尊重个人自由，但并不认为个人自由就是唯一，公共美德同样也是目标；美好的公共生活是一种主观感觉，更是一种价值观。因为"幸福是一种完全合乎德行的现实活动"①，是一种不断完善的生活方式。个人意义上的美好生活，并不等同于会被公共社会广泛认可。好的公共生活需要由公民群体一起来确立和维持，因此才更需要拿出来进行公众讨论。要造就一种持续有效且美好的公共生活观，就必须从培养公民建立与美好生活有关的价值观开始。因而，与公共利益相关的教育才是追求美好生活的教育。自然，社会教育必须凸显公共性的特征。

---

① [古希腊]亚里士多德. 尼各马科伦理学[M]. 苗力田，译. 北京：中国人民大学出版社，2003：21.

二、社会教育理论建构的社会指向

其实，社会教育理论的学科化发展历程中就鲜明地体现了社会教育致力于实现与保障全体民众教育权利和公共利益的价值追求。通过社会的本质来理解教育及其鲜明的本土化实践导向，可以说是社会教育学的学科独特性，体现了社会教育对公共性与规范性的逻辑诉求。

（一）社会教育学的社会源起

学科理论的发展一方面取决于内在知识的产生机制，另一方面又受制于外在社会的秩序条件。因此，学科理论创生中所遇到的难题及如何回答才能令我们满意，归根结底取决于我们能否在已知与未知之间划出清晰的界限。所有的已知都在为未知的发现创造条件。恩格斯在《反杜林论》引论里说道："为认识这些个别部分（即世界现象总画面的细节）起见；我们应该把它们从自然的（natürlich）或历史的联系中抽取出来，加以分别的研究，考察每部分的特性及特殊因果联系等等。"[①] 这是理论研究与历史研究最迫切的任务。所以，梳理社会教育学相关理论的发展演变并分析它的特点是我们创生新理论的根本与前提。

首先，社会教育学起始于教育学理念的社会延展。如前所述，社会教育学的概念最早出现在 19 世纪上半叶的德国。德国社会教育学家狄斯特威格在其著作《德国教师陶冶的引路者》一书中，"最先提出'社会教育学'一词，标示着社会教育学的诞生"[②]。那时的西欧正逐步迈入工业化社会，工业化大生产需要劳动力，由此催生了大量童工，儿童失学问题开始成为严峻的社会问题。在此背景下，他指出社会教育应该与社会政策相配合，对那些在工厂中工作的儿童，以及那些没有机会接受正式学校教育的青少年，用社会的力量来教育他们。社会教育应该以爱为起点，致力于平等教育机

---

① [德]恩格斯. 反杜林论[M]. 吴黎平，译. 北京：生活·读书·新知三联书店，1938：10.

② 吴式颖，任钟印主编. 外国教育思想通史（第9卷）[M]. 长沙：湖南教育出版社，2002：484.

会的普及，使社会教育成为一种扩大到整个社会的实践。随着 19 世纪中期以后社会教育实践活动如火如荼的开展，教育学的本质也发生了微妙的变化。正如威尔曼所强调的那样，教育学本质上不应该是个体教育学，而应该是社会（集体）教育学。社会教育学的主要意义就在于研究教育的社会因素，使教育理论具有社会要素，避免陷入个体化的境地。渐渐地，教育的社会性开始被强调。从威尔曼的"教育就是社会的更新"到纳托尔普坚定地声称"所有教育学都含有社会教育学的因素"，这一时期的学者们普遍认为是社会教育学在引领个体教育学的发展。只有在社会群体中，才会有教育发生的可能性，而且教育要以它所在的社会需要与环境为前提。纳托尔普认为社会教育就是普遍意义上的教育，主要包括学校教育及社会教育。社会教育不仅发挥着社会帮扶的功能，而且还是一种透过社会而实施的教育。他认为不必再另外实施社会教育，因为学校教育中必然包含社会教育的性质。

此时的社会教育学可以说是社会意义上的教育学，此后德国诺尔、杜尔菲德、林格等人的学说都延续了这一观点。他们认为社会教育学是教育科学的一个范畴，是从大教育学科体系中分离出来的一门独立学科，自然应该赋予其教育学的全部内涵。社会教育学的内涵就应该通过普通教育学的内涵来把握，甚至可以说它在普通教育学里是最"高峰的教育学"。因此，最初的社会教育学在本质上与普遍意义上的普通教育学并无明晰的界限。此时，社会教育学的诞生可以理解为"教育学理念的社会性展开"，含有将有组织、有计划的教育影响突破学校范围扩大至全社会的意味。我国民国时期的社会教育学理论也体现了这一特征，一批致力于全民教育的理论家，如马宗荣、余寄、孙逸园、张志澄、吴学信、陈礼江等，都极为强调社会教育是家庭教育、学校教育以外，所实行的教育活动的泛称。"其对象为社会全民，其时期为整个人生，其内容是充实人生的，其实施机关是种类多歧"[①]，是"国家、公共团体或私人，为图谋民众资质的向上，以社会全体为

---

① 吴学信. 社会教育史[M]. 长沙：商务印书馆，1939：2.

客体，使影响及于社会全体的教育"①。可以说，全民教育是社会教育的初心所在。德国社会学理论家卡尔·曼海姆概括了社会教育社会性的四种体现：教育概念的社会延伸、人格形成与教育的社会性、教育内容的社会性与社会科学、教育目的的社会性与基础性的共通。其中最重要的一点，也是迪尔凯姆曾强调过的"教育是社会性的事实"这一命题。以教育学理念的社会性展开为逻辑起点的社会教育学学科理论，将教育的对象指向全体民众，将教育的目的指向生活帮助与社会适应，将教育学的实践关怀扩大到了学校教育之外的全社会。

其次，第二次世界大战后社会教育学开始发展为社会问题的教育性尺度。第二次世界大战以后，一些经历了战争洗礼的国家在其进行社会重建的过程中，社会教育学逐渐倾向于聚焦社会问题的解决，着重发挥社会教育在缓解社会冲突、稳定社会秩序方面的社会功用，因而在实践层面上也更加强调社会教育的治理与教化功能。德国社会教育学者莫伦豪尔将此前的社会教育学思想融会贯通并形成独特的理论体系。他在《社会教育学导论》（1974）中首次提出了社会教育是产业社会的产物，基于产业化、城市化所带来的副作用，社会需要完整的、崭新的教育活动来应对社会发展的需要，即对需要帮助的人予以专门的教育照顾。德国教育家诺尔在《教育学与政治学论文》中也提到，社会教育具有责任的含义：一是个人责任，也就是自我的责任；二是社会责任，也就是帮助的责任。自我责任就是完善自身，社会责任则要求我们去帮助那些需要帮助的人。这些帮助中就包括了教育帮助。基于此，社会教育应该包括无人管教孩子的教育、青少年的福利与养护、青年的辅导与帮助、农村留守儿童的教育、罪错青少年的改造及幼儿园的教养工作等。此时，社会教育专业化程度的提升问题开始获得全社会的瞩目。德国社会教育理论家波伊默指出，社会教育应该涵盖除家庭及学校之外的所有地方，内容应该是关于社会问题的解决，通过社会制度的监督及专业人员的组织来全面落实。此后，随着社会教育实践的

---

① 马宗荣. 社会教育概说[M]. 上海：中华学艺社，1925：1.

发展，社会教育逐渐分化出两个分支：一个是针对成人的社会帮扶活动，其指导思想是社会工作理论；另一个是青少年的社会教育实践活动，发展成为现在的社会教育学。^①社会教育学科的关注点也从原来的全民教育转变为青少年的校外教育，从原来的生活帮扶发展为"社会问题的教育尺度"。

日本社会教育学学科理论的发展也真实地反映了这样的一种转变。"社会教育"一词在日本最早可以追溯到明治维新时期。1887 年 11 月 10 日，福泽谕吉在三田演说会中提到了人类社会教育这个概念。福泽谕吉意义上的社会教育更多指代的是启蒙的、通俗的、民众的教育意味，因此可以被理解为指向社会改良的社会教育论。而后，福泽谕吉的学生山名次郎在《社会教育论》中更是主张民力的普及，倡导社会教育的功能论。1900 年以后，德国社会教育学理论开始被引进日本，日本社会教育学进入鼎盛期。第一次世界大战后，随着民主主义气氛的高涨，社会教育概念逐渐取代了通俗教育概念，社会改造与教育改造的时代来临，致力于社会问题的教育式解决的社会教育学渐趋形成。

20 世纪 20 年代，日本大正民主时代到来，成人的自主学习、自我教育活动获得了发展，日本现代社会教育论形成。当时，川本宇之介在其《社会教育的体系及设施经营》（1931）一书中提出的社会教育是"教育的社会化与社会的教育化"思想及乘杉嘉寿在《社会教育研究》中提出的社会教育是"学校的社会化与社会的学校化"思想等，都超越了当时的国家主义研究范式，引起了强烈的反响。但是好景不长，20 世纪 30 年代之后社会教育学蓬勃发展的形势陡转直下，社会教育在天皇国家体制下被转为皇民教育，随着军部掌握了政治主导权，社会教育逐渐演变成了国民精神总动员运动。

第二次世界大战后，日本政府基于战后重建并发展民主主义的需要，在其颁布的《社会教育法》中明确界定了社会教育的内涵，指出社会教育

---

① 张威. 德语世界社会教育学与社会工作概念发展脉络与相互关系：兼论社会工作的教育学取向[J]. 社会工作，2016（6）：3-24,124.

是"学校课程形式之外的教育活动"的统称。随后，"学校课程形式之外的教育活动"的定位经历了从"学校教育的补充"，发展成为"学校教育的扩大"，再到"学校教育之外的教育要求"的变化过程。抛开日本社会教育理论发展的制度逻辑不谈，第二次世界大战后一段时期里日本社会教育学的发展很大程度上得益于社会发展对社会教育治理功能的需要。作为"政治与狭义教育的中间性存在"的社会教育学，其公民塑造的功能及国家建设的价值日益引起了日本政府的重视。

因此，社会教育学的产生与发展不仅可以作为社会发展成熟的标志，而且其本身也是缓和社会矛盾与冲突的手段；社会教育学不仅致力于传播、创造知识和文化，而且通过社会教育活动将这些知识文化应用到社会实践中去；社会教育学不仅是集体学习思想的结晶，而且是教育科学理论本身的进步。当然，这样的发展演变也带来了一些问题，如出现了把政治和教育混同视之的倾向。实际上，1958 年阿伦特在其发表的《教育危机》一文中，就指摘了有些人妄图借助教育来改革社会的错误思想。在她看来，"教育和政治是两种具有不同逻辑的实践领域，政治是建构和变革世界，而教育则是把成长中的一代引导到既存的世界中"①，所以过于强化社会教育的社会治理功能，会掩盖其本身的教育性，当社会问题不再突出和尖锐之后，社会教育就很容易被认为已经丧失了存在价值。

最后，20 世纪末的社会教育学逐渐聚焦于学习型共同体的建设。随着社会的发展及社会需求的变化，社会教育的内涵和功能也在更新。从普通教育学发展而来的社会教育学，没能按照最初设想的那样如愿以偿地取代学校教育学，成为所有教育学科的统称，反而渐渐发展成为第三种教育形态，即社会教育的学科理论。随着世界范围内工业化持续发展带来的负面影响及社会转型带来的不适应，激发了民众对眼下实际生活问题的关心，人们逐渐意识到教育应该立足民众的生活实际。自滕尼斯在《共同体与社会》一书中首次提出社区这个概念之后，社区就成为在社会教育学理论中

---

① 彭正梅. 德国教育学概观：从启蒙运动到现代[M]. 北京：北京大学出版社，2011：150.

频繁出现的概念。滕尼斯将社区定义为永久生活的有机体。马克思也曾提到，人在本质上不是抽象的个体，而是一切现实社会关系的总和。因而，没有抽象的社会，只有具体的社会。具体的社会是指在特定时间、特定地点的特定生活关系共同体。这也是柏拉图所强调的"社会的"一词的根本含义，即共同体关系。事实上，滕尼斯的共同体与马克思所说的具体的社会在内涵上是一致的。

若从社区维度思考社会教育的内涵，主要有两个层面：第一，作为日常生活场所的社区所具备的教育力。这是生活教育意义上的、无意识的教育。在当前这个急剧变动的转型期，社区的教育力正极速衰退。第二，在社区里有意识地开展有组织的具备社会教育性质的实践活动。这既包括以政府为中心的官办社会教育，又包括以民众为主体的民办社会教育。这两个方面的综合恰恰就是社会所具备的教育力，即社会教育力在社区维度上的体现。

回顾历史，最初卡尔·曼海姆等学者对社会教育社会性的强调，虽然为社会教育走上组织化及法制化进程奠定了基础，但从社会整体来看，那些未被制度化的、非组织性的，每天都在发生着的生活中的学习，对理解社会教育的本质一样不可或缺。因此，为了真正实现教育自由，使社会教育成为在任何地方、任何时间及任何人都可以享受到的教育，就必须与生活密切联系，而学习型共同体的建构理念正好顺应了这样的时代发展趋势。社会教育学学科理论的发展可以为学习型共同体的建设提供理论基础，终身学习理念的落实也需要社会教育为其创造机会和条件。因此，培养出能够承担社会建设任务的积极主动的公民，促成终身学习型社会的国际化协同是教育的百年大计。超越国家的一致性，让各地区的独特性、多样性及创造性开花，在此基础上寻求国际化的协同发展，这样的实践探索是未来社会教育研究的重要课题。如何能够创生出指导各地区社会教育实践，最大限度发挥地域个性与创造性的社会教育学理论来，是摆在研究者面前的首要问题，因此明晰社会教育学学科理论创生逻辑就成为当务之急。

（二）社会教育学的社会需求逻辑

学科理论创生逻辑虽与我们日常生活中的逻辑具有相似之处，但也具有其特殊性。逻辑关涉生活，通过对群体生活经验进行总结而成的规律也能反映真理，它与学科逻辑的要求总体上是一致的。二者都要求知识前提的真实性及推理过程的有效性，这样才能保证最后的结论为真。将学科理论创生逻辑与生活逻辑相比，其特殊性体现在不仅要求知识产生符合思维规律，诸如概念和语境必须同一、不能自相矛盾、结论的得出要有充足的理由等要求，而且还需要满足理论发展的系统性与结构化的要求。因而，学科理论创生逻辑凸显的是一门学科知识产生及其系统化发展所遵循的基本思维规律。社会教育学作为教育学的一个下位概念，其学科理论创生的过程中自然会表现出"把一切知识教给一切人类"，属于教育学学科整体所具备的泛爱、泛智的特性，但基于其产生之初所带有的强烈的社会关怀特质，也使其后的理论创生具有明显的社会导向性。经过梳理社会学学科理论的演进历史，我们发现社会教育理论研究的发展完全顺应了社会的转型需求。其侧重点为社会适应、社会治理及社区建设，总体上遵循的是社会需求逻辑，具体表现在以下几个方面：其一，社会需求催生了社会教育学学科理论创生。正如费雪所言："教育是为社会而设的，也是施之于社会的，教育透过社会而实施。"①社会教育学学科理论创生无论是基于工业社会发展需要的"教育理念的社会展开"，还是致力于解决工业化所带来弊端的"社会问题的教育尺度"，抑或向着后工业社会转型的学习型社区建设的新要求，都反映了不同时期教育与社会发展之间的辩证关系，特别是教育生产社会性价值、应对社会性需求、发挥社会性功能的一面。由此，我们可以断言，社会教育学科理论创生的逻辑起点是社会的发展需要。

那么，社会教育学学科理论是不是就全然不顾个体的发展需求呢？当然不是。理论创生首先应该挣脱非此即彼的二元论桎梏，特别是不要把

---

① 詹栋梁. 社会教育理论[M]. 台北：师大书苑有限公司，1988：162.

"'社会'看作抽象的东西同个体对立起来"①。个体是社会存在物，因此哪怕个人不同他人一起参与社会活动，他的生活仍然是社会生活的一部分。社会是由人组成的，社会是人类生活的集中体现。社会的需求自然也是人的需求，教育从中起到的是中介作用，教育帮助个体在适应、管理、建设社会的同时，达成对自身的完善与自我价值的实现。杜威曾特别强调，教育是一个调节的过程，它使人们可以参与到社会意识中来。只有当个人能够通过社会意识来指导自己行动的时候，社会的再造才有可能。在杜威看来，只有将个人行动和社会意识结合起来，才能够帮助人们克服困难、提升个人的能力，在此基础上增强整个社会的发展活力。因此，个人的发展与社会的完善并不矛盾。

其二，社会需求限定了社会教育学学科概念的内涵。社会教育学研究领域逐渐分化，反映了社会教育学学科理论的发展方向开始从关注共性转变为侧重个性及多样性。这本来是学科独立其中的一个重要特征，但是与当时的时代社会背景结合来看，这样的发展趋势也带来了相应的问题。20世纪六七十年代之后，随着终身教育思想风靡全世界，给教育理论的发展提供了新的生长点，终身教育理论开始成为世界各国解决复杂社会问题的指导理念。"终身教育"一词在官方文件及学者论著中频频出现，反观社会教育却被认为是学校外教育的代名词而处于边缘化境地。

直到近年来，人们才逐渐摆脱了以往的狭隘理解，开始正视社会教育的独特地位，将社会教育重新定位为囊括学校教育和家庭教育在内的地域性教育实践，但是在具体操作层面上又因为与社区教育的实践内容有所重合，依旧面临被取代的危机。越来越多的学者认为，可以将社区教育理解为社会教育的区域化，只不过社会教育范畴的涵盖面更大而已。比如，日本学者新堀通也在其编著的《社会教育学》一书中就表达了将社区教育定位为社会教育的观点。社会教育回归到大教育理念中去的结果，是其在操作层面上找不到像社区教育一样的施力点，只能作为一种理念悬置。由于

---

① [德]马克思. 1844年经济学哲学手稿[M]. 北京：人民出版社，2014：80.

社会教育与社区教育相比，涵盖面广泛、责任主体多元、内容全面、方式灵活，实践层面缺乏统一程序与操作规范，久而久之也造成了社会教育学学科理论研究的式微。其实，社区教育也有其自身的发展逻辑，而且从社区的起源和发展来看，社区概念是异于，甚至是与社会概念相对立发展而来的。简单地将社会教育与社区教育混同，只会带来实践层面上更大的困境，社会教育必须有自己独特的理论体系。

其三，社会需求影响了学科范式的建构。学科范式通常以教材的理论框架形式，展现出学科观察、解读人类世界各种现象的方式与视角。社会教育学学科理论体系的建构并没有完全遵循普通教育学的学科范式，而是有其独特的学科知识组织形式。这种分析教育现象的独特方式与其将社会需求放在第一位的理论创生逻辑有着很大的相关性。有一个比较常见的误解，认为由于普通教育学是最先出现的，而且是针对学校教育现象而产生的，因此所有的分支教育学都应该是普通教育学基本事实的变式，这样就会导致教育科学中的分支学科都像是学校教育学的延伸。其实，学校教育学并不高于其他教育理论，而是身处每一种学科理论之中，并且具有教育学的共性特征。每一种教育科学都可以有自己对教育学内涵的独特理解。

首先，社会教育学对教育学内涵的理解带有明显的社会导向性。绝大多数的社会教育学著作并没有因循普通教育学的学科范式，无论是早期的社会教育学著作，如纳托尔普的《社会教育学》、威尔曼的《教授学即根据社会研究与陶冶历史之关系的陶冶理论》（1882—1889）、马宗荣的《现代社会教育泛论》及其与蓝淑华合著的《社会教育入门》，还是在学科理论鼎盛期问世的莫伦豪尔的《社会教育学概论》（1964）、史立柏的《社会教育：社会教育学》、诺尔的《社会教育学的课题与方法》（1965），当代的一些社会教育学著作，如詹栋梁的《社会教育学》（1983）与《社会教育理论》，王冬桦、王非的《社会教育学概论》，王雷的《社会教育概论》（2007）及新堀通也的《社会教育学》，牧野笃的《自我的再建构与社会·终身教育》（2005），佐藤一子的《现代社会教育学》（2006）等，这些著作中知识的架构方式都是将人的发展寄托于社会发展的基础上，从而实现价值互惠。

时代及社会发展背景是这些著作中最先也是最多提及的理论创生前提，这些著作的问世也同样回应了当时的社会发展对学科理论发展的迫切需要。

其次，社会教育学的独特性还体现在其学科主体具有强烈的学科自我意识。学科理论的发展指的是学科知识的创生及学科理论体系的建构，这是一门学科独立地位的体现。一直以来，学科界限都以库恩的三独立原则为标准，即专门的研究对象、专门的研究方法及专门的概念体系。然而在这样的标准下，很多学科都会面临学科地位的"合法性危机"。其实，随着科学的急速发展、知识增长方式的变化，学科间的边界会越来越模糊化，正如麦克卢汉和鲍德里亚所言，多媒体时代、消费社会的去中心化、非二元对立的特性已经造成了意义的泛滥甚至消解。学科的界限正被打破，学术人员不能只停留在其自身的学科领域内，也需要探索其他学科的中心科目。所以，我们不能过度依赖三独立原则来评判社会教育学的学科独立性，这不是也不应该是学科界限的唯一标准。"学科的成熟应以'自我意识'的形成为标志，学科缺乏自我意识，其发展就不可能从'自在'走向'自为'。"[①]社会教育学的学科自我意识突出地表现在其研究者一直在不遗余力地尝试，从社会背景的剖析入手论证其存在的合理性、独立性及其规范性，这个验证逻辑的演进过程，可以说就是社会教育学学科理论的生成史。如果依旧按照传统教育学学科范式思维进行理论建构，那么就会使社会教育研究脱离外部环境，从而使社会教育实践成为"理性指导下的非理性生活"。

最后，社会教育学学科范式体现了学科内容与学科方法的统一。社会教育学学科无论在内容的组织上，还是方法的选择上，都倾向于社会问题的解决及社会处境的改善。我们既然共同致力于教育理论的研究，那么很大可能都会被置身于相同的问题和课题域中，不同点或许只在于我们可以选择不同的立场和观点。一门学科的研究范域是通过一系列问题、一整套概念及若干课题从而被确定的。可以说，这是一门学科之所以能被称为学

---

① 夏正江. 教育理论哲学基础的反思：关于"人"的问题[M]. 上海：上海教育出版社，2001：1.

科的基本前提或准入条件。事实上，对应该研究什么问题或课题的争论很难得出一致性意见。因此，学者们更倾向于在整体上脱离这个场域，并且把难以得出结论的问题称为"无意义的"。即便如此，客观且系统地思考社会教育学学科自身发展的问题与课题仍是必要的。一门学科的独立性也突出地体现在研究范域的不同。此外，研究方法与真理的被接受性也非常重要。学科的权威性就是来自普遍接受的方法及真理。如果研究对象与问题重合、方法与真理不被认可，又何谈学科的独立性与权威性。从学科理论的发展历程来看，社会教育学一直在尝试突破普通教育学的概念内涵与体系框架，去创生彰显自身学科独特性的理论。今后，继续加强中国特色社会教育学学科理论研究，不仅关系中国未来社会教育实践开展的广度与深度，而且也是我们建构终身学习理论体系及学习型社会的突破口。

三、社会教育实践发展的制度诉求

如前所述，共享与维护公共利益是社会教育发展的本质诉求，也是其社会治理功能发挥的前提所在。社会教育不仅可以促成其他公共利益的获得，而且其本身就是一种公共利益。自然，通过社会教育实现社会救助与社会帮扶更是公共利益的应有之义。从公共利益的角度来看，社会教育是每个民众的基本权利，它不应该是某部分人的特权。真正的幸福也不只是个人的美好生活，应该是全体社会成员共同拥有的美好生活。将社会教育作为公共利益，强调其公共性的发挥，是为了重申社会教育作为社会共同努力的价值，是承认世界观和知识体系的多样性与重要性，也是在呼吁具备包容性的制度制定及公共政策的正义性执行，因为公共利益没有法律制度的规范是很难得到保障的。我们不能既要求社会教育发挥其独特功能，又弱化其组织性及其在法律上的独立地位。社会教育的实施更多地包含其课题、方法与目的三者的共同作用，因此社会教育的开展需要制度化的组织来推动。

实际上，我国社会教育的制度化进程明显滞后于其他国家。日本1949

年就颁布了《社会教育法》，确立了为确保国民社会教育自由的立法精神。其中规定国家对国民自由、自主的社会教育活动，应从旁予以支援、奖励及服务。随后一系列相关法律制度的制定，也为第二次世界大战后日本社会教育实践的发展提供了制度保障。相较而言，正是社会教育的制度化进程缓慢严重制约了我国社会教育实践的推进。"在不同民族中存在着的……风俗和法律，都是以公共幸福的实际利益和表面利益为基础的。"① 对公共利益的深入理解使我们认识到社会教育应该从道德诉求走向制度建设。社会教育功能的发挥与实现，依靠的不是宣传口号和简单的道德说辞，而是制度建设。社会教育可否被制度化？关于这个问题，其实在民国时期就已经有所探讨。学术前辈们基于当时我国教育发展的特殊困境，积极寻找突破口。在教育发展要立足国情的基础上，呼吁建构满足社会各类群体多元化学习需求的国民公共教育制度体系。社会教育是自强之本、人才培养是当务之急的观点普遍得到认同。基于此，扫盲教育、成人教育、补习教育及扩充教育就成为当时我国教育事业发展的重点，上述诸多类型的教育实践被纳入国民教育制度体系之内。说明社会教育可以被制度化，也应该被制度化。这样的学术讨论及在此基础上的制度改进，不仅丰富了社会教育的内涵、加深了对社会教育功能及价值的理解、拓宽了社会教育内容及形式的范围，而且转变了人们的思维方式，使人们能从更广泛的社会意义上来思考教育问题。这对于当前我国坚持各级各类教育的高质量发展和有效衔接、致力于建构并完善服务全民终身学习教育体系的战略举措，也具有一定的借鉴与参考价值。一个国家的教育制度，不仅仅是学校教育制度，而是应该包括学校教育、社会教育及家庭教育相关制度在内的综合体系。只有突破了学校教育制度的樊篱，才能将人才的培养范围扩大到全社会。这需要全社会对教育给予支持与援助，也需要国家制度力量的保障。因此，必须在重视社会教育资源开发与利用的基础上，加大力度推动社会教育的

---

① 杨通进. 爱尔维修与霍尔巴赫论个人利益和社会利益[J]. 中国青年政治学院学报，1998
（4）：68-72.

立法进程，通过制度化的方式促进终身学习的落实及社会教育的高质量发展。

如何促进社会教育实践的制度化发展？一般来说，制度变革有渐变和突变两种基本形式。突变是短期内对原有制度的根本性修正，原则上是发展的中断，是推倒重来，是对既有制度框架、价值规范原则的根本性否定。因而，往往容易产生社会冲突和对抗，对既有的社会文化也会造成重大破坏，是一种高成本变迁。渐变是对制度的边际性修正，这种修正每次可能都是微小的，但如果跳脱出来看，这种修正的积累会不知不觉地产生质的变化。一般来说，渐变较之突变有不可比拟的优越性，如有利于社会稳定。渐变是在既有制度框架内，遵循既有的基本规范原则，对既有制度所做出的边际性修正。这种修正一方面尊重了人们已经习惯了的基本生活方式与价值原则，另一方面获得更多人的拥护与支持，所面临的反对力量较小，因此不会造成大的社会动荡，进而也有利于变革的顺利推进。渐变一般以现实主义的态度认识和处理问题，且具有较为具体明确的目标与手段。比如，国家和政府经常通过对人们日常生活中的权利—义务关系的不断微调，使民生得以保障，从而实现社会预期的改善。因此，相对而言，我们在进行制度设计的时候，倾向于通过渐进方式来促进制度变迁。即便如此，还是要明晰这样一个基本事实，即通过制度变革建构起来的社会秩序是否稳定和谐，根本上取决于建构成本和代价的合理分配。换言之，要成功实现制度变迁，就必须合理分配制度变迁的成本及其收益。社会中的各个阶层、群体，都有义务承担制度变迁的代价，也都有权利享有制度变迁所带来的收益。其中能否公平地分享制度变迁带来的收益，就是人们心目中评价一个制度好坏的标准之一。在制度变迁的过程中，弱势群体往往由于自身影响力较小、缺少话语权，导致其利益不被重视。尽管较多地承担了制度变迁中的成本，却较少地享有制度变迁带来的收益。好的制度必须以公平作为基本的判断依据，并以此来保障制度推行过程中的合理性与正当性。因此，关照社会弱势群体就是一切制度建构最应该注重的部分，这同时也是制度伦理的深刻内涵。

　　我国当前处于社会转型期，社会关系复杂，利益矛盾凸显，法律应该是一种能够在维护公共利益的基础上，综合平衡国家利益、社会利益与个人利益的最佳方式。它还应该是满足人们日益增长的公共需要、应对不正当竞争、提供社会保障、保护弱势群体及解决其他公共问题的天平。"只有法律语言表现出来的公共利益才能为公众所信服和接受。"①如果不能从法律层面上平衡好公共利益与个人利益的关系，那么社会上的矛盾和冲突还会加剧。由于公共利益涉及人类社会的长远发展，是社会成员的共同价值追求，因此追求和维护公共利益也就成为现代法律的基本要求。在所有实现公共利益的手段和工具中，法律也是一种最主要的形式。当然，法律之外的科学、技术与道德等也都可以成为促进公共利益实现的手段，但是在法治社会里，唯有法律是最具稳定性、权威性、强制性的规约工具，是个体行为和组织行为的主要依据。也就是说，现代社会治理体系中都应该贯穿法的精神。从法律的功能角度来看，法律作为利益关系的调节器，分配和保护利益也是其最主要的职能。基于此，我们应该大力推动社会教育专门法的制定。按照国际共识，社会教育法通常是调整因实施社会教育而产生教育关系的部门法。它规范和调整各级各类社会教育的形式和内容，明确规定社会教育实施机构和监督机构的职责。我国当前的社会教育实施机构，诸如广播电视大学、函授大学、图书馆、文化宫、博物馆、电视台和广播电台、电影院和剧院及青少年校外教育基地等，种类众多但缺乏统一的管理，导致社会教育事业整体上无法呈现有序化发展。特别是在当前教育市场化及终身学习产业化的背景下，我国的社会教育还面临"公共性弱化"的危机。因此，为了推进作为公共利益的社会教育事业健康、有序发展，社会教育的制度化建设势在必行。

---

① 戴涛. 公共利益悖论及其解构[J]. 上海政法学院学报（法治论丛），2005（2）：48—54.

第三节　我国社会教育实践发展的优化路径

社会教育是全体民众的共同利益，公共性是社会教育实践的本质特征。我们每个人都生活在政治、经济、文化环境所构成的语境当中，个人的自主性表达是无法独立于社会关系之外的，而且个人利益也必须在保障公共利益的基础上才得以确认。因此，充分发挥社会教育的公共性来保障共同体的公共利益，既是人们追求个人利益和幸福生活的前提，也是公共权力合法性和权威性的表征。基于此，社会教育的发展需要政府和实践组织者从顶层设计到具体实践对个体或群体的工具理性行为进行限制，最大限度地提升其公共性价值，促进其制度化发展，夯实其理论性基础，才能带领社会教育实践走出当前困境，实现秩序化发展。

一、强化社会教育实践的公共性导向

推进社会教育深度融入社会治理，提升社会教育实践的公共性价值是当前我国社会转型发展最迫切的需求。如前所述，当前我国民众参与公共事务与社会服务主要还是以个人为单位，并且直接参与社会事务管理的比率不高。民间组织的活动也主要集中在文化休闲、观赏娱乐、运动健身领域。由于基层社会缺乏强大的中介将零散的家庭群体组织起来，民众很少有意识地去主动参与、管理社会公共事务。社会成员的关系大多只是通过经济行为联结，这样的基层社会其实是缺乏高度整合性的，但是如若社会教育能够摆脱其狭隘的学校外教育的定位，通过整合和利用区域内的物质资源、人力资源和技术资源，就可以发挥出强大的社会整合功能。这就需要政府作为社会教育的责任主体，创设良好的制度环境与实践平台，推动社会教育深度融入基层社会治理，从而更好地促进"教育的社会化与社会的教育化"的共同实现。这也是社会教育的初心。20世纪以来，不论是伊

万·伊里奇所主张的要超越传统的学校教育制度去建构去学校化社会的观点，还是陶行知由于认识到社会所具备的强大教育力量而提出的"社会即学校"的理念，虽然他们的思想理论生成的出发点不同，但他们都认为进入现代社会，教育发展的重心应该从学校逐渐走向社会。学校教育不应该是教育的全部，办好教育应该是整个社会的责任，它同时也会成为全体社会成员的福利。21世纪我国大力推进的学习型社会建设，就是寄希望于实现"教育的社会化与社会的教育化"的重要举措。

社会教育实践本质上具有秩序指向性，因此各国政府在发展社会教育时都强调其公共性的发挥。社会教育作为一项社会公共利益，既是政府进行社会公共服务的载体，又能为公共权利的共享及其他公共善的实现提供平台。社会教育实践具备社会整合功能，既意味着社会教育可以融入基层社会治理，为推动社会秩序的稳定与发展做出贡献，又蕴含着对社会成员积极参与社会事务并承担公共责任的要求。但个体的行为经常表现出一种追求自由价值与即时利益的实用主义逻辑，倾向于以自我为中心，遵从习惯，缺乏反思意识。这就要求在开展社会教育的过程中，更加侧重个体反思意识的培养与公共性人格的养成。通过开展公共性指向的社会教育实践，可以在个体学习自由和公共教育秩序之间维持一种平衡。一方面，社会公共资源可以为个体提供自由的学习机会，满足个体多样化的学习需求；另一方面，组织化的教育活动可以规范教育秩序，让个体享有安心的学习环境。因此，只有摆脱过去将社会教育作为学校教育功能性补充的偏狭认识，充分发挥其社会整合、社会互助及社会治理层面的公共性价值，才能在此基础上真正实现个人发展和社会发展的全面统一。当然，这需要社会各界共同努力来保障社会教育的公共性。总的来说，可以从如下几个方面着力：其一，完善基本公共教育服务治理，推进社会教育均等化。社会教育公共性的发挥必须建立在优质均衡的基本公共教育服务体系上，没有基本公共教育服务体系的整体建立，社会教育实践的公共性也就无法保障。这既是当前基本公共教育服务治理的首要任务，也是社会教育实践发展的未来趋势。基本公共教育服务的均等化主要是指政府要为社会公众提供与经济社会发展阶段相适应的、体现公平公正原则的、优质均衡的教育产品和服务。也就是说，在基本公共教育服务领域，政府应该推进教育资源的优质化、教育服务的制度化来满足人们基本的学习需求。公共教育服务是社会公共性服务的一部分，建构基本公共教育服务体系也是为了更好地实现公共教育的均等化。具体到社会教育的均等化，包括社会教育机会的均等、社会教育过程的均等及社会教育结果的均等。需要注意的是，均等不是平均，也不是毫无差别。社会教育的均等化是基于公平原则，考虑到各地区之间基本公共教育服务的差距，通过社会教育服务将教育整体的不均衡发展控制在合理范围之内，使所有社会成员都能够均衡受益。保障公民的基本受教育权，有利于消除社会不和谐因素，是解决我国转型期出现各种社会问题的途径之一。发达国家的历史经验表明，在提供私人产品和服务方面，市场机制的资源配置作用是巨大的，但在提供公共产品和服务方面，市场机制存在局限性，因此需要政府通过建构基本公共服务体系来完善。当前很多国家都将社会教育均等化作为基本公共服务治理的重要举措，我国逐步完善这项制度安排也是必然趋势。

其二，强化政府主导作用，确立社会教育公共财政的政府责任。社会教育的公共性本质决定了提供社会教育服务是政府的一项基本职责，由此也就决定了在整合社会教育资源、开展社会教育实践的过程中，公共教育财政支出是其最主要的教育经费筹措渠道。公共教育财政具有公共性、法制性及非营利性等特点，保障教育的公共性是政府管理教育的基础性责任[1]，具体包括：构建完善教育法律法规体系、公共财政支持教育优先发展、确保教育公平和维护公共利益、为教育弱势群体进行补偿和优先扶持、提供免费的教育资源服务平台、健全共建共治共享的社会治理制度等措施，从而保障公共教育，特别是社会教育实践的常态化开展。然而，在当前社会教育事业的财政投入上，地方政府的公共职能并未达到最充分、有效的体现，仍

① 中国教育与人力资源问题报告课题组. 从人口大国迈向人力资源强国[M]. 北京：高等教育出版社，2003：75.

然存在越位和缺位的现象。社会文化教育事业欠账多、底子薄，部分地方社会教育事业发展操之过急，放任过度逐利的教育培训行业恣意发展，忽视对社会公益性文化教育事业的财政投入和监督管理。这就使坚持教育公益性原则、促进教育的公共性发展成为一句空话。要克服政府职能的错位，就要树立公共教育财政观念，致力于公共教育财政体系的建立和完善。如果按照产品性质对教育服务进行划分，那么基本上可以分为具有公共产品性质的教育服务、具有准公共产品性质的教育服务及具有私人产品性质的教育服务三种类型，其中具有公共产品性质的教育服务包括：义务教育、特殊教育、对有违法和轻微犯罪行为学生进行的工读教育、以广播电视等形式进行的公开教育等。很明显，以广播电视等形式开展的公开教育属于社会教育的范畴。当前世界上多数国家确实都将社会教育定位在具有公共产品性质的教育服务层面，具有公共产品性质的教育服务基本上依靠国家公共财政支出，即政府对此种类型的教育活动予以公共教育经费支持。当然，中央和地方公共财政不会负担全部的教育服务。这一方面会刺激人们对教育的过度需求，从而导致教育经费支出庞大；另一方面还会导致对公共教育设施的过度投资、设施闲置或低效利用及资金浪费的情况发生。此外，稀缺公共教育资源的违规占用问题屡见不鲜。稀缺、优质的公共教育资源如果配置不合理就会加剧城乡之间、区域之间及学校之间的不平衡发展。因此，为了使稀缺、优质的教育资源能够更加公平、有效地被利用，政府必须有选择地对不同类型的教育给予不同的财政支持。基本原则是某种教育类型所具有的公共产品性质越强，财政支持的力度就应该越大。社会教育的公共性决定了其未来的发展趋势必然是强化政府的主导作用，争取公共教育经费的全面支持。

其三，整合社会资源支持，促进非营利组织与政府的合作发展。虽然我们非常强调国家和政府对社会教育发展的公共财政支持，但这并不意味着实施社会教育只能完全依赖公共教育经费支出。对此，我们可以借鉴发达国家的经验，争取非营利组织的支持和加入。非营利组织是20世纪中期以后在世界各国逐渐流行起来的民间组织。由于各国对非营利组织的界定有所差异，因此称谓众多。比如，联合国文件中的非政府组织、美国的免税组织、英国的志愿组织，还有慈善组织、公益团体、市民社会组织、社区组织、第三部门等，虽然这些概念的内涵并不完全一致，但都是独立于政府与企业之外的第三方组织。它们不承担政府组织的政治职能，其决策层和管理层也不由政府官员担任或直接控制，但这并不是说非营利组织不允许政府组织或官员参与活动，也不意味着非营利组织不能接受政府的支持和资助，而是说非营利组织应当有独立决策权，不为政府所控制。[①] 非营利组织成立及运作的目的不是为其拥有者或管理者谋求利润，而是以服务大众为宗旨，但这并不是说非营利组织在经营过程中不能产生利润，而是产生的利润只能用于组织的进一步发展，不能在所有者和管理者之间分配。20 世纪末期，人们逐渐认识到，仅靠政府与市场无法有效解决人类面临的大量政治、经济与社会问题。在这样的时代背景下，非营利组织通过开展各种形式的多样化活动满足社会多元化的需求，致力于支持和处理个人或公众关心的议题或事件，从而推动社会的进一步发展。因此，政府完全可以将特定的公共教育服务部分委托给非营利组织来组织和管理，或者直接从非营利组织那里购买特定的教育服务，达成一种突出各方优势的分工合作关系。非营利组织的发展壮大及其与政府合作模式的创新，意味着未来非营利组织将会有能力承担更多的社会责任。

其四，引导大众公共传媒，创设激发主体意识的公共舆论环境。大众传媒即大众传播媒体，是指广播、电视、报纸、互联网等拥有大量受众、能大批复制传播内容、规模庞大的传播机构。在当前这个信息化时代，大众传媒构成了一个独特的舆论空间并发挥出其强大的影响力，是社会教育无法规避的存在。大众传媒的公共性与教育的公共性二者相得益彰，大众传媒可以为教育公共性的实现提供平台保障，教育通过人才的培养可以为大众传媒公共性的实现提供智力支持；教育可以利用大众传媒协助培育具有理性精神的公民，大众传媒凭借具有理性精神的公民对公共事务的意见

---

① 吴东民，董西明主编. 非营利组织管理[M]. 北京：中国人民大学出版社，2003：6.

表达进而形成社会共识。通常，国家的功能性权力分为三个组成部分，即立法权、行政权和司法权。通过大众传媒形成的公共舆论，作为三大权力的实施手段，其本身也是一种权力体现。它捍卫的是社会的公平、正义、道德和良知，对社会成员公共观念形成的积极意义巨大。与此同时，我们也要正视大众传媒对人类精神世界的消极作用。特别是在信息革命、网络繁荣的时代背景下，信息及信息技术的重要性已逐步超越了资本、能源、原材料等其他生产要素，在国民经济发展、国民生活中占有越来越重要的地位。以广播、电视、电影、互联网等传播媒介为主的多媒体文化市场，已经侵占了人们的学习和生活空间。信息繁荣与信息化过载的背后，是知识信息的片面化、碎片化和分散化。在被大众传媒占有的信息世界里，个体对信息技术的过度依赖，模糊了虚拟世界与现实生活的界限，极易引发现代人的精神危机。因此，培养人们在面对包罗万象的媒体信息时，能够具有正确认识、甄别、选择和评价的素质与能力，这是数字化时代背景下教育的责任。当人们拥有高水平的媒体素养能力，建设性地享有大众传媒资源的时候，这些高素质的网民就会成为主宰大众传媒价值取向的积极力量，从而保证大众传媒公共理性的张扬和提升，实现大众传媒与教育之间的良性互动。

二、健全中国特色公共教育制度建设

根据党的十七大关于"优先发展教育，建设人力资源强国"的战略部署，为促进教育事业科学发展、全面提高国民素质、加快社会主义现代化进程，我国颁布了《国家中长期教育改革和发展规划纲要（2010—2020年）》。其中提到，未来教育发展的战略目标是：到2020年，基本实现教育现代化，基本形成学习型社会，进入人力资源强国行列；实现更高水平的普及教育；形成惠及全民的公平教育；坚持教育的公益性和普惠性，保障公民依法享有接受良好教育的机会；建成覆盖城乡的基本公共教育服务体系，逐步实现基本公共教育服务均等化，缩小区域差距；提供更加丰富的优质教育；构建体系完备的终身教育；学历教育和非学历教育协调发展，职业教育和普通教育相互沟通，职前教育和职后教育有效衔接；继续教育参与率大幅提升，从业人员继续教育年参与率达到50%；现代国民教育体系更加完善，终身教育体系基本形成，促进全体人民学有所教、学有所成、学有所用；健全充满活力的教育体制；进一步解放思想、更新观念、深化改革，提高教育开放水平，全面形成与社会主义市场经济体制和全面建设小康社会目标相适应的充满活力、富有效率、更加开放、有利于科学发展的教育体制机制，办出具有中国特色、世界水平的现代教育。

对照这样的发展目标，我国公共教育服务体系的完备需要法律制度予以保障。法律是最高形式的社会规则，公共利益涉及人类社会的长远发展，因此追求和维护公共利益也是现代法律的基本要求。当前国家和政府为了建设一个人人皆会学、处处皆能学、时时皆可学的终身学习型社会，侧重设施建设和平台创设，然而忽略了教育实践的法制化管理和制度化设计。我国当前语境下的公共教育实践有着法制化的发展诉求。

法律体系和法治体系是制度建设的重点。我国以往的教育法律法规体系还不完善，特别是关于教育投入的规定尚不明确，致使教育投入水平出现了地区之间的不平衡。在教育法律法规的执行过程中，由于缺乏明确的责任追究制度，使得各地方政府的教育投入行为难以受到制度性的约束和监督。基于此，2021年9月1日，国务院教育督导委员会出台了《教育督导问责办法》，其中明确规定了教育投入、人员编制不到位的地方政府将被问责，使得教育投入行为的公平性有了法律保障。当前我国教育法律体系建设虽然取得了一些成绩，但仍不够完善，许多应该由法律予以调整的主体或事项未被纳入中央立法的调整范围。无论从教育法治的需要，还是从立法权限的划分来看，都需要地方立法能有所担当，但现实中，地方在制定教育法规中表现出明显的滞后。在成人教育、社会教育和终身教育等多个中央尚未立法的重要领域，省级地方立法普遍存在失声和缺位的现象，使许多公共教育实践活动无法可依、无章可循，也给教育失范行为提供了可趁之机。因此，公共教育法律法规体系的完善任重道远。首先，我们要坚持与时俱进的原则，让法律法规的建设跟上公共教育的发展速度。做到公共教育延伸到哪里，教育法律法规的建设就覆盖到哪里，为公共教育的发展提供全方位保障。其次，我们要加大执法力度，做到有法必依，执法严格。最后，我们要加大宣传力度，提高教育法律意识。教育法律意识是指人们关于教育法律现象的思想、观点、知识和心理的总称。只有具备教育法律意识，司法、执法工作人员才能正确、合法、及时地运用教育法，公民才会积极地运用法律的手段维护自身的教育权益，教育的公共性才会得以实现。

从历史的角度来看，教育活动形式的演变进程包括了制度化教育与非制度化教育的共同发展。现代社会储备了强大的物质条件与理性基础，使非制度化教育获得了诸多新的形式和内容，也拥有了更好的发展机缘与动力。因此，人们倾向于认为非制度化教育的未来发展方向不一定非得是被制度化。一直以来作为非制度化教育形式的社会教育，似乎也就没有进行制度建设的迫切性和必要性了，但事实并非如此。问题的根源在于学者们对于社会教育概念内涵理解的不一致，作为非制度化教育的社会教育是前近代社会中所谓的社会教化活动，并不等同于近代社会之后发展起来的社会教育实践。我们倡导有制度化必要的社会教育，是与近代学校教育功能相异且已经脱离了日常生产生活的教育组织形式。即便在当前，社会教育的边界也非常模糊。有学者坚持认为只有政府积极推进的社会教育活动才是需要被制度化的社会教育，也有学者认为民众自发开展实施的学习活动也发挥了社会教育的功能，也应该被制度化。此外，划归在社会教育范畴中的成人继续教育，由于其具有非常明显的私人产品性质，却被放到了公共教育范畴之外。众所周知，社会教育能够为学习处境不利人群提供更为广泛的教育机会。社会教育的制度化建设，能够真正触及教育不公平现象的核心。因此，加快社会教育专门法的立法进程，完善相关法律法规建设，进而调整因实施社会教育而产生的各种教育关系，才能满足人们日益增长的对优质、公平的公共教育的需要，这也是今后继续建设全民终身学习的学习型社会的重要基础。健全中国特色的公共教育制度建设主要从以下两方面入手：一方面，推动公共教育制度的规范设计，彰显公共教育制度的合理性。制度设计本身的规范程度如何，直接影响教育现代化目标的实现。规范公共教育制度设计，至少要从以下三个方面进行：（1）制度设计要从整体上综合考虑。特别是要注意规制性、规范性及文化—认知性三种制度之间的协调共济。就规制性制度来说，应在技术层面、价值层面和运行层面保证其科学性、合理性、可操作性及人性化。对于规范性制度及文化—认知性制度来说，则需要显性化、通俗化和生活化的语言表达方式，以使教育治理行动者对新制度的专业规范、社会期望和文化氛围有基本的理解与认同。同时，还要整体规划和设计这三种不同类型的制度，要做到制度之间的协调、互补和平衡，以规避来自规范性、文化—认知性制度的慢效性可能带来的心理排斥与行动抗拒。（2）制度设计要不断创新和完善。公共教育服务的资源配置方式，可以通过具有创新性的制度设计来实现。比如，为整合社会组织、学校、社区、家庭优质教育服务的合作供给，可以通过政府向第三部门购买、公共教育委托管理、学校家庭社区合作等方式实现。不过，探索和采用每一种制度方式，都需要对这一制度形式进行整体性的方案设计，并在实践过程中不断优化。（3）制度设计要指向高质量发展。^①当前我国教育整体上正处于内涵式发展的初级阶段，并向着以高质量体系建构为主要特征的中级阶段过渡。高质量教育体系不仅具有优质性，而且还兼具普惠性、公平性、多样性及普及性等多种特征。虽然先前的教育体系设计也在尽力推进政府权力的分散与下移，并在很大程度上解决了效率、专业化与职能分工的问题，相较于前工业化时期及工业化初期的教育体系而言，取得了相当大的进步，但对照高质量教育体系的诸多特征，仍存在许多需要改进的地方。高质量教育体系的建设与发展，不仅需要解决行政人员的专业化问题，而且还需要解决决策本身的合理性问题。因此，新时期教育事业的制度设计，将会把教育质量作为衡量教育体系建

---

① 苏君阳. 新时代教育治理体系现代化：内涵、特征及其实现路径[J]. 教育研究，2021（9）：120-130.

构的首要标准，把创新作为教育事业发展的主要驱动力，把协调与可持续性作为高质量教育体系建设的基本遵循。

另一方面，推进教育治理体系的现代化，保障公共教育制度落实的有效性。教育治理体系的现代化主要表现在以下几个方面[①]：（1）公共教育权力运行的制度化与规范化。主要指是否有比较完善、规范的权力配置与运行制度安排，以使不同类型的教育权力和责任得以在各个治理主体中明确，并能够合理合法使用。（2）过程的民主化。主要指整个教育治理过程中需要充分听取和采纳各个治理主体，尤其是基层学校和公民的意见与建议，从而平等协商、共同决策。（3）运行的法制化。主要指教育治理应该依据国家宪法和教育法律法规框架开展或进行。（4）结构一体化。主要指教育治理结构的政府—市场—社会的"三位一体"。（5）效率的最大化。主要指在既定的时间内取得最优的教育治理绩效。教育治理的现代化是一个从教育管理传统形态向教育治理现代形态不断变迁的过程，教育法治建设是教育治理现代化的必然要求。这既是深化教育管理体制改革的立体图景，也是创新教育公共治理的发展方向。当前一切形式的教育制度设计若要取得实效，都得依靠教育治理体系的存在及其发挥作用。

其中最紧迫的还是要尽快转变教育治理中的政府职能。作为教育治理时代政府形态的典范，协同型政府是指在公共事务治理过程中，政府与其他部门或组织协同行动，形成井然有序、相互促进的治理结构，并能实现治理功能与资源利用最大化的政府。协同型政府强调集体行动的自发性、治理过程的自组织性、治理结构的有序性及治理结果的有效性。这一定位对于政府在教育治理中的角色、功能和作用起到了明确的指导作用。这意味着政府要转变行政职能，从划船者变为掌舵者，发挥其在教育治理中的主导协调作用。政府还要充当一个建构者和整合者的角色，这样有助于形成多元主体的治理格局。此外，政府还要做好公共权力的整合与分类，把散落在不同政府部门之中的公共教育权力进行科学合理的整合，使公共教

[①] 张建. 教育治理体系的现代化:标准、困境及路径[J]. 教育发展研究，2014（9）：27-33.

育秩序得以规范，公共教育服务实现优质供给。在此基础上，制定各种权力运行和监督制度，保证各种权力的效用发挥。只有发挥政府在教育治理中主导、协同、建构和整合的职能，中国特色公共教育制度的建设和落实才有实现的可能。

三、构建社会教育本土实践理论体系

通过对社会教育发展历程的梳理，我们发现其具有鲜明的实践先行特征。社会教育实践的先行发展并不意味着其忽略理论建构，只是从侧面反映了先前的理论研究对指导当下的具体实践活动存在局限性。实践有其自身的特点。实践逻辑是自在逻辑，实践的当下很少会有即时的反思。实践逻辑是藐视理性的，但其又受理性的支配，这种自相矛盾的特性就是实践的特质。如果不能很好地反思实践矛盾，社会教育实践的推进也必然会陷入逻辑无法自洽的境地。为了使有关实践的话语突破它所依赖的认识论限制，理论工作者需要揭示实践中所隐含的理论思维，从而使有关实践的科学认识成为可能。因此，在社会教育实践的基础上创生中国社会教育理论，既是社会教育理论研究者的重要使命，也是社会教育自身发展的迫切要求。社会教育实践理论并不只关注社会教育现象的描述与分析及社会教育规律的抽象概括和系统论述，而是要致力于揭示社会教育与社会发展之间的关系，为当下及未来的社会教育实践服务。

我国的社会教育实践在发展过程中内外矛盾一直很明显。比如，社会教育事业的组织化发展与社会教育行政管理不统一之间的矛盾、民众个性化的社会教育需求旺盛与政府主导的社会教育实践参与率低之间的矛盾、社会教育职员专业化要求高与人才培育系统不完善之间的矛盾等，这些矛盾一直得不到真正的解决。实践过程中矛盾的解决首先要求在理论上有一个可信服的解释，这就需要社会的精英们提供解决方案。在卡尔·曼海姆看来，精英不是利己主义者，精英是各个领域的知识分子。精英活跃在政治、法律、经济、艺术、道德等各个领域。"精英的任务主要是努力推动日常文化生活，并能够在社会生活的各个领域不断地创造出种种生机勃勃的文化。"① 由他们来推动观念的演变，并采取有组织的行动，使今天尚分散在公众舆论中的观点和行为能够迅速形成教育决策。比如，日本学者山田定一与铃木敏正等人在思考如何应对日本社会所面临的诸如少子老龄化等诸多挑战时，提出了地域终身学习计划化构想。这其实就是一种针对具体实践矛盾的解决方案。将地域社会的经济课题、农民的自我学习、保健福祉机构的参与等都作为终身学习社会的建构基础。在地域协同网络的形成过程中推进教育劳动，这就是所谓的社区营造教育计划。这种实践理论的提出既考虑到了未来社会的发展趋向，又非常注重当下具体实践问题的解决。这样的构想以公共诉求为出发点、以公共行动为手段、以公共利益为目的，因而才能够有效指导实践。实践生发理论，理论进一步指导实践，实践再推动社会发展。这样循环往复，就形成了一个社会良性发展的自循环。因此，社会教育的公共性建构迫切需要理论工作者的创造性劳动，尽快找到解决社会教育实践内外矛盾的具体方法，为社会教育实践发展夯实理论基础。

社会教育学学科理论的发展史，基本上就是社会教育实践理论的发展史。纵观社会教育学学科理论的发展史，我们发现社会教育学学科最初起源于教育学理念的社会性展开，而后逐渐聚焦于社会问题的教育性尺度，发展到当前指向的则是学习型共同体的建构。这说明社会教育学学科理论的创生反映了社会的发展需求，凸显了社会教育实践理论应对不同时期的社会需求，优先生成社会价值的理论建构导向。因此，我国当前社会教育实践理论的创生也需要教育理论工作者有意识地遵循这一思路，在尊重知识生产规律的基础上尽可能地考虑当下及未来社会的发展需求。

其实，从民国时期开始，学术界就已经出现了社会教育理论中国化的尝试。近代中国救亡图存的时代背景，促使一些思想家、教育家开始思考

---

① ［德］卡尔·曼海姆. 重建时代的人与社会：现代社会结构研究[M]. 张旅平，译. 南京：译林出版社，2014：41.

社会教育学科理论中国化的问题，马宗荣就是先驱之一。但是，由于我国社会教育理论研究起步晚、进程慢，导致本土化的社会教育实践理论体系至今仍未在真正意义上建立。当然，我们从未停止过努力。自身建构只有通过自身修正才有可能，超越自我永远是自我发展最内在的核心。社会教育的语境不清、主体不明及概念体系的西方化等问题，给理论研究者提出了很大的挑战。基于此，社会教育理论研究者应该端正学术立场，依据时代、社会的发展需求，遵循知识生产的规律去推动社会教育实践理论的创生。一方面，要审视自身，要求我们具备学科理论思维及反思实践矛盾的认知准备；另一方面，要关注社会，需要我们更加关注本土社会语境及聚焦生活教育实践。

　　其一，学科理论思维是社会教育实践理论创生的前提。近年来，各种学科理论研究越来越提倡概念体系、学科体系与话语体系的创新。研究方法上也是如此，诸如概念史、词频统计、语言谱系等各种新颖的研究方法与技术层出不穷。尤其是自媒体、大数据、人工智能、物联网等新型媒介的发展，使得我们对社会现象和问题的分析与解决聚焦于新方法的使用，更加有利于新概念的产生。这或许能够为学科理论研究增添新的论题和热点，但是不考虑内在逻辑性只追着新热点和新概念跑，对于知识生产而言百害而无一利。我们必须根据知识生产规律去进行理论创生，学科理论创生需要具备理论思维。正如徐长福在其《理论思维与工程思维》一书中所言，理论思维是有别于工程思维的筹划型思维，是一种认知型思维，因此它有着鲜明的历史局限性。对此，恩格斯也曾同样强调过："每一个时代的理论思维，包括我们这个时代的理论思维，都是一种历史的产物，它在不同的时代具有完全不同的形式，同时具有完全不同的内容。"[①] 基于此，创生学科理论必须遵循两种理论思维：一种是历史思维，另外一种是逻辑思维。历史思维和逻辑思维具有不同的关注指向，前者是基于思维的内容而言，指向的是"认知的发展"，更注重现实经验与历史思维的整合；后

---

① [德]恩格斯. 自然辩证法[M]. 北京：人民出版社，2015：42.

者则基于思维的形式，指向的是对"必然得出"这一思维进程的关注。学科理论创生正好符合思维合目的性与合规律性的统一。遵循历史思维，我们对传统社会教育理论与现代社会教育理论进行统合，就可以实现经验科学社会教育学的建构；遵循逻辑思维，则要求我们谨慎对待知识生产。如果从逻辑的角度来分析，演绎推理所得出的结论都包含在前提之中，因此并不产生绝对意义上的新知识；从认知的角度来分析，演绎推理可以推导出我们以往所不知道的知识，也属于认知层面的新知识。基于此，演绎推理和归纳推理都可以被当作是人文社会科学领域新知识的创生方式。社会教育实践理论的创生也不受制于研究方法的选择，无论是采用现象学研究法、行动研究法等质性研究方法，还是采用实验法、统计分析法等量化研究方法，都有助于获得新知识和新思想。

其二，反思实践矛盾是社会教育实践理论创生的关键。从实践上升到理论有个必须克服的矛盾，即理论研究与实践展开所遵循的逻辑是不同的。实践方法不会轻易地上升到理论层面。"只要教育工作不是被构建为特殊的和自主的实践，只要整个集团和整个具有象征性结构的环境在既无专门化行为人又不受特定时间限制的情况下发挥一种无个性的和泛泛的教育作用，说明实践掌握之特性的实施方法的要素就会在实践中传递，处于实践状态，而不会达及话语层次。"[①] 布迪厄的这段话其实道出了学科理论创生的另一个难点。因为实践者想要完全掌握实践方式，就必须将这一方式运用到实际的生活实践之中，借助实践的功能来发挥作用，而与从旁观察的理论研究者相比，实践者并不擅长将真正调节其实践的东西上升到话语层面。很显然，这方面观察者更胜一筹。因为他们能把实践者的行为当作观察和分析的对象，从外部通过整体去客观把握它，进而能够生成一些关于实践技能的完整理论，但是此时的实践者并没有直接接受实践理论的指导。指导他们的不是已经被建构出来的模型或理论，而是模仿他人的行为。可以说，是实践自身的属性排斥了抽象理论。因为实践不能脱离它所关涉的事物，

---

① [法]皮埃尔·布迪厄. 实践感[M]. 蒋梓骅，译. 南京：译林出版社，2012：104.

它把视线完全聚焦于此时、此刻、此地。实践过于注重当下就导致其自身不具备反省能力，也经常忽视限制它的各种外部条件。因此，我们要创生社会教育实践理论，就必须认识到学术建构的一个特点，即我们只有反思实践，才是真正地"把握住了实践逻辑的原则"①。也就是说，只有当我们通过反思把实践转变为语言后，才会有真正的理论产生。因为实践者一旦反思其行为并尝试将其上升为理论的时候，大概率其将失去表述实践本质的可能。多数实践者当被问及实践的原因及理由时，都只能借助碎片化的语言或者对细节的省略来表述经验的价值。我们并不缺少实践，我们缺少的是正确地分析与把握实践逻辑的能力。因此，作为理论研究者要有超前的实践意识或者说认知准备，即反思性地看待理论与实践之间的关系，这是理论创生所面临的实践矛盾。反思并有效解决这个矛盾，是中国特色社会教育实践理论创生的关键。

其三，中国社会语境是社会教育实践理论创生的基础。"思想生命表现的要素，即语言。"②当前，各个学科都在全力建构具有中国特色的学术体系、话语体系、概念体系等，这就要求我们先要从中国文化的历史传统中去寻找本土特色的学术话语，用带有鲜明中国文化色彩的概念去解释中国现实，分析中国问题。归根结底，我们不是要强调不同文化背景下概念内涵、话语表达的不同，而是要透过概念、话语的背后去揭示中国学术理论发展的事实和经验，基于真问题提炼真理论。因此，社会教育实践理论的创生要基于本国的社会语境。如前所述，社会语境既包括事实语境，也包括制度语境。民生层面上的"人民日益增长的对美好生活的需要"与"不平衡、不充分的发展"是我们的事实语境，是基础；国家层面上"中国特色社会主义现代化建设"与"实现共同富裕"是我们的制度语境，是目标。社会教育实践理论的创生也要符合中国社会语境，即从社会教育的视角切入，分析教育事实，思考教育问题，最终促成教育发展。制度语境的重要

---

① [法]皮埃尔·布迪厄. 实践感[M]. 蒋梓骅，译. 南京:译林出版社，2012：129.

② [德]马克思. 1844年经济学哲学手稿[M]. 北京：人民出版社，2014：87.

性毋庸赘述。在此，笔者强调社会教育实践理论研究要从事实语境出发，研究教育事实的重要性。每一个学科领域的探索，"都必须从既有的事实出发"①。理论创生是理解与解释教育事实的方式，自然要回归到教育事实本身。从理论到理论的思辨，同样可以创生新理论，但是它最大的问题在于容易忽略教育事实。理论无论如何变形，只要它脱离了教育事实就不过是语言的多元化表达而已。同样，教育事实如若没有理论的加持，也不能走进知识精英的语言系统。当然，教育事实本身不会主动做出回应，所以理论工作者的研究工作就显得非常重要。中国社会语境既对社会教育理论研究提出了巨大挑战，又蕴含着理论创生的丰富可能性。只有在中国社会语境下生成的社会教育思想理论，才具有对社会教育实践独特的解释效力，才能真正指导未来的社会教育实践。

其四，本土生活实践是社会教育实践理论创生的保障。列宁说，生活、实践才是认识论最基本和最首要的观点。"从前的一切唯物主义的主要缺点是：对对象、现实、感性，只是从客体的或者直观的形式去理解，而不是把它们当做感性的人的活动，当做实践去理解，不是从主体方面去理解。"②"这样的对于事物的见解，造成了数世纪来特殊的狭隘观点——形而上学的思维方法。"③可以说，脱离事物对象的研究就是脱离实践的研究。研究活动脱离实践是社会教育实践理论创生的又一难点。这里所指的脱离实践，并不是不研究实践，而是没有科学系统地去研究实践，去关注人的生活实践。因此，导致社会教育实践理论研究中经常会出现矛盾，甚至是对立的观点。诸如有学者认为社会教育不应该制度化，也有学者认为社会教育的制度化势在必行，关键在于我们没有去认真分析发展状态下的社会教育实践在不同时期所具有的不同内涵。形而上学的研究让我们形成了一种思维惯性，倾向于把研究对象作为一般、抽象、永恒的事物，基于静止的

① [德]恩格斯. 自然辩证法[M]. 北京：人民出版社，2015：46.

② 中共中央马克思恩格斯列宁斯大林著作编译局编译. 马克思恩格斯文集（第1卷）[M]. 北京：人民出版社，2009：499.

③ [德]恩格斯. 反杜林论[M]. 吴黎平，译. 北京：生活·读书·新知三联书店，1938:10–11.

观点去观察，忽略了研究对象本身是变化着的事物，要从生活中的运动状态去观察。理论难题的解决不只是认识层面的问题，而是与整个生活实践相关。"只有借助于实践的方法，通过人的力量才是可能的。"①社会教育从一开始就蕴藏在日常生活之中，所有的教育形式都离不开生活实践，所有的生活实践也都具有教育意义。之后，虽然社会教育从社会生活中逐渐分离出来，走上组织化和制度化的历史发展进程，但其本质并没有发生变化，依旧是一种通过人们的相互教育进而达成自我教育的方式。因此，脱离了日常生活的实践，社会教育实践理论就脱离了它产生的土壤。

学科理论创生所包含的上述四个要素之间最理想的状态是维持一种动态平衡。学科理论思维是前提，反思实践矛盾是关键，它们决定了学科理论创生在逻辑上的可能；社会语境是基础，生活实践是保障，它们决定了学科理论体系的特色性及实践指导的有效性。社会教育理论研究越能贴近生活实践，社会教育研究者越具备学科理论思维，就越有能力和条件去反思实践矛盾，突破学科理论的历史局限性，创生出契合当下社会语境的社会教育实践理论。基于此，只要这四个要素能够动态地运转起来，学科理论创生就会进入一个螺旋式上升的自循环，具有中国特色的社会教育学术体系、学科体系、话语体系的建构自然可期。

四、推进社会教育实践的秩序化发展

我国古代的社会制度是以家长为中心、以嫡长子继承制为基本原则的宗法制度。在以家族为基础的宗法社会中，通过儒家的"齐家治国平天下"思想建立起家国天下，并运用礼制和法律维护社会秩序。正如蔡元培所言，"由家之秩序推到宗族，再到乡党，乃至国家"②。追求秩序价值是中华民族传统文化的精神内核。追求秩序价值的行为主体是政府，行动逻辑是社会

① [德]马克思. 1844年经济学哲学手稿[M]. 北京：人民出版社，2014：85.
② 蔡元培. 中国伦理学史[M]. 北京：中华书局，2014：4.

性与反思性；追求自由价值的行为主体通常是个人，行动逻辑是主体性与前反思性。个体化实践追求自由价值，实践者的行为遵从习惯，很难具有反思性。追求自由价值，并不意味着不受限制。我们常说，秩序是自由的第一条件，不受秩序驱使的自由是不存在的。只有教育秩序稳定，才能实现自由教育。社会教育的秩序化发展是实现我国学习型社会建构目标的重要途径。

其一，社会教育实践的秩序化发展要求重构社会共同体身份认同。当今社会，互联网信息技术的快速发展看似拉近了人们之间的时空距离，事实上却在不断瓦解着社会共同体所具有的同质性和共同性。距离曾经是共同体防御能力中最难克服的东西，现在也失去了其意义。雷德菲尔德认为共同体的特性在于小、自给自足及独特性。"小"意味着共同体内部可以进行全面充分的交流和沟通，"自给自足"意味着让共同体瓦解的机会少之又少，"独特性"意味着共同体内部与外部之间的边界清晰。不论是雷德菲尔德意义上的拥有共同理解的共同体，还是滕尼斯意义上基于血缘关系形成的共同体，它们都具备同质性和共同性。但是，在脱离工业化社会之后的信息化社会里，计算机信息处理技术和传输手段的广泛应用，使得共同体内部成员与外部人员的相互交流甚至比内部人员的相互交流更为频繁，并且承载着更多的意义，那么同质性和共同性的逐渐消失将会成为必然。如今，所有的同质性都必须从大量杂乱的多样性中筛选出来，所有的一致性都需要被创造，这样社会成员之间的共同理解才会被建构起来。当然，它依旧会处于一种脆弱状态，需要随时被强化和巩固。那些向往传统共同体的人或许会非常失望，因为传统共同体中天然的稳定性和确定性将不复存在。正如佐克·杨所说，"正是因为共同体瓦解了，身份认同（identity）才被创造出来"[1]。社会成员之间需要通过身份认同建构起来一个新社会共同体意识。"人对自身的任何关系，只有通过人对他人的关系才得到实现和表

① Jock Young. The Exclusive Society[M]. London:Sage, 1999:164.

现。"① 这样，身份认同就成为现代社会人在群体中获得确定性和安全感的来源。随之而来的问题是，被建构出来的社会共同体还会发挥传统共同体的功能吗？答案是肯定的。现代社会共同体能够为社会中游离的原子化个体提供一种集体性的保障，这是追求自由价值的个体实践所无法获得的。从这一点来看，身份认同、共同理解指向的永远是团体或群体。社会教育的重要功能之一就是通过教育活动的实施与开展，为参与其中的人们提供共同理解的机会，从而获得身份认同。生活在社会中的人需要同质性和共同性来对抗孤独和虚无，因此无论哪个时代，社会共同体都是被需要的。需要注意的是，被建构起来的身份认同同时还意味着一种秩序的悄然形成。

其二，社会教育实践的秩序化发展要求加强社会教育实践场域的建构。加强社会教育实践场域的建构，可以从以下两方面入手：（1）理念导向层面。社会教育实践场域的建构以理性选择理论为基点，通过场域理论指导社会教育场域环境的优化。由于社会教育实践场域中会出现资源、权力分配的博弈，即博弈—共生—异质力量进入—打破平衡—再博弈的场域运作模式，因此社会成员在参与社会教育实践过程中要打破被动受教育的惯性思维，积极创设学习共同体并通过共同体成员的相互作用进一步完善社会教育场域的建构。（2）策略导向层面。信息化时代应致力于教育实践场域内部的系统性整合，将现有家庭教育、学校教育、社会教育领域割裂分立的状态加以融合；合理利用大众传媒的舆论效应，强化社会教育机会和资源的开放与共享；激发社会成员主动参与社会教育和社会学习的主体性，依靠参与者观念与习性的转变创新学习共同体模式。特别是改革开放后，西方多元价值观的涌入，使得当前的中国社会消费主义开始盛行，工具理性渐趋泛滥，产生了很多流弊。主要表现为人们的个体实践行为遵循的是成功取向与利益至上的原则，此外还衍生出了目标导向及极端个人主义。通过社会教育实践场域的建构，可以推动社会教育的组织化发展及公共教育设施建设，为社会成员提供一个可以建构学习共同体的环境或平台。

---

① ［德］马克思. 1844年经济学哲学手稿[M]. 北京：人民出版社，2014：54-55.

社会教育实践发展只有在个人权益和公共利益之间取得平衡，才能避免在实践推进过程中遭遇无法自成目的性的责难。

其三，社会教育实践的秩序化发展要求关注民众公共精神的培育。对于稳定社会秩序而言，法律与道德这两大监督机制一直都是相辅相成、不可或缺的。法律是外在于个人，道德却是内在于人。要对抗现代社会发展过程中的实用主义和功利主义，最终还是要依靠民众对于公共价值的道德自觉，即公共精神。社会教育实践作为一种独特的公共交往实践，是以公共生活为载体，以人的公共精神培育为旨归的。公共精神包括两方面的内容：一方面，是民众形成与他人共同的价值观念并践行的能力。群体共同生活自然需要共同的价值观念来引导人们的行为。社会教育可以通过创造条件让人们参与公共生活，介入公共事务，进而形成一致的价值观念及愿景，最终促成个人发展与社会发展的和谐统一。只有通过社会教育提供公共实践的机会，社会的行为规范和道德准则才会内化于民众。另一方面，是民众形成自觉遵守公共秩序和规则的意识，不做损害公共利益的行为。公共精神不仅涉及对公共价值的确定、判断和选择，而且也关系思维及行为的利他性、协作性、自觉性等特质。没有广泛的社会情感，人就会变得疏远；没有普遍的社会责任，人就会变得自私。只有对彼此的存在予以尊重和理解，善、权利和幸福等公共价值观才会根植于开放的公共领域。社会教育实践可以让民众学会在处理社会冲突和矛盾等涉及公共事务的问题时，能够诉诸公共理性，通过谈判、讨论、说理的方式解决，自觉遵守公共秩序和规则，主动维护社会的稳定和团结。

总之，社会教育实践的秩序化发展反映的是社会公共道德的要求，代表着社会成员共同的价值取向。古代传统社会受政教合一社会制度及宗法社会家国同构社会格局的影响，教育的内容主要是三纲五常的社会伦理，重在发挥化民成俗的秩序价值。现代意义上的社会教育，虽然依旧特指思想、政治及道德方面的积极影响，但普遍发挥着科普宣传、训练培养、娱乐启智、陶冶审美及矫治感化的社会功能。现代社会教育实践涉及的内容更丰富、形式更加多样，因此其功能发挥也就更全面。当前，我们在全面推进各种类型社会教育实践发展的基础上，依旧要把包括社会思想教育、政治教育和道德教育在内的社会德育放在社会教育工作的首位，着重加强马克思主义基本理论教育、党和政府的路线方针和政策教育、爱国主义和国际主义教育、集体主义教育、社会主义民主法制和纪律教育、革命传统和国情教育、社会公德教育等。由于社会教育的存立基础是蕴含在公共性之中的，所以只有确保社会教育的公共性立场，才能经由社会教育建构出和谐美好的社会公共生活。正如陶行知在其《中国教育改造》一书中所言："教育为公以达到天下为公。"

参考文献

一、中文文献

（一）著作

[1] 余寄 . 社会教育 [M]. 上海：中华书局，1917.

[2] 仲靖澜，胡赞平，马兼善编 . 社会教育指导 [M]. 上海：世界书局，1931.

[3] 陈礼江 . 社会教育的意义及其事业 [M]. 南京：正中书局，1937.

[4] 陈礼江 . 民众教育 [M]. 南京：正中书局，1937.

[5] 吴学信 . 社会教育史 [M]. 长沙：商务印书馆，1939.

[6] 马宗荣 . 社会教育概说 [M]. 上海：中华学艺社，1925.

[7] 马宗荣 . 社会教育纲要 [M]. 上海：商务印书馆，1937.

[8] 费孝通 . 乡土中国（修订本）[M]. 上海：上海人民出版社，2013.

[9] 江西省教育厅编 . 江西苏区教育资料选编 [G]. 南昌：江西教育出版社，1960.

[10] 毛泽东 . 人的正确思想是从哪里来的？ [M]. 北京：人民出版社，1964.

[11] 中国教育学会主编 . 社会教育研究 [M]. 台北：商务印书馆，1973.

[12] 柏杨 . 中国人史纲（下）[M]. 台北：星光出版社，1979.

[13] [德] 黑格尔 . 精神现象学（下）[M]. 贺麟，等译 . 北京：商务印书馆，1979.

[14] 戴续威编 . 川陕省革命根据地文化教育资料选编 [G]. 西南师范学院教育系教育史教研室，1980.

[15] 江西赣南师专教育教研室编 . 中央苏区教育资料选编 [G]. 1980.

[16] 梁启雄 . 韩子浅解（上）[M]. 北京：中华书局，1982.

[17] 联合国教科文组织国际教育发展委员会编著 . 学会生存：教育世界的今天和明天 [M]. 北京：教育科学出版社，1996.

[18] 詹栋梁 . 社会教育学 [M]. 台北：五南图书出版有限公司，1983.

[19] 李泽厚 . 批判哲学的批判：康德述评 [M]. 北京：人民出版社，1984.

[20] 中国大百科全书出版社编辑部编 . 中国大百科全书·教育 [M]. 北京：中国大百科全书出版社，1985.

[21] 华中师范学院教育科学研究所主编 . 陶行知全集（第 1 卷）[M]. 长沙：湖南教育出版社，1984.

[22] [法] 保尔·朗格朗 . 终身教育引论 [M]. 周南照，陈树清，译 . 北京：中国对外翻译出版公司，1985.

[23] 李建兴 . 中国社会教育发展史 [M]. 台北：三民书局，1986.

[24] 高平叔 . 蔡元培教育论集 [M]. 长沙：湖南教育出版社，1987.

[25] [美] 罗尔斯 . 正义论 [M]. 何怀宏，何包钢，廖申白，译 . 北京：中国社会科学出版社，1988.

[26] 詹栋梁 . 社会教育理论 [M]. 台北：师大书苑有限公司，1988.

[27] 厉以贤主编 . 现代教育原理 [M]. 北京：北京师范大学出版社，1988.

[28] [日] 富永健一 . 社会结构和社会变迁 [M]. 董星华，译 . 昆明：云南人民出版社，1988.

[29] [日] 新堀通也 . 社会教育学 [M]. 张惠才，等译 . 北京：春秋出版社，1989.

[30] 詹栋梁 . 现代社会教育思潮 [M]. 台北：五南图书出版有限公司，1991.

[31] 王冬桦，王非主编 . 社会教育学概论 [M]. 北京：教育科学出版社，1992.

[32] 茅仲英，唐孝纯编 . 俞庆棠教育论著选 [M]. 北京：人民教育出版社，1992.

[33] 朱有瓛，戚名琇，钱曼倩，霍益萍编 . 中国近代教育史资料汇编：教育行政机构及教育团体 [G]. 上海：上海教育出版社，1993.

[34] 王绍光，胡鞍钢 . 中国国家能力报告 [M]. 沈阳：辽宁人民出版社，1993.

[35] 马秋帆，熊明安主编 . 晏阳初教育论著选 [M]. 北京：人民教育出版社，1993.

[36] 马秋帆编 . 梁漱溟教育论著选 [M]. 北京：人民教育出版社，1994.

[37] 建国以来重要文献选编（第 8 册）[G]. 北京：中央文献出版社，1994.

[38] 梁忠义 . 当代日本社会教育 [M]. 太原：山西教育出版社，1994.

[39] 中华民国史档案资料汇编（第 5 辑）[G]. 南京：江苏古籍出版社，1994.

[40] 单中惠 . 西方教育思想史 [M]. 太原：山西人民出版社，1996.

[41] [英] 伯特兰·罗素 . 逻辑与知识 [M]. 苑莉均，译 . 北京：商务印书馆，1996.

[42] 田正平 . 留学生与中国教育近代化 [M]. 广州：广东教育出版社，1996.

[43] 李步云主编 . 宪法比较研究 [M]. 北京：法律出版社，1998.

[44] 顾明远主编 . 教育大辞典（增订合编本）[Z]. 上海：上海教育出版社，1998.

[45] 石元康 . 从中国文化到现代性：典范转移 [M]. 台北：东大图书股份有限公司，1998.

[46] [德] 滕尼斯 . 共同体与社会 [M]. 林荣远，译 . 北京：商务印书馆，1999.

[47] 赵中建选编 . 全球教育发展的研究热点：90 年代来自联合国教科文组织的报告 [M]. 北京：教育科学出版社，1999.

[48] [美] 伊曼纽尔·华勒斯坦，等著 . 学科·知识·权力 [M]. 刘健芝，等编译 . 北京：生活·读书·新知三联书店，1999.

[49] 徐中振，孙慧民，等 . 社区文化与精神文明 [M]. 上海：上海大学出版社，2000.

[50] 许德馨主编 . 少年宫教育史 [M]. 海口：海南出版社，2000.

[51] [法] 鲍德里亚. 消费社会 [M]. 刘成富，等译. 南京：南京大学出版社，2000.

[52] 吴式颖，任钟印主编. 外国教育思想通史（第 9 卷）[M]. 长沙：湖南教育出版社，2002.

[53] 夏正江. 教育理论哲学基础的反思：关于"人"的问题 [M]. 上海：上海教育出版社，2001.

[54] 樊浩. 伦理精神的价值生态 [M]. 北京：中国社会科学出版社，2001.

[55] [古希腊] 亚里士多德. 尼各马科伦理学 [M]. 苗力田，译. 北京：中国人民大学出版社，2003.

[56] [加拿大] 马克斯·范梅南. 生活体验研究：人文科学视野中的教育学 [M]. 宋广文，等译. 北京：教育科学出版社，2003.

[57] 吴东民，董西明主编. 非营利组织管理 [M]. 北京：中国人民大学出版社，2003.

[58] [英] 齐格蒙特·鲍曼. 共同体 [M]. 欧阳景根，译. 南京：江苏人民出版社，2003.

[59] [日] 小林文人，末本诚，吴遵民. 当代社区教育新视野：社区教育理论与实践的国际比较 [M]. 上海：上海教育出版社，2003.

[60] 中国教育与人力资源问题报告课题组. 从人口大国迈向人力资源强国 [M]. 北京：高等教育出版社，2003.

[61] 曹荣湘编选. 走出囚徒困境：社会资本与制度分析 [M]. 上海：上海三联书店，2003.

[62] 王雷. 中国近代社会教育史 [M]. 北京：人民教育出版社，2003.

[63] 孙立平. 转型与断裂：改革以来中国社会结构的变迁 [M]. 北京：清华大学出版社，2004.

[64] [法] 阿兰·图海纳. 我们能否共同生存？——既彼此平等又互有差异 [M]. 狄玉明，李平沤，译. 北京：商务印书馆，2003.

[65] [美] 马尔库塞. 单向度的人：发达工业社会意识形态研究 [M]. 刘继，译. 上海：上海译文出版社，2006.

[66] [澳] 菲利普·佩迪特 . 共和主义：一种关于自由与政府的理论 [M].
刘训练，译 . 南京：江苏人民出版社，2006.

[67] 王雷 . 社会教育概论 [M]. 北京：光明日报出版社，2007.

[68] 吴遵民，黄欣编著 . 实践终身教育论：上海市推进终身教育的路径
与机制研究 [M]. 上海：上海教育出版社，2008.

[69] [德] 黑格尔 . 小逻辑 [M]. 贺麟，译 . 上海：上海人民出版社，2008.

[70] 张德胜 . 儒家伦理与社会秩序：社会学的诠释 [M]. 上海：上海人民
出版社，2008.

[71] [德] 布雷钦卡 . 教育目的、教育手段和教育成功：教育科学体系引
论 [M]. 彭正梅，译 . 上海：华东师范大学出版社，2008.

[72] 叶忠海，朱涛编著 . 社区教育学 [M]. 北京：高等教育出版社，2009.

[73] 中共中央马克思恩格斯列宁斯大林著作编译局编译 . 马克思恩格斯
文集（第 1 卷）[M]. 北京：人民出版社，2009.

[74] [法] 鲁尔·瓦纳格姆 . 日常生活的革命 [M]. 张新木，等译 . 南京：
南京大学出版社，2008.

[75] [美] 纳尔逊·古德曼 . 事实、虚构和预测 [M]. 刘华杰，译 . 北京：
商务印书馆，2010.

[76] 周建高 . 日本的终身学习：从摇篮到坟墓 [M]. 天津：天津人民出版
社，2010.

[77] 陈乃林，刘建同主编 . 学习型社会建设中的社区教育发展研究 [M].
北京：高等教育出版社，2010.

[78] 杨才林 . 民国社会教育研究 [M]. 北京：社会科学文献出版社，2011.

[79] 黎熙元，陈福平，童晓频 . 社区的转型与重构：中国城市基层社会
的再整合 [M]. 北京：商务印书馆，2011.

[80] [加拿大] 黛安娜·布赖登，威廉·科尔曼主编 . 反思共同体：多学
科视角与全球语境 [M]. 严海波，等译 . 北京：社会科学文献出版社，2011.

[81] 彭正梅 . 德国教育学概观：从启蒙运动到现代 [M]. 北京：北京大学
出版社 ,2011.

[82] 司汉武 . 制度理性与社会秩序 [M]. 北京：知识产权出版社，2011.

[83] 周洪宇 . 陶行知生活教育学说 [M]. 武汉：湖北教育出版社，2011.

[84] [法] 皮埃尔·布迪厄 . 实践感 [M]. 蒋梓骅，译 . 南京：译林出版社，2012.

[85] 林钧 . 国外学习化社会理论与实践研究 [M]. 北京：中国经济出版社，2013.

[86] 教育学名词审定委员会编 . 教育学名词 [M]. 北京：高等教育出版社，2013.

[87] [英] 汤普森 . 英国工人阶级的形成（上）[M]. 钱乘旦，等译 . 南京：译林出版社，2013.

[88] [德] 马克思 .1844 年经济学哲学手稿 [M]. 北京：人民出版社，2014.

[89] 蔡元培 . 中国伦理学史 [M]. 北京：中华书局，2014.

[90] [德] 卡尔·曼海姆 . 重建时代的人与社会：现代社会结构研究 [M]. 张旅平，译 . 南京：译林出版社，2014.

[91] [德] 恩格斯 . 自然辩证法 [M]. 北京：人民出版社，2015.

[92] [苏] 列宁 . 唯物主义和经验批判主义 [M]. 北京：人民出版社，2015.

[93] [德] 罗姆巴赫 . 结构存在论：一门自由的现象学 [M]. 王俊，译 . 杭州：浙江大学出版社，2015.

[94] [法] 布尔迪厄，[美] 华康德 . 反思社会学导引 [M]. 李猛，李康，译 . 北京：商务印书馆，2015.

[95] 侯怀银 . 社区教育 [M]. 北京：北京师范大学出版社，2015.

[96] [美] 杰弗里·C. 亚历山大 . 社会学的理论逻辑（第 4 卷）：古典思想的现代重构——塔尔科特·帕森斯 [M]. 赵立玮，译 . 北京：商务印书馆，2016.

[97] [美] 弗朗西斯·福山 . 信任：社会美德与创造经济繁荣 [M]. 郭华，译 . 桂林：广西师范大学出版社，2016.

[98] [法] 埃德加·莫兰 . 伦理 [M]. 于硕，译 . 上海：学林出版社，2017.

[99] [德] 朱利安·尼达·诺姆林 . 理性与责任：实践理性的两个基本概

念 [M]. 迟帅，译 . 北京：北京大学出版社，2017.

[100] 联合国教科文组织编 . 反思教育：向 "全球共同利益" 的理念转变？ [M]. 联合国教科文组织总部中文科，译 . 北京：教育科学出版社，2017.

[101] 张良驯 . 青少年社会教育学 [M]. 北京：人民教育出版社，2017.

[102] [英] 威廉斯 . 伦理学与哲学的限度 [M]. 陈嘉映，译 . 北京：商务印书馆，2017.

[103] [德] 恩格斯 . 反杜林论 [M]. 吴黎平，译 . 北京：生活·读书·新知三联书店，1938.

[104] 王晓璇 . 社会教育：中国近代教育探索的本土之路 [M]. 沈阳：辽宁人民出版社，2018.

[105] 周慧梅 . 民国社会教育研究 [M]. 长沙：湖南教育出版社，2018.

（二）期刊

[1] 蓝公武 . 社会教育论 [J]. 教育，1906（2）.

[2] 彭百川 . 教育与民众（刊首语）[J]. 教育与民众，1933（4）.

[3] 黄向阳 . 布雷岑卡 "元教育理论" 述评 [J]. 全球教育展望,1993（5）.

[4] 杨通进 . 爱尔维修与霍尔巴赫论个人利益和社会利益 [J]. 中国青年政治学院学报，1998（4）.

[5] 许纪霖 . 科教兴港 [N]. 明报，1999-8-21.

[6] 王雷 . "社会教育" 传入中国考略 [J]. 河北师范大学学报（教育科学版），2000（4）.

[7] 叶忠海 . 学习型城市若干基本理论问题的研究 [J]. 湖南师范大学教育科学学报，2003（5）.

[8] 胡元梓 . 论中国实现有效治理的社会政治心理基础 [J]. 文史哲,2004（1）.

[9] 戴涛 . 公共利益悖论及其解构 [J]. 上海政法学院学报（法治论丛），2005（2）.

[10] 于述胜 . 民国时期社会教育问题论纲：以制度变迁为中心的多维分析 [J]. 北京大学教育评论，2005（3）.

[11] 蜜蜂王国警察森严：工蜂为效忠蜂王互相杀卵 [N]. 王金元，编译 . 北京科技报，2006-11-17.

[12] [日] 千野阳一 . 关于理解社会教育本质的研究方法 [J]. 华东师范大学学报（教育科学版），2007（1）.

[13] 侯怀银，张宏波 . "社会教育"解读 [J]. 教育学报，2007（4）.

[14] 侯怀银 . 中国社会教育研究的若干问题 [J]. 教育研究，2008（12）.

[15] 曹丽 . 民国初期社会教育管理制度的确立及启示 [J]. 科教文汇，2008（31）.

[16] 张康之，张乾友 . 考察公共利益发生的历史 [J]. 江海学刊，2009（2）.

[17] 日本新《教育基本法》（全文）[J]. 张德伟，译 . 外国教育研究，2009（3）.

[18] 龚超，尚鹤睿 . 社会教育概念探微 [J]. 浙江社会科学，2010（3）.

[19] 朱海林 . 伦理秩序的形成机制 [J]. 沈阳工程学院学报（社会科学版），2010（6）.

[20] 赵康 . 从终身教育到终身学习的三重分析：以欧洲终身学习领域为背景 [J]. 继续教育研究，2010（11）.

[21] [英] 格特·比斯塔，赵康 . 为着公共利益的教育哲学：五个挑战与一个议程 [J]. 教育学报，2011（4）.

[22] [日] 新保敦子 . 全球化下日本公民馆的发展及其社会影响 [J]. 现代远程教育研究，2011（2）.

[23] 彭正文 . 新加坡中小学的社会教育 [J]. 外国中小学教育，2011（10）.

[24] 康喆清 . 试论汉代社会教育策略及对当代的启示 [J]. 山西大学学报（哲学社会科学版），2012（1）.

[25] 傅松涛，傅林婉 . 教育权利的社会保障 [J]. 河北大学学报（哲学社会科学版），2013（4）.

[26] 时晓虹，耿刚德，李怀 . "路径依赖"理论新解 [J]. 经济学家，2014（6）.

[27] 张建 . 教育治理体系的现代化：标准、困境及路径 [J]. 教育发展研

究，2014（9）.

[28] 肖瑛.从"国家与社会"到"制度与生活"：中国社会变迁研究的视角转换 [J].中国社会科学，2014（9）.

[29] 陆素菊.实现可持续发展：终身学习时代的教育重构——访东京大学牧野笃教授 [J].开放教育研究，2015（2）.

[30] 程功群.陶行知"社会即学校"的思想与实践及其现实意义 [J].南京晓庄学院学报，2015（4）.

[31] 王晓飞.试论公民身份教育的实践模式：基于六国培养体系的比较研究 [J].教育研究，2015（10）.

[32] 叶澜.社会教育力：概念、现状与未来指向 [J].课程·教材·教法，2016（10）.

[33] 张威.德语世界社会教育学与社会工作概念发展脉络与相互关系：兼论社会工作的教育学取向 [J].社会工作，2016（6）.

[34] 丁诺舟，张敏.日本公民馆社会功能的重新审视与评价 [J].日本问题研究，2017（1）.

[35] 岳谦厚，辛萌.民国以来的中国社会教育研究述评 [J].安徽史学，2017（2）.

[36] 万俊人.传统美德伦理的当代境遇与意义 [J].南京大学学报（哲学·人文科学·社会科学），2017（3）.

[37] 娜仁高娃.日本教育学研究的历史嬗变与发展走向 [J].日本问题研究，2017（2）.

[38] 邵成智，扈中平.论师生关系的偏正结构 [J].教育学报，2018（2）.

[39] 杨怀中，朱文华.网络空间治理及其伦理秩序建构 [J].自然辩证法研究，2018（2）.

[40] 马丽华.建设学习型社会，老年教育需做强 [N].光明日报，2018-8-9.

[41] 马丽华，叶忠海.中国老年教育的嬗变逻辑与未来走向 [J].南京社会科学，2018（9）.

[42] 项继发，娜仁高娃. 社会教育属性探正：一个欧洲视角 [J]. 终身教育研究，2018（2）.

[43] 刘晓云，赵思齐. 新世纪以来中国社会教育研究的现状与趋势 [J]. 终身教育研究，2019（2）.

[44] 闫树涛. 新中国成人与继续教育发展的五个阶段 [J]. 河北大学成人教育学院学报，2019（2）.

二、外文文献

（一）英文文献

[1] Dewey J. My pedagogy greed[M]. Washington: Progressive Education Association, 1929.

[2] Ernest Barker. The politics of Aristotle[M]. Oxford: Clarendon Press,1948.

[3] Dennis Wrong.The Over-socialized Conception of Man in Modern Sociology[J]. American Sociological Review, 1961(26).

[4] Max Weber. The Religion of China[M]. New York: The Free Press, 1964.

[5] Robert Redfield.The Little Community, and Peasant Society and Culture[M]. Chicago: University of Chicago Press, 1971.

[6] Elliot Aronson.The Social Animal[M].SanFrancisco:W.H.Freeman, 1976.

[7] Emile Durkheim.Suicide[M].London:Routledge & Kegan Paul, 1979.

[8] Jürgen Habermas.The Theory of Communicative Action[M].Boston:Beacon Press, 1987.

[9] Pierre Bourdieu. Social Space and Symbolic Power[J].Sociological Theory, 1989(7).

[10] Thomas W.P.Wong, Tai-lok Lui.Morality,Class and the Hong Kong of life[J]. Occasional paper series,1993(30).

[11] Haraway.Donna J. Modest_witness@ second_millennium. Female Man©_

meets_OncoMouseTM : Feminism and technoscience[M]. London :Routledge,1997.

[12] Jock Young.The Exclusive Society:Social Exclusion, Crime and Difference in Late Modernity[M].London:Sage Publications Ltd,1999.

[13] Holt-Lunstad,J.,Smith,T.B.,Layton,J.B.Social Relationships and Mortality Risk: A Meta-analytic Review[J].PLOS Medicine, 2010(7).

（二）日文文献

[1] 山名次郎 . 社会教育論 [M]. 東京：金港堂書籍会社，1892.

[2] 佐藤善治郎 . 最近社会教育法 [M]. 東京：同文館，1899.

[3] 吉田熊次 . 社会教育 [M]. 東京：敬文館，1913.

[4] 乗杉嘉寿 . 社会教育の研究 [M]. 東京：同文館，1923.

[5] 小尾範治 . 社会教育思潮 [M]. 東京：南光社，1927.

[6] 春山作樹 . 社会教育概論 [M]. 東京：岩波書店，1932.

[7] 吉田熊次 . 社会教育原論 [M]. 東京：同文書院，1934.

[8] 寺中作雄 . 公民館の建設 [M]. 東京：公民館協会，1946.

[9] 田中耕太郎 . 教育と政治 [M]. 東京：好学社，1946.

[10] 宮原誠一 . 社会教育論 [M]. 東京：国土社，1950.

[11] 小川利夫 . 現代公民館論 [M]. 東京：東洋館出版社，1965.

[12] 宮原誠一 . 宮原誠一教育論集（第 1 巻）[C]. 東京：国土社，1976.

[13] 小川利夫，倉内史郎 . 社会教育講義 [M]. 東京：明治図書出版，1976.

[14] 藤岡貞彦 . 社会教育実践と民衆意識 [M]. 東京：朝土文化，1977.

[15] 小川利夫 . 現代社会教育Ⅰ・現代社会教育の理論 [M]. 東京：亜紀書房，1977.

[16] 碓井正久 . 社会教育 [M]. 東京：講談社，1981.

[17] 島田修一，藤岡貞彦 . 社会教育概論 [M]. 東京：青木書店，1982.

[18] 社会教育推進全国協議会編 . 改訂社会教育バンドブック [M]. 東京：エイデル研究所，1984.

[19] 久富善之 . 現代教育の社会過程分析 [M]. 東京：労働旬報社，1985.

[20] 市川昭午 . 改訂生涯教育の理論と構造 [M]. 東京：教育開発研究所，1985.

[21] 松下圭一 . 社会教育の終焉 [M]. 東京：筑摩書房，1986.

[22] 宮坂広作 . 叢書生涯学習（Ⅰ）[M]. 東京：雄松堂，1987.

[23] 小林文人 . これからの公民館の展望をどうえがくか：第五世代の公民館論 [J]. 月刊社会教育，1996（12）.

[24] 斎藤純一 . 公共性：思考のフロンティア [M]. 東京：岩波書店，2000.

[25] 牧野篤，上田孝典，李正連，奥川明子 . 近代東北アジアにおける社会教育概念の伝播と受容に関する研究：中国・韓国・台湾を中心に初歩的な考察 [J]. 名古屋大学大学院教育発達科学研究科紀要（教育科学），2002（2）.

[26] 鈴木眞理，松岡廣路編著 . 生涯学習と社会教育 [M]. 東京：学文社，2003.

[27] 鈴木隆雄，權珍嬉 . 日本人高齢者における身体機能の縦断的、横断的変化に関する研究 [J]. 厚生の指標，2006（4）.

[28] 佐藤一子 . 現代社会教育学：生涯学習社会への道程 [M]. 東京：東洋館出版社，2006.

[29] 堀薫夫編 . 教育老年学の展開 [M]. 東京：学文社，2006.

[30] 鈴木敏正 . 新版生涯学習の教育学：学習ネットワークから地域生涯教育計画へ [M]. 東京：北樹出版，2008.

[31] 長谷部三弘 . 上久堅の自治：都市と農村との交流 [J]. 地域総合研究，2009（10）.

[32] 全国社会教育職員養成研究連絡協議会 . 大学における社会教育主事課程に関する調査：2010 年度研究大会報告 [R]. 東京：社養協事務局，2010.

[33] 岡庭一雄 . 地域主権を公民館再生の糧に [J]. 月刊社会教育，2010（9）.

[34] 秋山弘子 . 科学 [M]. 東京：岩波書店，2010.

[35] 鼎公民館 . 鼎の平成 23 年度の事業計画 [Z].2011.

[36] 牧野篤 . 認められたい欲望と過剰な自分語り：そして居合わせた

他者・過去とともにある私へ [M]. 東京：東京大学出版会，2011.

[37] やまだようこ.「発達」と「発達段階」を問う：生涯発達とナラティブ論の視点から [J]. 発達心理学研究，2011（4）.

[38] 牧野光郎. 平成 23 年度東京大学牧野ゼミフィールドスタディー資料：文化自立経済都市・飯田への挑戦 [Z]. 2011.

[39] 小林文人，伊藤長和，李正連. 日本の社会教育・生涯学習：新しい時代に向けて [M]. 東京：大学教育出版，2013.

[40] 三菱総合研究所. 対談 秋山弘子 × 小宮山宏. プラチナ社会への挑戦はシニアが主役になる Phronesis 10: シニアが輝く日本の未来 高齢社会への挑戦 [Z]. 東京：三菱総合研究所，2013.

[41] 鈴木敏正. 持続可能で包容的な社会への地域社会教育実践：「北海道社会教育フォーラム 2014」が提起するもの [J]. 開発論集，2015（96）.

[42] 神野直彦.「人間国家」への改革：参加保障型の福祉社会をつくる [M]. 東京：NHK 出版，2015.

[43] 鷲田清一. しんがりの思想：反リーダーシップ論 [M]. 東京：角川新書，2015.

[44] 三菱综合研究所生活研究本部. 平成 27 年度「教育改革の総合的推進に関する調査研究：第 2 期教育振興基本計画の分析に係る研究」報告書 [R]. 2016（3）.

[45] 東京大学大学院教育学研究科社会教育学・生涯学習論研究室. 地域社会への参加と公民館活動：飯田市の千代・東野地区におけるアンケート調査の分析から [R]. 2016.

[46] 小田切徳美，牧野篤. 対談公民館を地方創生の舞台に [J]. 月刊公民館，2017（8）.

[47] 牧野篤. 社会づくりとしての学び：信頼を贈りあい、当事者性を復活する運動 [M]. 東京：東京大学出版会，2018.

[48] 園部友里恵. インプロ実践がもたらす高齢者の〈老い〉のイメージの変容：高齢者インプロ集団「くるる即興劇団」を事例として [D]. 東

京大学，2019.

　　[49] 文部科学省. 第 7 期中央教育審議会生涯学習分科会会「社会教育推進体制の在り方に関するワーキンググループ審議の整理」[EB/OL]. [2019-2-26]. http://www.mext.go.jp/b_menu/shingi/chukyo/chukyo2/007/siryou/1342349.htm.

　　[50] 文部科学省. 社会教育に関する科目を開設している大学一覧 [EB/OL].[2019-2-26].http://www.mext.go.jp/a_menu/shougai/gakugei/syuji/index.htm.

　　[51] 文部科学省. 社会教育主事養成の見直しに関する基本的な考え方について [EB/OL].[2019-2-26].http://www.mext.go.jp/b_menu/hakusho/nc/1401933.htm.

　　[52] 文部科学省. 教育課程企画特別部会における論点整理について（報　告).[EB/OL].[2018-5-3].http://www.mext.go.jp/b_menu/shingi/chukyo/chukyo3/053/sonota/1361117.htm.

　　[53] 中央教育審議会. これからの学校教育を担う教員の資質能力の向上について～学び合い、高め合う教員育成コミュニティの構築に向けて～（答申）（中教審第 184 号）[EB/OL].[2018-5-3].http://www.mext.go.jp/b_menu/shingi/chukyo/chukyo0/toushin/1365665.htm.

　　[54] 中央教育審議会. チームとしての学校の在り方と今後の改善方策について（答申）（中教審第 185 号）[EB/OL].[2018-5-3].http://www.mext.go.jp/b_menu/shingi/chukyo/chukyo0/toushin/1365657.htm.

　　[55] 中央教育審議会. 新しい時代の教育や地方創生の実現に向けた学校と地域の連携・協働の在り方と今後の推進方策について（答申）（中教審第 186 号）[EB/OL].[2018-5-3].http://www.mext.go.jp/b_menu/shingi/chukyo/chukyo0/toushin/1365761.htm.

　　[56] 文部科学省. 社会教育主事養成の見直しについ [EB/OL].[2018-5-3].http://www.mext.go.jp/a_menu/shougai/gakugei/1399077.htm.

　　[57] 林芳正. 人口減少時代の新しい地域づくりに向けた社会教育の振興方策について（諮問）[EB/OL].[2018-5-3]. http://www.mext.go.jp/b_menu/

shingi/chukyo/chukyo0/toushin/1402865.htm.

[58] 日本内阁府. 平成 29 年度高龄社会白书（概要版）[EB/OL].[2018–3–3]. http://www8.cao.go.jp/kourei/whitepaper/w– 2017/html/gaiyou/s1_1.html.

[59] 日本厚生劳动省政策统括官. 平成 29 年我が国の人口动态：平成 27 年までの动向 [EB/OL].[2018–5–3].http://www1.mhlw.go.jp/toukei/ 10nengai_8/hyakunen.html.

[60] 饭田市. 饭田市の世帯数と人口 [EB/OL].[2018–11–30].http://www.city.iida.lg.jp.

[61] 总务省. 日本の地域别将来推计人口平成 30 年 3 月统计 [EB/OL].[2018–11–30].https://www.ipss.go.jp/pp–shicyoson/j/shicyoson18/t–page.asp.

[62] 内阁府. 平成 23 年度版高龄社会白书 [EB/OL].[2018–11–30].http://www8.cao.go.jp/kourei/whitepaper/w–2011/zenbun/pdf/1s1s_1.pdf.

[63] 厚生劳动省. 社会保障费用统计 [EB/OL].[2018–11–30]. https://www.mhlw.go.jp/toukei/list/124–1.html.

[64] 日本内阁府. 平成 23 年度版子ども・若者白书（全体版）[EB/OL].[2018–11–30]. http://www8.cao.go.jp/youth/whitepaper/h27honpen/b1_03_03.html.

[65] MUFG. 认知症の现状と将来推计 [EB/OL].[2019–9–9].https://www.tr.mufg.jp/shisan/mamori/dementia/02.html.

后　记

近些年，笔者一直专注于做社会教育方面的研究。一方面，是基于海外留学期间社会教育学学科专业的学习及社会教育田野调查的经历带给笔者的思考；另一方面，得益于近年来基础教育领域家校社协同共育思想的启发："无学校不教育"的思维定式已然突破，社会教育终将复兴。这样的想法不仅源于自己的研究兴趣，而且是基于我国特定的文化历史背景并结合转型期的社会语境所做出的判断。

苏珊·朗格在其《哲学新解》一书中提到，"问题的提法，不单归限而且引导答案的答法"。对此，笔者深表赞同。社会科学领域的独特性或许就在于此。很多时候，思想的发展脉络并不是由其所认定的答案，而是由其所提出的问题决定的。因为答案不过是一堆事实而已，问题却能提供一个思考框架。正如以泰勒斯为代表的希腊早期哲人提出了"宇宙是由什么元素构成"的问题一样，奠定了日后希腊思想发展关注自然与普遍事物的思维路径。我国古代思想家孔子关于"如何建构秩序"的提问也引领了我国社会科学领域中理论建构的秩序指向性。因此，问题意识对于思想发展的重要性不亚于论证能力。当前，中国社会发展遇到的问题究竟是什么？社会教育在其中又扮演了什么角色？这些都是促使笔者深入分析思考社会教育的理论问题。

纵观人类社会发展史，文明形态与社会秩序存在着难以分割的逻辑联系。社会秩序是维系社会结构稳定、社会总体和谐的纽带。传统中国形成了以农耕文化为纽带的社会秩序，然而随着农耕文明的衰退，旧的社会整合机制已然失效，而新的尚未明晰，自然导致诸多社会问题的出现。特别是当前我国正处于社会转型期，城市化进程加速、人口异质性增强，基层社会治理问题一直困扰着国家和政府。与此同时，教育的公共性问题也频遭质疑。拯救少数人的方舟终究是不受欢迎的，正如马克思的先知洞见：只有解放全人类才能够解放自己。

当然，处于不同的社会或社会的不同发展阶段之中，需要集中精力解决的主要矛盾是不同的。这就决定了一个社会的制度建设往往会侧重于某些价值选择，但人类的思想观念是不断变化着的，可以随时依据具体情况而调整价值排序，在多种价值之间维持一种动态平衡。伴随着西学东渐的深入，我国开启了社会教育中国化的历程。在学习借鉴的过程中，自然未能避免盲目照搬、仓促应用的情况发生。事实上，世界上根本不存在普适的成功哲学。每个国家的社会发展道路和国家治理方式，都是整个国家历朝历代的精英团队在不断解决问题的过程中提炼出来的，远远高于个人智慧且极难复制。简单地将西方国家的思维逻辑意识形态化，是一种极其粗浅的方法论，注定不能直接有效地指导我国的社会教育实践发展。因此，无论是西为中用，还是古为今用，那些历史上的、域外的社会教育思想理论与实践经验都必须经历一个结合当下社会语境进行本土化思考的过程。

从基层社会治理的角度来看，大力推进社会教育事业的发展，充分发挥社会教育的秩序价值与治理功能，或许可以成为应对当前语境下社会问题的一个教育式解决方案。这也是本书的写作初衷。愿望总是美好的，现实的书写过程却艰难。文中难免存在一些论证不充分的地方，在此也真诚地希望学界同行及各领域专家批评与指正，这些未竟的遗憾将继续鞭策笔者深入思考。在本书出版之际，还要对所有关心、帮助和支持笔者的师友及同行表示敬意与感激。让我们共同相信并期待社会向好发展中社会教育的力量。

2022 年 6 月 14 日
于山西大学